全国高职高专规划教材·物流系列
高职高专"十二五"课改规划教材

供应链管理实务

主　编　申纲领　王永志
副主编　孙晓俊　王志刚　申　林

内 容 简 介

本书紧紧围绕高职高专培养岗位第一线所需要的高技能专门人才的目标，全面分析吸收了国内外先进的供应链管理理念、技术和管理思想，系统而简要地阐述了现代供应链管理的基本知识、供应链的设计构建、供应链战略管理、供应链管理的方法、供应链管理中的采购与库存管理、供应链管理中的生产控制技术、供应链合作伙伴关系管理、供应链管理中的现代物流、供应链管理中的信息技术、供应链绩效评价与激励、我国供应链管理的现在与未来等内容。

本书可作为高等院校经济管理类物流专业教材，亦可供从事物流工作的营销人员和管理人员阅读参考。

图书在版编目(CIP)数据

供应链管理实务/申纲领，王永志主编. —北京：北京大学出版社，2013.1
（全国高职高专规划教材·物流系列）
ISBN 978-7-301-21745-0

Ⅰ. ①供… Ⅱ. ①申…②王… Ⅲ. ①供应链管理－高等职业教育－教材 Ⅳ. ①F252

中国版本图书馆 CIP 数据核字(2012)第 294725 号

书　　　名：	**供应链管理实务**
著作责任者：	申纲领　王永志　主编
策 划 编 辑：	傅　莉
责 任 编 辑：	傅　莉
标 准 书 号：	ISBN 978-7-301-21745-0/F · 3436
出 版 发 行：	北京大学出版社
地　　　址：	北京市海淀区成府路 205 号　100871
网　　　址：	http://www.pup.cn　新浪官方微博：@北京大学出版社
电 子 信 箱：	zyjy@pup.cn
电　　　话：	邮购部 62752015　发行部 62750672　编辑部 62754934　出版部 62754962
印 　刷 　者：	北京鑫海金澳胶印有限公司
经 　销 　者：	新华书店
	787 毫米×1092 毫米　16 开本　15.75 印张　387 千字
	2013 年 1 月第 1 版　2016 年 7 月第 2 次印刷
定　　　价：	31.00 元

未经许可，不得以任何方式复制或抄袭本书之部分或全部内容。
版权所有，侵权必究
举报电话：010-62752024　电子信箱：fd@pup.pku.edu.cn

前　言

随着经济全球化的浪潮，供应链之间的竞争已成为 21 世纪的主要竞争形式，供应链管理的理论研究和实践在世界范围内也随之翻开了新篇章。现代供应链的发展为国民经济和企业的发展带来了巨大的经济效益，因而受到了人们的高度重视，成为企业发展的一个新的增长点。供应链管理作为现代物流管理中的一个重要内容，涉及物流管理和技术等多个学科领域，对保持社会再生产的顺利进行起着非常重要的作用。

依据国家"十二五"高职高专教材规划的要求，我们在北京大学出版社的关心、支持和帮助下，组织编写了供应链管理教材。本书是以适应高职高专教学改革和国家示范院校教材建设需要、以体现高职高专教材特色为目标，吸收了近两年来物流与供应链管理领域的发展成果和专业教学的创新经验编撰而成的教材。本书在理论上，吸收了目前供应链管理方面的最新成果，使理论具有科学性、前瞻性和实用性；在结构上，结合高职高专学生的特点，力求论述深入浅出、内容新颖、详略得当、简明易懂，注重实际操作性；在章节安排上，把供应链管理理论和供应链的基本活动分开，即供应链管理理论在前，供应链基本活动在后，坚持"理论适度够用，注重基本技能操作"的原则，突出应用与实践活动相结合来编写；在职业能力培养上，从岗位技能群的先后逻辑关系来编排内容，以符合高职高专学生认知和技能的培养规律，同时体现以"就业为导向"的精神，突出职业引导性，密切联系职业资格考试的相关内容，使学历学习与必要的职业资格证书的考取有机地结合起来。

本书全面分析吸收了国内外先进的供应链管理理念、技术和管理思想，系统而简要地阐述了现代供应链管理的基本知识、供应链的设计构建、供应链战略管理、供应链管理的方法、供应链管理中的采购与库存管理、供应链管理中的生产控制技术、供应链合作伙伴关系管理、供应链管理中的现代物流、供应链管理中的信息技术、供应链绩效评价与激励、我国供应链管理的现在与未来等内容。本书的设计紧紧围绕高职高专培养岗位第一线所需要的高技能专门人才的目标，关键是坚持了改革、创新的精神，按照先进、精简、适用的原则选择教材内容；同时，本书兼顾"知识点"、"技能点"和"能力点"，设置了引导案例、案例分析、相关链接、实训题等栏目，体现了高等职业教育的应用性、技术性与实用性特色。

本书的特点主要体现在以下几方面。

（1）根据高等职业教育人才培养目标，从职业岗位分析入手，以掌握实践技能为目的，以必需、够用、适用为原则，确定课程内容。

（2）突出案例和实训环节，可操作性强。在编写体例上突出了"互动性"和"应用性"，突出重点、难点，解析透彻，深入浅出，提高运用所学的知识分析问题、解决问题的能力。

（3）从实际出发，坚持理论联系实际，具有鲜明的新颖性和实用性。

由于供应链管理是一门发展迅速、新成果层出不穷的学科，因此，在编写过程中，编者尽量从学生学习的角度出发，深入浅出，循序渐进，使学习内容逐步深化。全书从供应链管理的实际案例入手，引出各章的重要概念、基本原理和运作程序，并从理论上和实践环节上进行详细的阐述，使学生能准确了解所学的知识。本书既注重理论的系统性和规范性，又突出了实用性和灵活性。编者本着全面客观的原则，尽可能翔实客观地将目前供应链管理学科的不同观点展示出来，以便于课堂教学和学生自学使用。

本书由许昌职业技术学院教授申纲领、王永志担任主编，孙晓俊、王志刚、申林担任副主编。具体编写情况如下：申林编写了课题一、课题二；王永志编写了课题三、课题四；孙晓俊编写了课题五；申纲领编写了课题六至课题九；王志刚编写了课题十、课题十一。全书由申纲领负责统稿和定稿。

在本书的编写过程中参考并引用了一些国内外的相关文献和物流管理方面的教材内容，采用了大量国内外有关研究成果，在此，对涉及的专家、学者表示衷心的感谢！

由于作者水平有限，书中可能存在不妥乃至错误之处，恳请同行及广大读者批评指正。

编　者
2012 年 10 月

目 录

课题一 供应链管理概述 ·· (1)
  第一部分 引导案例 ·· (1)
  第二部分 课题学习引导 ·· (2)
    1.1 供应链管理的产生演变历程 ······································ (2)
    1.2 供应链概述 ·· (6)
    1.3 供应链中的核心企业 ·· (12)
    1.4 供应链管理 ·· (16)
  第三部分 课题实践页 ·· (22)

课题二 供应链的设计构建 ·· (24)
  第一部分 引导案例 ·· (24)
  第二部分 课题学习引导 ·· (25)
    2.1 供应链的结构模型 ·· (25)
    2.2 供应链的设计构建 ·· (28)
    2.3 供应链设计的策略方法 ·· (32)
  第三部分 课题实践页 ·· (41)

课题三 供应链战略管理 ·· (44)
  第一部分 引导案例 ·· (44)
  第二部分 课题学习引导 ·· (46)
    3.1 供应链战略管理概述 ·· (46)
    3.2 供应链战略管理的匹配与实施 ···································· (51)
    3.3 企业核心竞争力 ·· (55)
    3.4 供应链管理环境下的业务外包 ···································· (58)
  第三部分 课题实践页 ·· (63)

课题四 供应链管理的方法 ·· (67)
  第一部分 引导案例 ·· (67)
  第二部分 课题学习引导 ·· (68)
    4.1 快速反应(QR) ·· (68)
    4.2 有效客户反应(ECR) ·· (76)
    4.3 QR 与 ECR 比较 ·· (85)
  第三部分 课题实践页 ·· (87)

课题五 供应链管理中的采购与库存管理 ·································· (90)
  第一部分 引导案例 ·· (90)

第二部分　课题学习引导 …………………………………………………………… (91)
　　　　5.1　供应链管理环境下的采购管理 ………………………………………… (91)
　　　　5.2　准时化采购策略 …………………………………………………………… (95)
　　　　5.3　供应链管理环境下的库存控制 ………………………………………… (99)
　　　　5.4　供应链管理环境下的库存管理策略 …………………………………… (104)
　　第三部分　课题实践页 …………………………………………………………… (110)

课题六　供应链管理中的生产控制技术 …………………………………………… (113)
　　第一部分　引导案例 ……………………………………………………………… (113)
　　第二部分　课题学习引导 ………………………………………………………… (114)
　　　　6.1　供应链管理环境下的生产计划控制 …………………………………… (114)
　　　　6.2　精益生产体系 …………………………………………………………… (118)
　　　　6.3　大量定制生产及延迟技术 ……………………………………………… (122)
　　　　6.4　敏捷制造技术 …………………………………………………………… (126)
　　第三部分　课题实践页 …………………………………………………………… (128)

课题七　供应链合作伙伴关系管理 ……………………………………………… (131)
　　第一部分　引导案例 ……………………………………………………………… (131)
　　第二部分　课题学习引导 ………………………………………………………… (132)
　　　　7.1　供应链合作伙伴关系概述 ……………………………………………… (132)
　　　　7.2　供应链合作伙伴关系构建分析 ………………………………………… (135)
　　　　7.3　供应链合作伙伴关系的选择 …………………………………………… (139)
　　第三部分　课题实践页 …………………………………………………………… (144)

课题八　供应链管理中的现代物流 ……………………………………………… (147)
　　第一部分　引导案例 ……………………………………………………………… (147)
　　第二部分　课题学习引导 ………………………………………………………… (148)
　　　　8.1　物流管理概述 …………………………………………………………… (148)
　　　　8.2　物流管理与供应链管理的关系 ………………………………………… (155)
　　　　8.3　供应链环境下的物流管理策略 ………………………………………… (158)
　　　　8.4　第四方物流 ……………………………………………………………… (161)
　　第三部分　课题实践页 …………………………………………………………… (165)

课题九　供应链管理中的信息技术 ……………………………………………… (167)
　　第一部分　引导案例 ……………………………………………………………… (167)
　　第二部分　课题学习引导 ………………………………………………………… (169)
　　　　9.1　供应链管理中信息技术的应用 ………………………………………… (169)
　　　　9.2　供应链管理中的信息技术支撑体系 …………………………………… (172)
　　　　9.3　信息技术对供应链管理的影响 ………………………………………… (177)
　　第三部分　课题实践页 …………………………………………………………… (185)

课题十　供应链绩效评价与激励 ………………………………………………… (187)
　　第一部分　引导案例 ……………………………………………………………… (187)

第二部分　课题学习引导 …………………………………………………… (188)
　　　10.1　供应链绩效评价概述 ………………………………………………… (188)
　　　10.2　供应链绩效评价体系的构建 …………………………………………… (194)
　　　10.3　供应链的激励机制 …………………………………………………… (202)
　　第三部分　课题实践页 ……………………………………………………… (206)
课题十一　我国供应链管理的现在与未来 ……………………………………… (209)
　　第一部分　引导案例 ………………………………………………………… (209)
　　第二部分　课题学习引导 …………………………………………………… (210)
　　　11.1　我国供应链的现状与问题 …………………………………………… (210)
　　　11.2　我国供应链管理的对策分析 ………………………………………… (215)
　　　11.3　供应链管理的新型模式 ……………………………………………… (222)
　　第三部分　课题实践页 ……………………………………………………… (226)
供应链管理实务复习思考题答案 ………………………………………………… (230)
参考文献 …………………………………………………………………………… (244)

课题一　供应链管理概述

1. 掌握供应链的概念、特征；
2. 了解供应链的类型；
3. 掌握供应链核心企业的概念。

1. 学会供应链管理的基本内容；
2. 学会企业供应链管理的内容。

第一部分　引导案例

夏普公司的供应链管理

夏普公司是一家总部位于日本大阪、年销售收入887亿的全球化电子消费品公司，公司共有6.6万名员工服务于分布在全球30个国家的生产工厂、销售公司、技术研发机构和信贷公司。夏普公司作为推出电子计算器和液晶显示器等电子产品的创始者，始终勇于开创新领域，运用领先世界的液晶、光学、半导体等技术，在家电、移动通信、办公自动化等领域实现丰富多彩的"新信息社会"。

但是，面对竞争日益复杂的电子消费品市场，该公司越来越感觉到电子消费品市场的快速变化，特别是电子消费品的生命周期越来越短，电子消费品的市场普及率越来越接近饱和状态，企业的经营风险加大；与此同时，客户对电子消费品个性化的需求也越来越高。因此，如何在竞争激烈和快速变化的市场中寻求一套实时的决策系统就显得尤为重要。特别是通过提高对商品的预测准确率来降低企业的库存，减少交货期的延误，从而保住大量的有价值的客户。

我们帮助夏普对其整个供应链进行了全面诊断，提出了对包括订单管理、生产制造、仓库管理、运输和开票等全流程在内的整体无缝链接，并结合信息系统的实施，使夏普公司建立起供应和需求一体化的结构，尤其是通过对系统数据的分析、定时的连接和灵活的处理，使决策者能够比过去更加方便和有效地协调人员、设备资源和流程配置，以更加准确地满足市场的需求。夏普公司通过对供应链的一体化管理，不仅降低了库存的水平，加快了库存的周转率，降低了物料管理的成本，而且大大地提升了供应链上的价值。

供应链管理实务

供应链管理的一个主要目标是提高客户的满意度。通过对供应链的整合,使得夏普公司对客户的交货承诺性得到很大程度的提高,货物的交付比过去更加及时和准确。同时,供应链计划体系可以充分考虑各方面因素,如运输成本、订单执行等,从而得到资源平衡和优化的需求预测。

(资料来源:中国物流网.经作者整理)

第二部分　课题学习引导

1.1　供应链管理的产生演变历程

供应链管理作为一种先进的管理技术,其目标是将市场、配送网络、制造过程和采购活动整合在一起,以更高的服务水平和更低的总成本来满足客户的要求。供应链管理的实践如今已经广泛应用到全球各个产业,企业迅速意识到供应链管理所带来的好处。

伴随着经济全球化进程的加剧,通过实施供应链管理来实现全球化的资源配置已成为企业国际化进程中获得竞争优势的一种主要经营手段。尤其是在中国已经融入国际社会、全面进入世界经济大舞台的今天,中国的企业怎样提升自身的供应链管理能力,进而动态整合全球资源,驾驭全球化经营的舵轮,不仅是业界也是理论界必须深入研究的、历史性的重大课题。吸收供应链管理领域成功的实践范例、前沿性理论研究成果和前瞻性的信息技术,构建全面系统的理论研究框架,对供应链管理的理论和方法进行深入系统的研究,从而为供应链管理实践、理论研究提供有价值的参考。

随着全球经济的一体化,企业之间的竞争越来越激烈。这主要表现在:顾客消费价值观变化导致整个市场需求的不确定性不断增加;需求不确定性的增加导致企业生产模式创新;生产模式创新要求更多的、更适用的高新技术与管理方法和手段的导入;而高新技术与管理技术的迅猛发展,提高了产品设计、试制和生产效率,缩短了产品更新换代周期,进一步加剧了市场竞争的激烈程度。这一连串基于市场环境的链状联动特点,是市场需求多样性与不确定性导致的结果,促使企业面向全球化竞争不断完善和提高自身竞争力,企业模式也在发生着变化。

全球经济一体化的浪潮不断推进,资本流动国际化、跨国界生产和流通、在消费地生产和组装产品形成一种新趋势。由于全球采购、全球生产、全球销售趋势的形成,也由于新经济和信息时代的到来,国际专业分工日趋明显,同时还因为国际贸易竞争、企业争夺国际市场的激化和为了降低成本、加强竞争力,所以越来越多的大企业集团采取加强核心业务、甩掉多余包袱的做法。他们将生产、流通和销售等多种业务外包给合作伙伴,自己只做自己最擅长、最专业的部分。这样做既维持了国际贸易份额,又与贸易对象国紧紧地融合在一起,增强了抗风险的能力,减少了外界干扰。供应链的管理和决策者能够选择世界任何一个地区最可靠、最积极、最佳质量、最热情服务、最低廉费用的合作者,并可以做到随时筛选、随时更换,主动权完全掌握在供应链主宰者手中。供应链形成后,他们既达到了预想的目的,又节省了费用,且利润不减少,稳定度加强,风险降低。

实践证明,"纵向一体化"管理模式存在着诸多弊端。从 20 世纪 80 年代后期开始,国际上越来越多的企业放弃了"纵向一体化"管理模式,取而代之的是"横向一体化"思想的兴起,即利用企业外部资源快速响应市场需求,本企业只抓最核心的东西——产品方向和市场。至于生产,只抓关键零部件的制造,甚至全部委托其他企业加工。

以福特汽车公司为例。该公司生产的 Festiva 车就是由美国人设计,在日本的马自达生产发动机,由韩国的制造厂生产其他零件和装配,最后再在美国市场上销售。制造商把零部件生产和整车装配都放在了企业外部,这样做的目的是利用其他企业的资源促使产品快速上马,避免自己投资带来的基建周期长等问题,赢得产品在低成本、高质量、早上市等诸多方面的竞争优势。"横向一体化"形成了一条从供应商到制造商再到分销商的贯穿所有企业的"链"。由于相邻节点企业表现出一种需求与供应的关系,当把所有相邻企业依此连接起来,便形成了供应链(Supply Chain)。

在供应链管理的研究中,企业间的合作关系是学者们强调最多的问题,即认为怎样处理企业之间的合作关系是成功实施供应链管理的关键。学者们认为,企业间的关系经历了三个发展阶段,即传统的供应关系、物流关系、战略合作关系(如图 1-1 所示)。

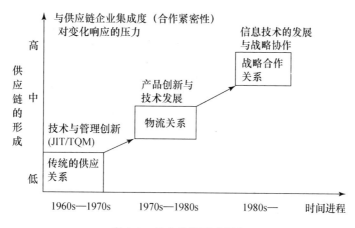

图 1-1　供应链的形成历程

从传统的供应关系模式过渡到战略合作关系模式,经历了 20 世纪 70 年代至 80 年代以产品物流关系为特征的操作层面的合作关系的过程,到 90 年代发展为以实现集成化供应链为特征的战略合作关系。传统的供应关系是基于价格的关系,同时也只是短期合同关系,企业间很少沟通与合作,更谈不上企业间的战略联盟与合作。物流关系模式的主要特征是操作层面的基于物料从供应链上游到下游的转换过程的集成,除了价格,这种关系注重的是服务质量和可靠性。为了达到生产的均衡化和物流同步化,部门间、企业间加强了合作与沟通。随着企业间战略层面合作的加强,物流、资金流和信息流的畅通要求各合作企业向战略合作关系转变,而且要形成具有一定层次性、能动性的企业双赢合作竞争。在这种关系中,市场竞争的策略最明显的变化就是基于时间的竞争和基于价值的供应链管理。

但是,实践中真正建立供应链战略合作关系的企业并不多见,更多是基于短期利益而建立的操作层面的合作关系。这主要是因为:一是建立战略合作关系要承担巨大的投资风险,同时随着合作的逐步深入需要对组织进行彻底的变革,很多企业不愿冒这样的风险;二是有的企业认为没有建立供应链战略合作关系的必要,特别是那些资产专用性不强、生产标准化通用产品的企业,认为只要建立操作层面的合作关系就足够了,他们并没有认识到供应链战略合作关系带来的巨大机遇。

1.1.1 传统企业间的关系

传统制造商出于管理与控制的需要,经常拥有众多的供应商,有些重大项目的外包也是由许多供应商的投标来决定的,而供应商们经常以尽量低的价格来获得合同。但在完成合同的过程中,为了使本企业的利润最大化,供应商只能在基本满足制造商要求的情况下减少投资,降低成本,最终导致供应质量的下降。对于制造商来说,与较多的供应商进行交易导致交易费用居高不下,同时,供应质量的下降导致制造商生产的不连续、库存的增加以及产品质量的下降,最终使得用户满意度下降和用户忠诚度降低。这样就导致制造商与供应商之间关系的紧张,因此不惜牺牲其他企业的利益来维持自身利益,从而出现了一方"失"另一方才会有所"得"的零和博弈现象。同样,这种情况也存在于制造商与分销商之间:当最终客户对产品不满意时,分销商只简单地把责任推到制造商身上,或者停止销售制造商的产品。这些行为最终都造成了最终客户、分销商、制造商与供应商之间紧张关系的升级。

总之,传统企业间的关系可以用以下特点来加以概括:企业间达成交易的过程是典型的非信息对称博弈过程;对供应商提供产品进行事后把关,控制难度大;企业间的关系是临时的或短时间的,缺乏真诚的交流与合作;信息不能共享,库存成本居高不下,不能有效地响应客户需要的变化。

1.1.2 传统竞争到合作竞争思想的变革

在竞争战略中最具代表性的是迈克尔·波特归纳的成本领先、差别化与集中化三种战略。这三种战略尽管侧重点不同,具体的行动也不同,但它们都有一个共同特点,那就是所有改变的重点都在企业内部,即专注于结合市场需求和竞争状况来整合企业的内部资源。

然而,在当今激烈的竞争环境中,特别是20世纪90年代以来,许多产业市场的全球化以及信息技术的普及,使得产品的差别性越来越小,同质性越来越高。同时,企业的内部整合也变得越来越雷同,使得企业进行内部改善的空间越来越小,企业发现它们所做的努力已经不适应那些已经发生变化的竞争环境。这些变化正在消除传统竞争战略所带来的竞争优势,那些过去被认为是企业具有的竞争优势而现在却使企业陷入了经营管理的困境。所有这些变化都使得企业面临着空前的竞争压力和危机感。

1. 合作竞争是新经济时代企业管理发展的一种趋势

随着市场经济发展的不断深入和技术水平的不断提高,市场竞争也日趋激烈。企业围绕产品质量、成本与竞争者相抗衡,对竞争者采取敌视的态度,以致在各行各业中爆发了"价格战",表现出典型的过度竞争。战胜竞争对手,掠夺市场份额,将对手置于死地而后快,这是企业界人士长期的竞争思维定势。如今,面对激烈的市场竞争环境,企业家们如果换个角度思考,把市场竞争看做同分蛋糕,企业愿意同一些供应商、分销商、顾客甚至竞争对手联手合作做蛋糕,则蛋糕做得越大,大家分得越多。但如果大家分散竞争,蛋糕就无法再做大,多数企业将不会得到满意的结果,即使是赢者,其结果也未必比预料的要好。这样一来,企业家们就逐渐地意识到,长期势均力敌的争斗,其结果只会使自己的财力、智力枯竭,难于应付下一轮的竞争和创新,而合作才是一个成熟企业在激烈竞争中的有效手段。

在当今高度信息化的社会中,企业的新产品和有效的营销方式往往会被其他竞争对手很快效仿,而且这种效仿的间隔时间正变得越来越短,产品的竞争优势也会随着时间和技术的发展变化而逐渐减弱甚至消失,而合作关系却是难以模仿取代的。因此,合作者就会自然地达成一个共识,即想方设法来把蛋糕做大,在有更多利益的前提下,形成一个"双赢"的结果。虽然企业与竞争对手之间存在分歧和对立,但同时也存在着某种共同利益,而这正是合作竞争战略的基础。市场经济本身不只是竞争经济,同时更是合作经济,从本质上来讲,这种合作是一种协作型的竞争。在当今,以合作求竞争已成为现代企业管理的一种新趋势,它要求企业以全新的理念来对待竞争对手、供应商和分销商。

2. 合作竞争是市场经济发展的必然结果

市场经济既是竞争经济,也是合作经济。竞争与合作是不可分割地联系在一起的,没有竞争就没有活力,但没有合作,竞争也就无从谈起。从系统学原理可以知道,系统是由若干相互关联的要素组成的具有特定功能的有机整体。相对于每个要素的各个组成部分而言,每个要素也自成一个系统;而相对于要素所组成的更大的系统来说,每个要素则是一个子系统。在时空、逻辑和功能等各方面,要素都存在着对立统一的相互联系和相互作用。

合作竞争是不以人的意志为转移的客观规律,它不仅能够加强企业最基本的生存和发展能力,而且能够突破企业自身的局限性,提高企业的竞争力和创新力,与竞争对手开拓和分享更大的市场份额。这些都是企业单独经营发展或采取敌视的恶性竞争所不可能达到的。

1.1.3 供应链战略合作关系的产生

随着竞争的加剧和市场环境的变化,人们意识到只有加强合作、结束对抗,方能应对快速多变的市场。这就迫使企业从传统的对立关系朝着一个真正基于合作互惠的战略合作关系方向发展。而供应链实施的关键就在于各节点企业间的设计、生产、竞争、策略等各方面的良好合作与协调,建立战略合作关系成为供应链管理战略的重点。

供应链战略合作关系就是发生在供应商与制造商或制造商与分销商之间,在一定时期内的共享信息、共担风险、共同获利的高度协调关系。这种战略合作关系的核心思想是充分利用外部现有资源与服务,其主要表现在供应需求之间的协同设计、开发、制造,为共同获利而努力。供应链战略合作关系的组织结构是通过正式或非正式的协议关系结成一种松散的利益联盟,其目的是为了通过增强信息交流,实现优势互补,充分发挥各节点企业间的协同合作用,从而获得"双赢"或"多赢"的结果。

综上所述,传统的供应关系是基于价格的短期合同关系,技术的发展和管理的创新使传统企业的短期买卖关系升级为较稳定的物流合作关系;在激烈的竞争环境中,为了应对空前的竞争压力,产品创新和提高服务需求又促使企业关系发展为以实现集成化供应链管理为特征的战略合作关系。

在经济全球化的背景下,我国经济实现全方位的与世界经济接轨,这是历史的必然选择。传统经营管理模式被淘汰抛弃,供应链管理的管理模式迅速引进和推广应用,已经成为中国政府、学界和企业界的共同追求。

1.2 供应链概述

1.2.1 供应链的概念

早期的观点认为,供应链是制造企业中的一个内部过程,它是指把从企业外部采购的原材料和零部件,通过生产转换和销售等活动,再传递到零售商和用户的一个过程。传统的供应链概念局限于企业的内部操作层面上,注重企业自身的资源利用。有些学者把供应链的概念与采购、供应管理相关联,用来表示与供应商之间的关系,这种观点得到了研究合作关系、JIT 关系、精细供应、供应商行为评估和用户满意度等问题的学者的重视。但这样一种关系也仅仅局限在企业与供应商之间,而且供应链中的各企业独立运作,忽略了与外部供应链成员企业的联系,因而往往造成企业间的目标冲突。

后来供应链的概念注意了与其他企业的联系,注意了供应链的外部环境,认为它应是一个"通过链中不同企业的制造、组装、分销、零售等过程将原材料转换成产品,再到最终用户的转换过程",这是更大范围、更为系统的概念。

在研究分析的基础上,马士华教授给出了一个供应链的定义:供应链是围绕核心企业,通过对信息流、物流、资金流的控制,从采购原材料开始,制成中间产品以及最终产品,最后由销售网络把产品送到消费者手中的将供应商、制造商、分销商、零售商直到最终用户连成一个整体的功能网链结构模式。可见,供应链是一个比物流范围更广的企业结构模式,它包含所有加盟的节点企业,从原材料的供应开始,经过链中不同企业的制造加工、组装、分销等过程直到最终用户(如图 1-2、图 1-3 所示)。它不仅是一条连接供应商到用户的物料链、信息链、资金链,而且是一条增值链,物料在供应链上因加工、包装、运输等过程而增加其价值,给相关企业都带来收益。

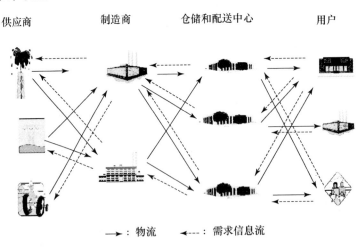

图 1-2 供应链结构示意图

我国国家质量技术监督局发布的 GB/T 18354—2006《中华人民共和国国家标准物流术语》中,对供应链给出的定义是:"供应链是生产及流通过程中,涉及将产品或服务提供给最终用户活动的上游与下游企业,所形成的网链结构。"供应链,也称物流网络,简单地说,供应链是指产品生产和流通过程中所涉及的原材料供应商、生产商、批发商、零售商以及最终消

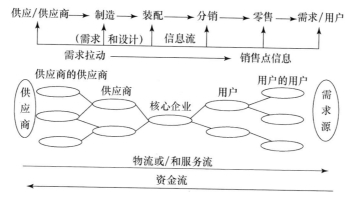

图 1-3 供应链结构模型图

费者所组成的供需网络。供应链的要素包括供应商、制造中心、仓库、配送中心和零售点,以及在各机构之间流动的原材料、在制品库存和产成品。

整合是物流管理的灵魂,而从开始对产品物流的整合到物流在企业中的整合(包括原材料物流、制造物流和产品物流的整合),供应链管理的理念均是物流管理中最新的发展。供应链管理的实质就是在更大的系统(整个供应链)中,考虑物流、信息流与资金流的协调配合,以在更高层次上、更大范围内,提高物流过程的效率和效益。

供应链由紧密结合的两部分组成,即外部供应链和内部供应链。外部供应链,是指企业外部的与企业相关的产品生产和流通过程中涉及的原材料供应商、生产厂商、储运商、零售商以及最终消费者组成的供需网络。内部供应链,是指企业内部产品生产和流通过程中所涉及的采购部门、生产部门、仓储部门和销售部门等组成的供需网络。外部供应链和内部供应链共同组成了企业产品从原材料到成品再到消费者的供应链。

最近的研究表明,供应链的概念更加注意围绕核心企业的网链关系,如核心企业与供应商、供应商的供应商的关系,核心企业与用户、用户的用户的关系。此时,对供应链的认识已经形成了一个网链的概念,像丰田、耐克、尼桑、麦当劳和苹果等公司的供应链管理都是从网链的角度来实施的。

综合上述观点可以认为:供应链是在相互关联的部门或业务伙伴之间所发生的物流、资金流、知识流、信息流和服务流,覆盖从产品(或服务)设计、原材料采购、制造加工、组装、分销直到支付给最终用户的全过程的功能链、知识链和增值链。物料在供应链上因采购、制造、加工、配送、销售等过程,为消费者创造和提供价值,为企业带来收益,这一过程也使企业的相关专业技能和管理理念得以提升。

1.2.2 供应链的特征

供应链由所有加盟的节点企业组成,且其中一般有一个核心企业(可以是产品制造企业,也可以是大型零售企业,如美国的沃尔玛)。节点企业在需求信息的驱动下,通过供应链的职能分工与合作(生产、分销、零售等),以资金流、物流或服务流为媒介实现整个供应链的不断增值。供应链由围绕核心企业的供应商、供应商的供应商和用户、用户的用户组成。一个企业是一个节点,节点企业和节点企业之间是一种需求与供应关系。供应链主要具有以下特征。

(1) 复杂性。因为供应链节点企业组成的跨度(层次)不同,供应链往往由多个、多类型甚至多国企业构成,所以供应链结构模式比一般单个企业的结构模式更为复杂。

(2) 动态性。供应链管理因企业战略和适应市场需求变化的需要,其中节点企业需要动态地更新,这就使得供应链具有明显的动态性。

(3) 面向用户需求。供应链的形成、存在和重构都是基于一定的市场需求而发生,并且在供应链的运作过程中,用户的需求拉动是供应链中信息流、产品/服务流、资金流运作的驱动源。

(4) 交叉性。节点企业可以是这个供应链的成员,同时又可以是另一个供应链的成员。众多的供应链形成交叉结构,增加了协调管理的难度。

1.2.3 供应链的类型

根据不同的划分标准,我们可以将供应链分为以下几种类型。

1. 稳定的供应链和动态的供应链

根据供应链存在的稳定性,可以将供应链分为稳定的供应链和动态的供应链两类。基于相对稳定、单一的市场需求而组成的供应链稳定性较强,而基于相对频繁变化、复杂的需求而组成的供应链动态性较高。在实际管理运作中,需要根据不断变化的需求,相应地改变供应链的组成。

2. 平衡的供应链和倾斜的供应链

根据供应链容量与用户需求的关系,可以将供应链分为平衡的供应链和倾斜的供应链两类(如图 1-4 所示)。

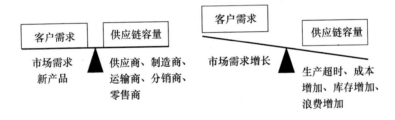

图 1-4 平衡的供应链和倾斜的供应链

一个供应链具有相对稳定的设备容量和生产能力(所有节点企业能力的综合,包括供应商、制造商、运输商、分销商、零售商等),但用户需求却处于不断变化的过程中。当供应链的容量能满足用户需求时,供应链处于平衡状态;而当市场变化加剧,造成供应链生产超时、成本增加、库存增加、浪费增加等现象时,企业就不是在最优状态下运作,供应链则处于倾斜状态。平衡的供应链可以实现各主要职能(采购/低采购成本、生产/规模效益、分销/低运输成本、市场/产品多样化和财务/资金运转快)之间的均衡。

3. 效率性供应链和敏捷性供应链

根据供应链的功能模式(物理功能和市场中介功能),可以把供应链分为两种:效率性供应链(Efficient Supply Chain)和敏捷性供应链(Responsive Supply Chain)。效率性供应链主要体现供应链的物理功能,即以最低的成本将原材料转化成零部件、半成品、产品以及在供应链中的运输等;敏捷性供应链主要体现供应链的市场中介功能,即把产品分配到满足用户需求的市场,对未预知的需求做出快速反应等。

1.2.4 供应链设计的原则

为了确保供应链的设计和重建能满足供应链管理思想得以实施和贯彻的要求,在供应链的设计过程中,应当遵循以下几个基本原则。

1. 战略性原则

在以供应链为竞争的时代,企业的发展战略是依托供应链战略来实现的,所以供应链的设计应当与企业的长期战略规划保持一致。但是在现阶段,供应链管理的思想还没有完全深入人心,供应链上成员的管理水平参差不齐,企业间的配合还不够默契,所以企业在设计供应链的时候要始终保持战略的眼光,从全局的角度来规划和设计供应链,从而使供应链所有环节都向着同一个目标运转。

2. 创新性原则

创新性原则,是指在供应链的设计中应当具有创新的思想和眼光,打破传统企业管理中的常规和陈旧的思想,集思广益,大胆开拓和创新,为供应链管理新格局打下基础。对于在我国实行供应链管理的创新还有另外一层意思:国际先进的供应链管理思想多是在发达国家发展出来的,有很多并不适合我国的国情,所以学习国外先进的供应链管理思想并结合我国特殊的经济环境创造适合我国的供应链管理模式也是非常重要的。

3. 系统性原则

供应链的设计要涉及供应链中各个企业之间的种种关系,故必须考虑战略合作伙伴的选择、成员企业之间的协同、利益分配和风险规避等问题,还要系统地研究市场竞争环境、企业现状以及发展规划、供应链目标等战略性问题。在系统建模设计方法中,存在两种设计方法,即自顶向下的方法和自底向上的方法。自顶向下的方法是从全局走向局部的方法,自底向上的方法是从局部走向全局的方法;自顶向下是系统分解的过程,而自底而上则是一种集成的过程。在设计一个供应链系统时,往往是先由主管高层作出战略规划与决策,规划与决策的根据来自市场需求和企业发展规划,然后再由下层部门实施决策,因此供应链的设计是自顶向下和自底向上的结合。

4. 协调和互补性原则

供应链涉及众多的成员和复杂的供求关系,供应链各个节点的选择遵循强强联合的原则,以达到实现资源充分利用的目的。在供应链中,每个企业集中精力致力于其核心的业务过程,就像一个独立的制造单元。这些单元化制造企业具有自我组织、自我优化、面向目标、动态运行和充满活力等特点,能够实现供应链业务的快速重组。在设计供应链的时候,应当强调供应链的内部协调和优势互补,以充分发挥各成员的主动性和创造性,形成一个团结、和谐、富有竞争力的集体,避免各个企业的合作风险。与此同时,协调性还包括供应链系统和外部环境之间的协同。

5. 动态性原则

由于供应链面对的市场环境是在不断变化的,所以供应链上的伙伴合作关系会不断地变化。一个企业常常不是只参与一个供应链,它们经常要面临退出一个供应链或是加入一个供应链的问题,对于供应链而言也经常要变换节点企业,故要求供应链在设计的时候必须是动态的,可以面对供应链中的各种变动。而且在某一阶段稳定的供应链中,由于不确定性的存在,也要不断对供应链进行优化,以减少信息传递过程中的信息延迟和失真,增加信息透明度,减少不必要的中间环节,提高预测的精度和降低不确定因素的影响。

6. 客户中心原则

供应链管理的最初目标就是为了以最佳的方式最快地响应客户的需求,所以在供应链设计的时候就应当始终本着以客户为中心的设计理念。供应链在运作过程中一般包括新产品的开发与设计、原材料采购以及产品的制造、运送、仓储、销售等活动,这些由供应链上不同的成员做的事情,都应当围绕客户这个中心展开。

中国顶尖企业供应链管理的经验

供应链包括从采购、研发、生产制造到产品销售的诸多环节,敏捷高效的供应链体系可以提高企业竞争力。中国一些顶尖企业如联想、海尔、华为都从流程入手,对供应链环节进行了有效的整合,提高了供应链的运作效率。

1. 新联想:从流程改造入手

联想集团收购IBM全球PC业务,组成现在的新联想集团,曾一时成为业界的焦点。并购难,并购后的整合难上加难,如何将联想的本土优势的基因成功注入这位来自西方、具有高贵血统的蓝色巨人体内,是联想有史以来面临的最大难题,整合供应链则是解决这一难题的关键所在。

供应链包括企业的上、中、下游的各个环节,如何从中找出整合的关键点有着非同寻常的意义。生产、销售、物流等各个流程的相互作用组成了现代企业的供应链系统,因此,进行供应链整合时,进行流程改造是最佳切入点。

新联想从流程改造入手,设计了三个主要流程的改造:计划流程;物流运作流程;订单交付流程。在计划流程上,新联想改变了以往根据不动的目标作计划的流程,而是根据每天不断变化的市场或预测的情况不断地更新目标去作计划,从而有效地提高了计划的准确性,降低了失误率。

在生产及订单交付环节,所有的联想及ThinkPad笔记本电脑都可以利用中国有竞争力的成本在中国制造,而后大多采用空运的方式提高物流效率运输到世界各地。对于比较笨重的台式机,联想则采取在世界各地建立市场,建立台式机的组装能力。不过,其中五成左右的半成品可以事先在中国做好,可以空运一些小体积高价值的物料,海运一些诸如机箱类的东西,在当地进行生产交付。

在物流运输的时候,新联想还通过采用端到端的设计来提高物流运作流程的效率。通过事先设计分货的流程,有效地缩短运输时间。

新联想还引进弹性供应链,使企业根据市场需要不断调整生产,避免了非弹性市场供应链状态下市场需求变化时会出现产品短缺或者库存增加的两个极端。

2. 海尔:抓住供应链上游

作为中国家电行业的龙头老大,海尔很早就认识到了供应链整合的重要性,它们进行了以订单信息流为中心的业务流程再造,把金字塔式的企业组织结构转变为面向流程、面向客户的扁平化组织结构,对商流、物流和资金流等进行了再造,极大地提高了供应链的运作效率和反应速度。

产品采购是供应链的起点,海尔从源头入手,采取多种方式巩固了与供应商之间的关系,同样达到了优化整合供应链的效果。

首先,海尔实行统一采购,对供应商进行整合,淘汰了80%以上竞争力较弱的供应商,在供应商网络不断优化的同时,供应商质量也有了质的提升。迄今为止,国际化供应商占到海尔供应商总数的70%左右,包括85家世界500强供应商。

海尔还邀请一些有实力的供应商参与前端产品设计和开发,与供应商共同面对终端市场的激烈竞争。三洋电机曾参与海尔冰箱设计开发,并在青岛投资建设了中国唯一的变频压缩机厂,海尔也因此成为国内首家可以生产变频冰箱的企业;海尔双动力洗衣机电机,也是供应商共同参与的结果。

其次,在生产流程中,海尔还与供应商实行"零距离接触"。供应商可以按订单、根据海尔生产线的节拍从自己的生产线直接配送到海尔生产线,实现线到线供货。在这种供应链方式下,物料可以经由工装车从供应商的工位直接运送到海尔的工位,既提高了供应链环节的反应速度,又减少了运输过程中的费用,还化解了装卸、运输过程中可能造成的零部件损坏的风险。

再次,在货物检验环节,海尔专门设立质量检测公司,对供应商质量保障体系进行严格认证,甚至包括供应商对其上游供应商的采购过程是否足够规范和安全等内容。质量检测公司还经常派出驻厂检验工程师,实地对供应商的质保体系进行全过程监控。为了给现有供应商一定的压力和动力,海尔还定期对供应商进行优化与评级,并根据评级结果调整供应商配额。

此外,外向物流方面中间环节的减少也较大提高了供应链的运作效率。在海尔制造基地周边并没有成品仓库,成品下线后,立即直接发送。另外,海尔还在全国设立了42个配送中心进行直发中转,通过减少任何一次可能的装卸、运输和中转加快运作的速度。

3. 华为:流程创新整合供应链

华为通过西门子技术人员的帮助,对立体仓库、自动仓库、生产线布局等生产流程进行总体设计。

华为试图通过对供应链中的信息流、物流和资金流进行设计、规划与控制,达到提高客户满意度和降低供应链总成本的目的。华为围绕MRPII(制造资源计划)对供应链管理相关流程进行重整,构筑起一条以客户为中心的成本最低供应链,并通过提高灵活性和快速反应能力建立竞争优势。

运用现代的信息技术,华为建立了直接的采购体系,直接与国际电信公司实现物流和信息流的对接。流程优化使华为与摩托罗拉、阿尔卡特、朗讯、北电、西门子、NEC、爱立信、高通等国际巨头成为密切而平等的商业竞争和合作伙伴。在进入21世纪整个电信产业开始过冬之时,高效的运营流程每年为华为降低了20多亿元的采购成本。

流程创新为华为带来了硕果累累。华为的研发、生产、销售也在全球悄悄布下据点,到目前为止,华为已有50多个海外办事处,客户已遍及国内外80多家运营商,海外业务正在以每年接近100%的速度增长。

(资料来源:牛鱼龙,物流经典案例.有修改)

以上企业的供应链管理对我们有哪些启示?

1.3 供应链中的核心企业

1.3.1 供应链核心企业的概念

从理论上讲,供应链中的核心企业可以是供应商、制造商、分销商和零售商中的任何一个。在传统的供应链管理的研究中,绝大部分都是将核心企业预先设定在制造商身上,并以此为视角来研究它与上下游供应商网络的交互关系,而核心企业似乎不存在讨论的必要。但是,随着供应链在社会经济领域的不断发展和成熟,由核心企业引发的供应链风险与问题愈来愈多,核心企业研究逐渐成为学者们关注的热点问题。

当人们谈到供应链管理的时候,通常都承认在供应链中有一个核心企业存在。可是什么是核心企业,或者说怎样定义核心企业,依据什么界定核心企业,却论述较少且众说不一。

有观点认为,核心企业是在某一行业或某个领域内具有中心地位和先锋作用的技术开发型企业,它既不同于传统意义上的技术密集型企业,也不同于以科技开发为特征的各种科研院所。其外部特征是企业以核心技术不断进步为主要发展点,并生产该行业和领域的核心产品。显然,该"核心企业"的定义还是有失偏颇,它仅强调了"核心企业"是"技术开发型企业",但是零售业巨头沃尔玛这样的企业却放不进这个框架。

马士华教授认为,供应链是围绕核心企业,通过对信息流、物流、资金流的控制,将供应商、制造商、分销商、零售商直到最终用户连成一个整体的功能网链结构模式。此定义也从供应链的整体角度揭示了核心企业的部分内涵。

汪寿阳教授认为,核心企业是供应链企业群体的"原子核",它把一些"卫星"企业吸引在自身周围,从而将供应链构造成一个网链状结构。核心企业影响力的大小在很大程度上决定了供应链运作的好坏及供应链竞争力的大小。

其实,学术界对供应链核心企业概念界定的各种说法并不存在绝对对立,学者们在承认核心企业的作用、地位等方面是基本一致的,也就是说对核心企业的定性基本上是相互认同的,只是在表述上因从不同的角度出发故不尽相同而已,但都从不同视角揭示了核心企业的本质内涵。近年来,供应链管理的实践使核心企业具有了新的属性,现有的核心企业定义已经不能完全涵盖现实中的核心企业,而核心企业在供应链的动荡中的识别标记也越来越模糊。

按照约束理论(TOC)的观点,供应链系统中各节点企业效率最低的瓶颈环节制约了供应链的运作效率。卢松泉博士通过对我国多个典型供应链的实证研究发现,要保证供应链安全高效运行,核心企业作用至关重要。据此,卢松泉博士给出了他对供应链核心企业的定义:核心企业是指供应链上拥有该供应链的瓶颈约束资源(技术、市场、原始资源、信息),决定供应链的运行节拍与效率,在物流、信息流、工作流等资源配置方面胜任组织协调工作,能够实现并提升整体供应链核心竞争优势的企业。供应链就是核心企业与原始资源供应商、供应商、需求商和最终需求客户按照核心企业瓶颈资源的节拍运行所形成的网链组织结构。卢松泉博士所研究的供应链核心企业瓶颈模型如图1-5所示,非瓶颈资源的利用率取决于瓶颈资源的通过量,供应链的运作节拍同步于供应链核心企业瓶颈约束的节拍。

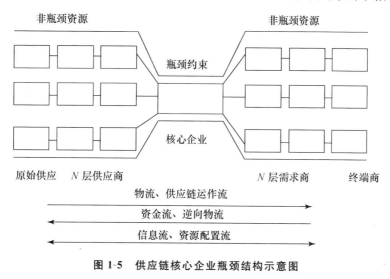

图 1-5 供应链核心企业瓶颈结构示意图

1.3.2 供应链核心企业的条件

在供应链竞争中,核心企业掌握着供应链的核心瓶颈资源,以自身瓶颈的产销率决定供应链的节拍,承担供应链组织者与协调者的功能,协调供应链网络中各个节点企业的运作,挖掘供应链潜力并实现优势集成,是供应链的物流集散中心、运作调度中心和信息处理中心。

供应链核心企业一般应具备以下条件:
(1)掌握供应链的核心瓶颈约束资源(技术、市场、原始资源、信息);
(2)决定供应链的运行节拍;
(3)能够为供应链成员带来更多利益,并能够实现供应链核心竞争优势;
(4)能够有效胜任供应链的物流、信息流、资金流、生产服务流的组织协调工作。

1.3.3 核心企业对供应链的影响

在供应链竞争中,核心企业承担着供应链组织者与协调者的功能,它选择供应链成员伙伴,协调供应链网络中不同企业的行为,挖掘供应链潜力并实现集成优势。没有核心企业的作用,供应链竞争难以维系。

供应链核心企业在用户需求的拉动和利润需求的推动下,驱动整条供应链的运行,是供应链运行的动力源。供应链核心企业在供应链管理中处于核心地位,必须集中资源发展其核心业务和核心能力,而对于非核心业务,则通过外包等形式与其他企业进行协作,这有利于核心企业对整条供应链的业务流程进行整合。核心企业之所以能够承担供应链的资源整合与集成功能,其根源在于核心企业在合作竞争中形成的企业权威。如果核心企业无法在供应链竞争中培育起自己的权威,则将无法有效地整合供应链资源,也就很难发挥供应链的协同优势。

核心企业在供应链中能脱颖而出成为供应链的核心,除了供应链市场环境的竞争加剧和供应链生存发展需要外,其自身的内在素质也相当重要。学者们共同认为,在行业影响力、产品创新能力、导向能力、产品市场占有率、主导产品结构、商业信誉、企业经营合作精神、管理协调能力及其财务状况等八个方面,核心企业对供应链战略合作关系的形成具有重大的影响。

1. 核心企业的规模及行业影响力

企业的最终目的是获取利润。当一个企业被选择参加供应链并同核心企业建立合作伙伴关系时,它肯定会首先对自己决策的获益情况进行判断:如果有利于自身的发展,这个企业就愿意加入供应链;反之则会将自己有限的资源投向更能获利的其他供应链中去。也就是说,核心企业在实施供应链管理时,必须有足够的规模和行业影响力,并进而对其他企业产生吸引力,让它们觉得加入供应链有利可图,从而愿意加入到供应链中来,这是核心企业实施供应链管理首要的因素。

2. 核心企业的产品开发能力

供应链像一条大江,只有江水畅通无阻地奔向大海,大江才能保持新鲜与活力。同样,只有供应链的产品源源不断地流向市场并被市场所接纳,供应链才能保持不断发展的活力。然而,现代市场的激烈竞争导致产品寿命周期越来越短,新技术、新产品的不断涌现以及用户的个性化需求都使产品研制的难度越来越大。所以,只有核心企业具有很强的开发能力,不断推出适销对路、用户满意的产品,供应链才能始终保持一种不断延续其在市场上发展的能力,不会因一种产品被市场淘汰而导致全线崩溃。这样,核心企业自然会产生一种吸引力,把供应商和分销商紧紧团结在自己周围,形成一种长期稳定的合作伙伴关系。

3. 核心企业的产品市场占有率

产品在市场上的占有率越高,核心企业对供应链上其他企业的影响力就越大,同时它对其他供应商和销售商产生的吸引力也越大。市场占有率高说明该企业在市场上所拥有的市场份额高,不论生产过程的稳定性还是获利的可能性,高市场份额都意味着会给企业带来竞争优势。一方面,市场占有率高的企业实力雄厚,能够在一定程度上影响消费者的市场行为,在市场竞争中容易占据主动地位,这样供应商和销售商的发展也会更具稳定性。另一方面,由于市场份额大,供应商从核心企业获得的订单数量往往也会很大,供应商容易获得规模效益;同样的,销售商也更容易获得大的销售量,从而获利更丰。整条供应链的生产销售规模大,则供应链节点企业会更有积极性,更有实力在提高产品质量、降低生产成本及改善服务上下工夫。这一点对整条供应链的群体效益的影响很大,有助于供应链不断走向良性循环。

4. 核心企业的产品结构

充当供应链核心企业的一般都是那些两头在外的制造商,但也不排除在实际经营中某些实力雄厚的商业性企业。就制造商充当核心企业这种情况来说,公司主导产品的结构对形成供应链合作关系有着相当大的影响。供应链管理强调的是把主要精力放在企业的关键业务企业核心竞争力上,充分发挥其优势,同时与全球范围内的合适企业建立合作伙伴关系,把企业中非核心业务外包,由合作企业来完成。但是有些企业的主导产品的结构决定了其不能分解成在不同时间和地域进行加工的零部件,因而也就不能为其他企业提供参与供应链的可能性,或者即使其他企业勉强参与,也不能形成整体优势。此外,如果企业生产的产品本身就是其他企业产品的附属零部件,则一般来说,即使产品结构可以分解,这种企业充当供应链的核心企业也不会有足够的吸引力,也很难形成合作伙伴关系。

5. 核心企业的商业信誉

供应链间的合作以信任作为基础。合作中就不能没有信任,完全没有信任的合作是不可想象的。供应链核心企业良好的商业信誉能给其他企业极大的信任感,从而为合作伙伴关系打下坚实的基础。一旦核心企业失去商业信誉,则将给供应链带来灾难性的后果。因为供应链上的企业相互之间有频繁的业务往来和财务结算关系,并且一般来说,企业之间的相互依存度极高,如果核心企业拖欠供应商或分销商的有关款项,则不仅影响它们供应零部件和销售产品的积极性,更严重的是有可能殃及它们正常的生产和销售活动,从而影响到供应链的运作,最终整条供应链就像多米诺骨牌一样轰然倒下。可以说,供应链企业一荣俱荣、一损俱损。核心企业的商业信誉直接影响到供应链企业合作伙伴关系的成功与否、持久与否。

6. 核心企业的经营思想与合作精神

核心企业的经营思想与合作精神对供应链战略伙伴关系的形成具有至关重要的影响。有些企业与供应商和分销商都缺乏合作的战略伙伴关系,往往只从短期效益出发,挑起供应商之间的价格竞争,从而失去了供应商的信任与合作基础。市场形势好时,企业对分销商态度傲慢,市场形势不好时,企业又企图将损失转嫁给经销商,因此,这些企业得不到经销商的信任与合作,更不用说形成长期的合作伙伴关系。

7. 核心企业的财务状况

财务状况和信用等级的好坏直接关系核心企业是否具有较强的能力,能否令人满意地履行义务。因为随着竞争的加剧,市场风云变幻莫测,企业面临着越来越大的市场风险,许多实力雄厚的大公司也往往因为错误估计市场走向、盲目扩张而在极短的时间内陷入财务危机,如珠海巨人公司的轰然倒下等。供应链核心企业的财务状况必须具有连续的稳定性,否则整条供应链就会出现断链的可能。想象一下以下这些窘境的发生:要财务状况很差的核心企业来保证质量;核心企业没有充足的经营资本却要实现付出高昂的要求;财务状况不佳的核心企业超时工作来达到承诺的送货时间;等等。因此,核心企业的财务状况直接关系整条供应链的稳定与否。

8. 核心企业控制协调能力

供应链联盟是由许多非产权统一的企业在具备核心竞争力的基础上基于市场而组建起来的,因而不是真正意义上的实体企业。鉴于信息不对称、"搭便车"现象和"败德"行为等客观不利因素的存在,与实体企业相比,供应链联盟存在更大的组织风险,严重时将导致供应链联盟的运作失败。因此,如何协调管理各成员企业,充分利用各企业间的博弈关系,提高供应链联盟中各成员企业之间的合作效率,使其发挥"1+1>2"的效果就成为供应链联盟的核心企业必须具备的素质和职责之一。

1.4 供应链管理

1.4.1 供应链管理的概念

对供应链这一复杂系统,要想取得良好的绩效,必须找到有效的协调管理方法,供应链管理思想就是在这种环境下提出的。因此,供应链管理和传统的销售链是不同的,它已跨越了企业界限,从建立合作制造或战略伙伴关系的新思维出发,从产品生命线的源头开始到产品消费市场。从全局和整体的角度考虑产品的竞争力,使供应链从一种运作性的竞争工具上升为一种管理性的方法体系,这就是供应链管理提出的实际背景。

供应链提供了集成和管理企业之间功能和资源的机遇。至今,供应链管理已成为一种先进的业务管理模式,它不仅带来了新的管理理念,也为企业之间的信息沟通和交流、创建集成的业务流程环境提供了原动力。科学有效地管理供应链,已经成为企业核心竞争力的一项重要指标。

供应链管理作为一种新的管理哲学理念,成为理论界关注的热点话题,人们从不同的层面和视角对其给出了不同的界定。比较主流的观点是立足于管理思想和方法集成的角度,认为供应链管理是执行供应链中从供应到最终用户的物流的计划和控制等职能,供应链管理是一种集成的管理思想和方法。

伊文斯(Evens)认为:供应链管理是通过前馈的信息流和反馈的物料流及信息流,将供应商、制造商、分销商、零售商直到最终用户连成一个整体的管理模式。

菲利浦(Phillip)认为:供应链管理不是供应商管理的别称,而是一种新的管理策略,它把不同企业集成起来以增加整个供应链的效率,注重企业之间的合作。

我国的国家标准对供应链管理的定义是:利用计算机网络技术全面规划供应链中的商流、物流、信息流、资金流等,并进行计划、组织、协调与控制等。

供应链管理以期达到最佳的资源整合、最高的效率、最低的成本和最安全的质量,从而最大化地满足客户需求。

作为一种新的管理理念和模式,供应链管理参与对整条供应链中组织部门之间的物流、信息流与资金流的计划、协调和控制,其目的在于通过优化提高所有相关过程的速度和确定性,最大优化所有相关过程的净增加值,最终提高组织的运作效率和效益。

当今世界激烈的市场竞争和快速多变的供货市场需求,迫使供应商、制造商、分销商、零售商由竞争走向合作,以便达到缩短交货期、提高质量、降低成本、改进服务水平和满足用户的共同目标。在这种情况下,供应链作为一种企业良好的合作模式被广泛采用。供应链管理是在不降低质量、不降低顾客满意程度而使成本不断降低的前提下高效率地协调各个环节的活动,以实现供应链管理的目标,即能够将顾客所需正确的产品在正确的时间、按照正确的数量、正确的质量和正确的状态送到正确的地点(即"6R"目标),并使总成本最小。

1.4.2 供应链管理涉及的内容

最早人们把供应链管理的重点放在管理库存上,作为平衡有限的生产能力和适应用户需求变化的缓冲手段。它通过各种协调手段,寻求把产品迅速、可靠地送到用户手中所需要的费用与生产、库存管理费用之间的平衡点,从而确定最佳的库存投资额。因此,早期供应链管理主要的工作任务是管理库存和运输。现在的供应链管理则把供应链上的各个企业作为一个不可分割的整体,使供应链上各企业分担的采购、生产、分销和销售的职能成为一个协调发展的有机体。

供应链管理是以同步化、集成化生产计划为指导,以各种技术为支持,尤其以 Internet/Intranet 为依托,围绕供应、生产作业、物流(主要指制造过程)和需求来实施的。供应链管理主要涉及四个主要领域,即供应(Supply)、生产计划(Schedule Plan)、物流(Logistics)和需求(Demand)(如图 1-6 所示)。

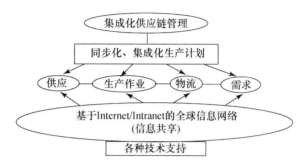

图 1-6　供应链管理涉及的领域

供应链管理主要包括计划、合作、控制从供应商到用户的物料(零部件和成品等)和信息。供应链管理的目标在于提高用户服务水平和降低总的交易成本,并且寻求两个目标之间的平衡(这两个目标往往有冲突)。

供应链管理关心的并不仅仅是物料实体在供应链中的流动,除了企业内部与企业之间的运输问题和实物分销以外,供应链管理还包括以下主要内容(如图 1-7 所示):

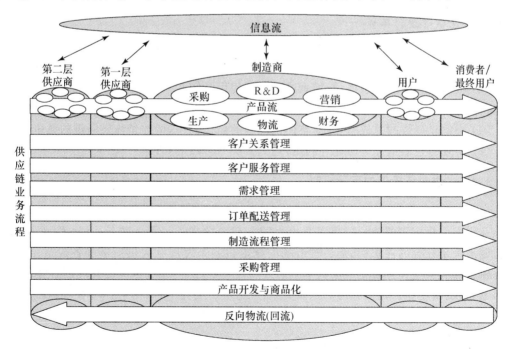

图 1-7　供应链管理的主要内容

(1) 战略性客户关系管理;
(2) 供应链的客户服务管理;
(3) 供应链的需求管理;
(4) 供应链成员企业间订单配送管理;
(5) 基于供应链管理的制造流程管理;
(6) 基于供应链的采购管理;
(7) 企业间资金流管理(汇率、成本等问题);
(8) 基于 Internet/Intranet 的供应链交互信息管理等。

供应链管理注重总的物流成本(从原材料到最终产成品的费用)与用户服务水平之间的关系,为此要把供应链各成员企业有机地结合在一起,从而最大限度地发挥供应链整体的力量,达到供应链的企业群体获益的目的。

1.4.3 供应链管理的理念与目标

1. 供应链管理的理念

供应链管理是一种崭新的管理模式,更是一种适应全球经济一体化的新的思维理念,这种新的理念主要体现在以下几个方面:
(1) 面向顾客需求第一的理念;
(2) 双赢和多赢理念;
(3) 管理手段技术现代化的理念;
(4) 资源共享和价值最大化的理念;
(5) 战略流程协同一致的理念;
(6) 基于核心竞争力的业务外包理念。

2. 供应链管理的目标

在供应链总体理念的指导下,供应链管理力争达到以下目标:
(1) 根据市场的扩大,提供完整的产品组合服务;
(2) 根据市场需求的多样化,缩短产品服务提供时间;
(3) 根据市场需求的差异性,最大限度地满足客户个性化需求;
(4) 降低供应链的总成本,提高整体供应链的运作效率,增加整体供应链的竞争力;
(5) 实现绿色制造和资源循环利用,达到人类与自然的和谐。

1.4.4 供应链管理的运营机制

供应链与自然界一切生命体一样,都存在一个起源、成长、发育、成熟、衰退、解体(灭亡)的生命周期。供应链的成长过程实质包含两方面的含义:一是通过产品(技术)服务)的扩散机制来满足社会的需求;二是通过市场的竞争机制来发展壮大供应链和各成员企业的实力。供应链成长过程体现在市场竞争中的成熟与发展之中,通过供应链管理的合作机制、决策机制、激励机制和自律机制等的运作实施,来适应市场竞争,满足顾客需求,从而达到供应链管理的社会目标、经济目标和环境目标的圆满实现。

1. 合作机制

供应链合作机制体现了战略伙伴关系和企业内外资源的集成与优化利用。基于这种企业环境的产品制造过程,从产品的研究开发到投放市场,周期大大地缩短,而且顾客导向化程度更高,模块化、简单化产品、标准化组件使企业在多变的市场中柔性和敏捷性显著增强,虚拟制造与动态联盟提高了业务外包策略的利用程度。企业集成的范围扩展了,从原来的中低层次的内部业务流程重组上升到企业间的协作,这是一种更高级别的企业集成模式。在这种企业关系中,市场竞争的策略最明显的变化就是基于时间的竞争和价值链及基于价值的供应链管理。

2. 决策机制

由于供应链决策信息的来源不再仅限于一个企业内部,而是在开放的信息网络环境下,不断进行信息交换和共享,达到供应链的同步化、集成化计划与控制的目的,而且随着Internet/Intranet发展成为新的企业决策支持系统,企业的决策模式将会产生很大的变化,因此处于供应链中的企业决策模式应该是基于Internet/Intranet的开放性信息环境下的群体决策模式。

3. 激励机制

归根到底,在激烈的市场竞争中,供应链管理和任何其他的管理思想一样,都是要追求"时间、质量、成本、服务、柔性"各项企业管理要素达到最佳状态。没有均衡一致、切实可行的供应链管理业绩评价方法是目前供应链管理的致命缺陷,它直接影响了供应链管理的实践效率和安全。为了更好地推行供应链管理技术,必须建立、健全绩效评价和激励机制,以推动供应链管理工作不断完善和提高,从而使供应链管理能够沿着正确的轨道与方向发展,真正成为被企业管理者乐于接受和实践的新的管理模式。

4. 自律机制

自律机制要求供应链成员企业向行业的领头企业或最具竞争力的竞争对手看齐,不断对产品、服务和供应链业绩进行评价,并不断地改进,以使企业保持自己的竞争力和持续发展。自律机制主要包括企业内部的自律、对比竞争对手的自律、对比同行企业的自律和比较领头企业的自律。企业通过推行自律机制,可以降低成本,增加利润和销售量,更好地了解竞争对手,提高客户满意度,增加信誉,同时企业内部部门之间的业绩差距也可以得到缩小,从而提高企业的整体竞争力。

1.4.5 供应链管理的效益

PRTM公司曾进行了一项关于集成化供应链管理的调查,调查涉及6个行业的165个企业,其中化工25%、计算机电子设备25%、通信16%、服务15%、工业13%、半导体6%。调查表明,通过实施供应链管理,企业可以达到以下多方面的效益:

(1) 总供应链管理成本(占收入的百分比)降低10%以上;
(2) 中型企业的准时交货率提高15%;
(3) 订单满足提前期缩短25%~35%;
(4) 中型企业的增值生产率提高10%以上;
(5) 绩优企业资产运营业绩提高15%~20%;
(6) 中型企业的库存降低3%,绩优企业的库存降低15%;
(7) 绩优企业在现金流周转周期上具有比一般企业少40~65天的优势。

通过有效的供应链管理,还可以在进入新市场、开发新产品、开发新分销渠道、改善售后服务水平、提高用户满意程度、降低库存、降低后勤成本、降低单位制造成本、提高工作效率等方面获得满意效果。

1.4.6 物流管理与供应链管理的联系与区别

供应链管理起初主要强调物流管理过程中在减少企业内部库存的同时,也应考虑减少企业之间的库存。随着供应链管理思想越来越受到重视,其视角早已拓宽,不再仅着眼于降低库存,其管理触觉伸展到了企业内外的各个环节、各个角落。

1. 物流管理与供应链管理的联系

供应链管理是一种流程的集成化管理,它包含了从供应商到最终用户提供产品、服务和信息以创造客户价值的整个流程,而当代对于供应链管理的理解只是少许不同于集成化的物流管理。然而,对于供应链管理更广泛的理解正在形成:供应链管理包含了从原供应商提供产品、服务和信息以增加客户价值,到终端客户的所有流程的集成,它不仅仅是物流的另一种称呼。供应链管理涵盖了物流中没有典型包含的要素,如信息系统集成、计划与控制活动的协调等。供应链管理与物流管理的联系主要体现在以下两个方面。

(1) 物流管理是供应链管理的一个子集或子系统。

从各种关于物流管理和供应链管理的定义来看,有一点是一致的,即物流管理承担了为满足客户需求而对货物、服务从起源地到消费地的流动和储存进行计划与控制的过程。物流管理包含了内向、外向流动,内部、外部流动,物料回收以及原材料、产成品的流动等物流活动的管理。而供应链管理的对象涵盖了产品从产地到消费地传递过程中的所有活动,包括原材料和零部件供应、制造与装配、仓储与库存管理、订单录入与订货处理、分销管理、客户交付、客户关系管理、需求管理、产品设计、预测以及相关的信息系统等。供应链管理连接了所有的供应链成员企业。从这个意义上讲,物流管理是供应链管理的一种执行职能,即是对供应链上物品实体流动的计划、组织、协调与控制。也就是说,物流管理与供应链管理所涉及的管理范畴有很大不同,物流管理是供应链管理的一个子集或子系统,供应链管理将许多物流管理以外的功能跨越企业间的界限整合起来。

(2) 物流管理是供应链管理的核心内容。

物流贯穿整个供应链,是供应链的载体、具体形态或表现形式(供应链的载体还包括信息流,资金流)。物流衔接供应链的各个企业,是企业间相互合作的纽带。没有物流,供应链中所生产产品的使用价值就无法得以实现,供应链也就失去了存在的价值。因此,物流管理很自然地成为供应链管理体系的重要组成部分,它在供应链管理中的地位与作用可以通过供应链上的价值分布看出(参见表 1-1)。物流价值(此处指采购和分销之和)在各种类型的产品和行业中都占到了整个供应链价值的一半以上。所以,物流管理是供应链管理的核心,有效地管理好物流过程,对于提高供应链的价值增值水平有举足轻重的作用。

表 1-1 供应链上的价值分布   单位:%

产品	采购	制造	分销
易耗品(如肥皂、香精)	30~50	5~10	30~50
耐用消费品(如轿车、洗衣机)	50~60	10~15	20~30
重工业(如工业设备、飞机)	30~50	30~50	5~10

2. 物流管理与供应链管理的区别

物流管理与供应链管理虽然存在一定的联系，但也存在着众多的不同，主要表现在以下几个方面。

（1）存在基础和管理模式不同。

任何单个企业或供应链，只要存在物的流动，就存在物流管理；而供应链管理必须以供应链导向为前提，以信任和承诺为基础。物流管理主要以企业内部物流管理或企业间接口物流管理这两种形式出现，主要表现为一种职能化管理模式；供应链管理则以流程管理为表现形式，它不是对多个企业的简单集合管理，而是对多个企业所构成的流程进行管理，是一种流程化的价值链管理模式。

（2）导向目标不同。

物流管理的目标是以最低的成本产出最优质的物流服务。对于不存在供应链管理的环境，物流管理在单个企业战略目标框架下实现物流管理目标；对于供应链管理环境，物流管理指供应链物流管理，以供应链目标为指导，实现企业内部物流和接口物流的同步优化。而供应链管理是以供应链为导向，目标是提升客户价值和客户满意度，获取供应链整体竞争优势。

（3）管理层次不同。

物流管理对运输、仓储、配送、流通加工及相关信息等功能进行协调与管理，通过职能的计划与管理达到降低物流成本、优化物流服务的目的，属于运作层次的管理。而供应链管理聚焦于关键流程的战略管理，这些关键流程跨越供应链上所有成员企业及其内部的传统业务功能。供应链管理站在战略层次的高度设计、整合与重构关键业务流程，并作出各种战略决策，包括战略伙伴关系、信息共享、合作与协调等决策。

（4）管理手段不同。

既然物流管理与供应链管理的管理模式和层次都存在区别，其管理手段自然也不同。物流管理以现代信息技术为支撑，主要通过行政指令或指导，运用战术决策和计划来协调和管理各物流功能；供应链管理则以信任和承诺为基础，以资本运营为纽带，以合同与协议为手段，建立战略伙伴关系，运用现代化的信息技术，通过流程化管理，实现信息共享、风险共担和利益共存。

综上所述，物流管理与供应链管理在存在基础、管理模式、导向目标、管理层次以及管理手段等方面都存在较大的差别；但从管理范畴与内容上来说，物流管理是供应链管理的一个子集或子系统，同时也是供应链管理的核心内容。供应链管理是较物流管理更宽泛的一个概念，包括物流、市场营销、产品研发与设计等在内的所有业务流程的管理，其目的在于追求整个供应链系统的成本最低化、服务最优化及客户价值最大化；而物流管理是集中于货物、服务及相关信息有效率、有效益地储存与流动的计划、实施与控制，是供应链管理的一部分，其目的是通过物流这一子系统的最优化为供应链整体作出贡献。

课题小结

本章主要阐述了供应链和供应链管理的基础知识，分别从供应链的概念、分类、设计原则三个方面展开。同时阐述了供应链管理的概念、内容、模式、运营保障机制及与物流管理的联系及区别等方面。

供应链管理是通过前馈的信息流和反馈的物料流及信息流,将供应商、制造商、分销商、零售商直到最终用户连成一个整体的模。这些定义都注意了供应链的完整性,考虑了供应链中所有成员操作的一致性。

第三部分 课题实践页

1. 选择题

(1) 供应链是指生产及流通过程中,涉及将产品更新换代或服务提供给最终用户的上游企业或下游企业所形成的(　　)。

　　A. 网络结构　　　B. 专业结构　　　C. 信息结构　　　D. 组织结构

(2) 根据供应链存在的稳定性划分,可以将供应链分为稳定的和(　　)。

　　A. 静态的供应链　B. 动态的供应链　C. 平衡的供应链　D. 变化的供应链

(3) 管理注重总的物流成本与用户服务水平之间的关系,为此要把供应链各成员企业有机地结合在一起,从而最大限度地发挥供应链整体的力量,达到供应链的企业(　　)的目的。

　　A. 单个获益　　　B. 管理获益　　　C. 群体获益　　　D. 经营获益

(4) 自律机制主要包括企业内部的自律、对比竞争对手的自律、对比同行企业的自律和(　　)的自律。

　　A. 比较一般企业　B. 比较落后企业　C. 比较同行企业　D. 比较领头企业

(5) 供应链管理的对象涵盖了产品从产地到消费地传递过程中的(　　),包括原材料和零部件供应、制造与装配、仓储与库存管理、订单录入与订货处理、分销管理、客户交付、客户关系管理、需求管理、产品设计、预测以及相关的信息系统等。

　　A. 所有活动　　　B. 有些活动　　　C. 部分活动　　　D. 管理活动

2. 问答题

(1) 供应链主要有哪些特征?

(2) 在供应链的设计过程中,应当遵循哪些基本原则?

(3) 供应链核心企业一般应当具备哪些条件?

(4) 物流管理与供应链管理有哪些联系和区别?

(5) 供应链管理的目标有哪些?

3. 案例分析

三菱化工公司供应链的建立

化工行业由于其供应链管理非常复杂,故每个环节都要求有一个非常严谨的供应链计划,这样企业才可以更合理地做出是否购买中间产品或最终产品的重要决策,以有效地实现贸易交换以及商业伙伴之间的贸易均衡。同时,企业需要针对不同的市场需求作出具有可行性的供应安排。企业利用这些信息,可以判断是否有机会捕获更多的针对某些特定产品的需求,或者是否有可能在供应紧张的情况下提高产品的价格。

三菱化工公司是由三菱卡石公司和三菱石化公司合并而成的,年销售收入达140亿美元。公司主要经营范围涉及石化产品、农用化学品、医药产品、塑料制品、专用化工产品。因此,对三菱化工来说,一条高度集成和完整的供应链就显得格外重要。三菱化工在专家的建议下,建立了一套完整的包括产品销售、供给、生产和筹资计划等在内的供应链业务流程;同时专家还协助三菱化工建立起整条供应链的计划运行机制,使其能够高效的运行,并协助三菱化工建立起与其相适应的物流模式。

整个项目包括以下五方面的内容。(1)需求计划设计:用统计工具、因果要素和层次分析等手段进行更为精确的预测,用包括互联网和协同引擎在内的通信技术帮助生成企业间的最新和定时的协作预测。(2)生产计划和排序:分析企业内部和供应商生产设施的物料和能力的约束,编制满足物料和能力约束的生产进度计划,并且还可以按照给定条件进行优化。各软件供应商根据不同的生产环境应用不同的算法和技术,提供各有特色的软件。(3)分销计划:帮助管理分销中心并保证产品可订货、可盈利、能力可用。分销计划帮助企业分析原始信息,然后企业能够确定如何优化分销成本或者根据生产能力和成本提高客户服务水平。(4)物流和运输计划:帮助确定将产品送达客户的最好途径。物流和运输计划的目标是短期的和战术的。物流和运输计划对交付进行成组并充分利用运输能力。(5)企业或供应链分析:以整个企业或供应链的图示模型,帮助企业从战略功能上对工厂和销售中心进行调整。有可能对贯穿整条供应链的一个或多个产品进行分析,注意和发掘问题的症结。

供应链管理系统在三菱化学公司试点单位的实施,使得生产线的准备时间和生产物料供应提前期有了明显提高;通过整合和优化供应链中需求和供应计划,达到了公司管理层预先设定的要求;当客户有新的需求时,可及时查阅整条供应链上的资源重新配置概况。

三菱化工公司试点单位的供应链计划员可以编制高精度的月生产、销售计划,同时可以通过系统模拟客户需求量的变化对整条供应链的潜在影响程度。高精度的月生产计划帮助公司减少浪费、降低生产成本;整条供应链上各要素的综合计划(如生产能力、可用库存量和客户对产品的特殊要求等)帮助三菱公司提高了客户满意度。

(资料来源:中国物流网.经作者整理)

三菱化工公司供应链的建立给企业带来了哪些竞争优势?

课题二　供应链的设计构建

1. 掌握基于产品的供应链设计策略；
2. 掌握基于价值链的供应链设计策略；
3. 了解供应链的结构模型。

学会运用所学知识设计供应链。

第一部分　引导案例

供应链的评估与企业价值创造

国内某特钢集团在产品、技术、人才方面正在努力和国际先进水平接轨,但企业内部经营水平的提升需要更加高效的业务流程和体制的支持,同时,激烈的竞争需要他们整体经营效率的提高。为此,该集团公司启动了"企业价值创造"项目,开始对公司进行整个供应链体系的评估,并拟应用企业价值创造方法(EVC)为客户服务。

EVC是一套进行企业价值链分析的方法框架。它可以帮助企业确定应该优化的关键业务流程/子流程,以提高企业管理水平。EVC一般采用通过与客户的讨论及研究竞争对手来达到了解和验证企业业务与管理改进需求的目的。我们运用EVC为该特钢集团的主要业务部门进行了四个阶段的业务管理分析,即价值影响分析、关键流程和管理模式分析、价值实现途径分析以及企业价值记分牌分析,并对改革对运作的可能影响进行了指标量化。

公司参考国际钢铁行业较佳管理模式,定位于细化公司业务流程改革目标,设计了流程改革的目标管理模式,制定了其改革途径和相应组织建设的要求,确认了对ERP和其他IT、EVC的解决方案,为客户分析了对应改革可能对企业产生的价值。公司继而从战略层面开始评估流程改革对组织架构调整的要求,设计提出了一套组织变革解决方案,并根据以往的经验和对于流程工业的理解,提出了职能核心型模式比较适合客户现阶段的发展需要,同时相应分析了组织架构调整的理由及带来的收益。

整个价值创造的方法是通过参照世界钢铁行业较佳管理模式来发掘适合客户的管理方法,寻找有效的增加利润或降低成本的突破口,定义各流程层面的管理远景和管理模式,评估该改革对企业效益的总体效益;研讨流程目前存在的问题;根据所定的管理模式,以ERP

的主体功能作为参照和驱动力,对各目标业务流程进行定义和重新设计,推荐实施步骤;评估改革对于组织架构调整和变革管理的需求;推荐相关目标流程的绩效评估体系;根据企业流程再造(BPR)改革的规划,定义对所需 ERP 平台和其他 IT 解决方案的需求;协助 ERP 平台的确认,推荐首选平台和选型标准。

该公司通过实施的 EVC/BPR 项目以及参考世界水平的管理模式,紧密结合客户业务流程,设计了最有效的提高管理水平、增长利润和控制成本的管理模式。同时,项目在流程层面规划的相关改革愿景、途径和顺序,帮助客户评估了对组织建设的要求。

(资料来源:中国采购网.经作者整理)

第二部分　课题学习引导

2.1　供应链的结构模型

通常,为了设计某个东西,我们需要知道这个东西的内部结构大概是什么样子,各个部分之间大概是什么关系,这就是事物的体系结构。对于供应链设计也不例外。供应链结构有两种模型:链状结构模型和网状结构模型。将现实世界中的企业运营物流关系联系进行抽象,可得到链状结构模型。如果把链状结构模型细化,把企业之间的关系全部变为更贴近现实的多对多的关系,则为网状结构模型。在网状结构模型中,多个供应商向多个制造商供应零部件和原材料,制造商又同时与多个分销商联系,分销商又与多个零售商联系,构成一张密集的网。

供应链是一个网链结构,由围绕核心企业的供应商、供应商的供应商和用户、用户的用户组成。一个企业是一个节点,节点企业和节点企业之间是一种需求与供应关系。

供应链由所有加盟的节点企业组成,其中一般有一个核心企业(可以是产品制造企业,也可以是大型零售企业,如美国的沃尔玛),节点企业在需求信息的驱动下,通过供应链的职能分工与合作(生产、分销、零售等),以资金流、物流和服务流为媒介实现整条供应链的不断增值。

2.1.1　供应链的基本结构模型

通常,一条完整的供应链包括供应商(原材料供应商和零配件供应商)、制造商(加工厂或装配厂)、分销商(代理商或批发商)、零售商(百货商场、超市、专卖店、便利店等)以及消费者,这就是供应链的基本结构模型(如图 2-1 所示)。供应链的基本结构模型是一个简单的静态模型,仅反映了供应链的基本组成和轮廓。

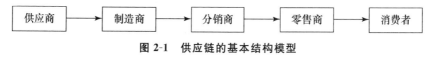

图 2-1　供应链的基本结构模型

任何一个企业都必然处于某条供应链当中。以福特公司为例,它所处的供应链向上经过零配件供应商而延伸到原材料制造厂,向下经过各地的分销商而延伸到客户。当然,供应链的构成不是一成不变的,为了提高供应链管理的绩效,有一些供应链也会省去中间的某个环节,如戴尔公司的供应链就省去了分销商和零售商两个环节(如图2-2所示)。

图 2-2　戴尔公司的供应链

2.1.2　供应链的网状结构模型

在现实社会中,随着产品生命周期的不断缩短、顾客需求的不断变化,企业之间的合作也日益复杂,一个企业往往会与多个企业相互联系。也就是说,供应商可能会给多个制造商供货;同时,制造商可能会有多个供应商和分销商,这样供应链的基本结构模型就转变为一个网状结构模型,即供应链的网状结构模型(如图2-3所示)。

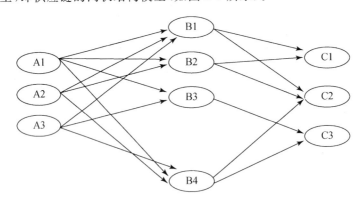

图 2-3　供应链的网状结构模型

理论上,这个网状结构模型可以涵盖世界上所有的厂商。如果把所有厂商都看做是供应链上面的一个节点,则这些节点之间将存在着这样或那种的联系。然而,在实践应用中,为了更好地分析供应链的绩效,往往会研究一些较为简单的、围绕着核心企业的网状供应链(如图2-4所示)。在核心企业的网状供应链的上游可定义为一级供应商、二级供应商、三级供应商等,直到初级供应商;在下游依次可定义为一级分销商、二级分销商、三级分销商等,直到最终用户。通常,企业应根据需要尽可能考虑多级供应商或分销商,这有利于从整体上了解供应链的运行状态。

2.1.3　虚拟企业

随着经济全球化和知识经济时代的到来,供应链的网状结构模型越来越复杂。为了适应复杂的市场环境和快速满足消费者的需求,一些具有不同资源及优势的单个企业开始在不同的供应链上进行流动,从而组成虚拟企业,获取竞争优势。这个虚拟企业的组成可能是供应商,可能是顾客,也可能是同业中的竞争对手。这种新型的企业组织模式打破了传统的企业组织界限,它们往往是为了共同的利益或目标走到一起的联盟,一旦合作目的达到,这种联盟便可能宣告结束,虚拟企业便可能消失。虚拟企业在增强供应链的柔性、灵活性的作用上是不容忽视的,目前,已经被越来越多的企业所认识和采纳。

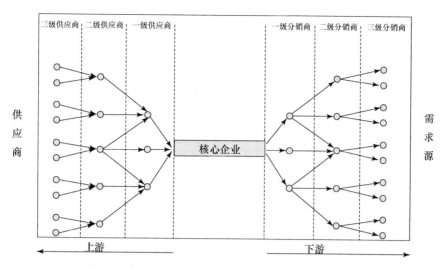

图 2-4　围绕着一个核心企业的网状供应链结构模型

案例分析

中国地区供应链网络优化案例

1. 项目背景

某世界 500 强食品企业在中国的南方、北方以及华东地区有 8 家生产各种食品的工厂,大约 98% 的产品通过经销商分销。该公司在中国市场的业务发展高速增长,其两种细分产品在中国市场占据领导者的地位。但近几年,国际竞争对手强势进入中国市场,而本土的领导厂商也在投资上加大力度,使该公司感受到不小的压力。

中国政府在产品进口和市场经销方面给予了该公司更大的政策自由度。同时,由于中国现代零售业态的结构发生了巨大的变化,该公司在过去二十多年来赖以成功的传统分销渠道已经不能适应新的市场要求。在这种情况下,该公司考虑重构中国的供应链网络,以更优化的供应链体系支撑其在中国的长远发展战略。

2. 项目目标

该公司的总体战略目标是希望能够更好地管理其在中国区域的交易成本,并且能够找到最大化节约运作成本的机会。为此,该公司将供应链优化的目标锁定在评估现有分销渠道体系和物流资源上,改进计划和执行系统,优化分销商管理体系和供应链网络结构,最终降低供应链总成本并提升相应的服务水平。在项目开展前,该公司还实施了一项旨在提升市场预测准确度、降低保管费用、优化业务流程及释放销售和营销资源的计划。

3. 项目实施

在供应链优化方案中,咨询商需要建立一个拥有多个工厂、4个配送中心和超过200个城市的500个以上经销商的基础模型,使其能够完全模拟该公司目前在中国的供应链现状,帮助客户清楚地了解其主要零售商的物流网络结构和未来投资计划,以便客户确定其DSD(Direct Shop Delivery)策略。

项目实施中有很多需要结合该公司现有情况的细节。例如,该公司当时在中国的工厂生产的产品差异较大,并正在出售部分生产线以整合工厂产能。对此,欧麟物流建议可采取DPS(Direct Plant Shipment)的方式来节约大量的成本,其关键是找出那些最适合实施DPS的城市和客户。同时,由于该公司的存货管理非常好,项目中还必须确保在新的供应链网络结构下和实施一些新的供应链策略时不能降低其存货管理水平。此外,通过确定客户的订单结构寻找节约机会,并设定不同的分段计费体系,旨在鼓励增大订单,以便降低供应链总成本。

4. 项目成果

项目历时8个月,圆满完成了该公司供应链优化的目标。最终确立的供应链网络结构能够支撑其未来5年的发展,使其在关键的供应链指标上都领先于竞争对手。更重要的是,在模型的指导下,该公司可以进一步整合经销商,并实施一系列的"直接配送"策略。

(资料来源:牛鱼龙. 物流经典案例. 有修改)

运用所学知识,分析完成该供应链网络优化项目的主要步骤应当有哪些。

2.2 供应链的设计构建

2.2.1 供应链的设计构建原则

一条有效的供应链,不仅可以减少不必要的损失和浪费,而且可以提高客户服务水平,降低运营成本,赢得竞争优势。因此,设计一条有效的供应链,对于链上的每一位成员来说,都是至关重要的。为了保证供应链的设计能满足供应链管理思想的要求,在供应链的设计过程中,应遵循一些基本原则。

1. 沟通原则

在供应链系统设计时,企业的高层主管根据市场需求、企业发展目标、供应链节点企业间的合作状况及要求制定战略规划和决策,然后逐级向下传达并由下层部门实施完成,因此供应链的设计是自顶向下和自底向上的综合体。为了保证这个综合体的效率和实施,不仅要做好企业内部的沟通,也要做好供应链上各节点企业的沟通。

在系统建模设计方法中存在着自顶向下和自底向上两种方法。自顶向下是指从全局走向局部的方法,自底向上是指从局部走向全局的方法;自顶向下是系统分解的过程,而自底向上则是一种集成的过程。

2. 简洁性原则

为了使供应链具有快速反应市场的能力,供应链上的每个节点都应是简洁的、具有活力的、能实现业务流程的快速组合。例如,汽车行业的供应链往往是以汽车整车厂为核心,选择优秀的企业,建立供应商战略伙伴关系,并以精细制造的思想为指导,实现从精细制造模式向精细的供应链这一目标的转变。

3. 创新性原则

现代企业的竞争已经从企业间的战争转变成为供应链与供应链之间的战争,这就需要在供应链的设计过程中,产生一个创新的系统。这个新的系统要敢于突破各种陈旧的管理模式和体系,进行大胆的创新设计。进行创新设计时,要注意以下几点:

(1) 创新必须在企业总体目标和总体战略的指导下进行,并与企业战略保持一致;

(2) 创新要从市场需求的角度出发,专注于自身的核心业务,综合运用企业的能力和优势;

(3) 应发挥企业各类人员的创造性,集思广益,并与其他企业共同协作,创造供应链整体优势;

(4) 应建立科学的供应链、项目评价体系和组织管理系统,进行技术经济分析和可行性论证。

4. 协调互补原则

供应链的构成涉及众多的成员和复杂的供求关系,但从整体竞争的角度来看,供应链应当是一个有机的整体。现代企业之间的竞争,不仅仅表现在企业之间的各种性能指标的比较,还取决于供应商和销售渠道的绩效水平。只有整条供应链上的全局优化,才能达到提高竞争力的效果,从而满足消费者的需求。因此,在设计供应链时,应将供应作为一个综合体,充分发挥各成员的主动性和创造性,注意供应链的内部协调和优势互补。

协调性体现在供应链的业绩好坏,也就是说,取决于供应链合作伙伴关系是否和谐。因此,建立战略伙伴关系的合作企业关系模型是实现供应链最佳效能的保证。

互补性体现在供应链中各个节点的选择应遵循强强联合的原则,专注于各自的核心业务,自我优化,从而实现供应链业务的快速重组。

5. 自我优化原则

随着市场环境的变化,不确定性在供应链中随处可见。这些不确定性可能来源于产品、市场、消费者、采购等各个环节,也可能来源于供应链中某个企业角色的变化等各种因素。例如,对于生命周期较短的产品,随着市场和客户需求状况的改变,企业的产品计划可能会经常地发生改变,并进而导致供应链结构的巨大调整。因此,在设计供应链时,应尽量地留有余地,使所设计的供应链能随着市场环境的变化进行自我调节,实现自有优化。

6. 客户中心原则

企业是以盈利为目的的企业,其生存的基础就是向消费者提供满意的商品或服务。供应链是由众多的有上下游关系的节点企业根据市场竞争的需要构建而成的,而市场竞争中的关键因素随着客户满意程度而提高,满足客户的需求。因此,在供应链的设计过程中,其所有的运作过程都应当自始至终地强调以客户为中心的供应链设计理念。

7. 战略性原则

供应链的设计应具有战略性的原则。随着经济全球化的发展，企业为了保持市场竞争优势，逐渐从传统的注重个别企业的管理转变为重视供应链管理。在供应链竞争的时代，企业的发展战略往往是依托供应链战略来实现的。因此，供应链的系统结构发展应和企业战略规划保持一致，并在企业战略指导下进行。

2.2.2 供应链设计构建步骤

供应链的设计是一项十分复杂且关系供应链生存发展的战略性工程。不同类型的供应链，其设计的关键环节也有一定的差异，一般情况下，供应链设计基本包含以下七个关键性步骤。

1. 分析市场竞争环境

企业是以盈利为目的的经营单位，通过在市场上销售产品或提供服务取得收入，获取利润。要设计有效的供应链，必须对市场竞争环境进行分析。影响市场竞争环境的因素很多，主要包括：市场上急需什么产品，需求量有多大；开发功能性产品还是开发革新性产品；竞争对手的实力如何；目前市场上既有产品是什么；将来产品的趋势是什么；本产品未来可能的市场占有率有多大；客户需求偏好如何等。

2. 分析企业现状

分析企业现状主要包括两个方面：一是分析企业当前的管理状况，如企业的核心产品、资源供应状况、客户渠道等各种因素；二是分析企业现有供应链的发展状况，如企业本身已存在的供应链的不当之处，目前行业发展趋势对现有供应链的影响，供应链的发展前景等各种因素。需要注意的是，这一步骤的主要目的是从企业自身现状出发总结企业存在的问题以及影响供应链设计的阻力因素，而并不在于评价供应链设计策略的重要性和合适性。

3. 确定供应链设计目标和策略

供应链设计涉及的范围非常广泛，如供应链网络规划、配送和运输系统的规划、原材料的供应链规划、新产品的营销渠道规划等。在竞争激烈的市场环境下，供应链设计好后，要根据特定的目标要求来制定相应的策略。供应链的设计目标主要包括进入新市场、开发新产品、改善售后服务水平、提高用户满意度、降低成本及供应链的集成管理等多方面的问题。

4. 分析和评价可能性

在制定了新供应链的设计目标和策略后，要结合企业的实力，对新的方案进行可行性分析。这是一个决策的过程，在这个过程中，要站在整条供应链的角度出发，评价供应链设计的重要性和合适性，要做到各个企业之间的沟通。如果认为可行，则继续往下执行；如果认为不可行，则要反馈到上一个环节，重新设计供应链的目标和策略。

5. 设计和产生新的供应链

在以上四个步骤的基础上，重新设计和产生的新供应链一般要包括供应链的成员组成、供应链的原材料供应、供应链中的生产设计、供应链中的分销任务和能力设计、供应链中的信息系统设计、供应链中的物流系统设计等内容。

6. 检验新的供应链

供应链设计出来后,应通过一定的方法和技术路线进行测试、检验或试运行。如果发现结果与设计目标不一致,则应重新进行设计;如果没有问题,则可以用于实践。在这个步骤中应注意的问题是,由于供应链的运行涉及的范围比较广,故应选择部分企业或关键环节做试点。

7. 完成供应链设计

供应链设计完成后并不代表一成不变了,而是要实时检测供应链的运行状态,根据市场环境的变化,随时对供应链进行调整和优化。另外,信息技术的发展为供应链的设计打下了良好的基础,在供应链设计中,还要注重信息工具和技术的应用,保证供应链设计的先进性、前瞻性和经济性。

案例分析

大中电器供应链管理建设案例

2003年3月15日,银川大中电器有限公司(下文简称银川大中电器)隆重开业,成为大中公司西北首家加盟店;2004年1月,银川大中电器第四家门店开业。在不到一年的时间里,银川大中电器以迅雷不及掩耳的速度覆盖了整个银川。企业的迅速扩张,对于银川大中电器来讲是一场严峻的考验,在门店数量迅速扩张的压力下,银川大中电器原有的单店管理模式已不能再适应新的管理要求——统一进货、统一配送、统一结算。正在银川大中电器苦于寻找适合自己需求的软件厂商时,北京大有时代软件公司(下文简称大有时代)的"财神连锁3000"使其眼前一亮。不久,银川大中电器和软件厂商大有时代做了进一步沟通,想尽快找到适合目前银川大中电器运营模式的最佳解决方案。为了保证按照预定计划开店,系统的上线过程也进展得非常顺利。

2003年8月,总部汇总系统业务——财务管理系统、配送系统和门店收款系统开始试运行,并于2003年9月初一次性切换上线,实现了以单店、配送中心、分部集中式结构管理模式。在没有任何系统实施经验和专业人才的情况下,银川大中电器能在这么短的时间里上线30多个系统模块,其业务骨干们为此暗暗捏了一把汗。

2003年11月至2004年1月,"财神连锁3000"在银川大中电器的4家门店、2个配送中心和1个分部之间运行正常,配送中心实现跨区域店之间的配送,预期的效果逐渐显现。

准确"把脉","驻扎在银川的软件厂商很少,零售业通常采用的是财务通用软件,诸如用友、金蝶等比较综合的财务软件,而我们的需求很明确,系统要体现流通业和电器行业的特点。当时我们在几家软件厂商中进行对比,最后大有时代这套新开发的电器连锁系统,由于其体现了ERP的可移植性,更适合我们企业目前的经营模式。"冯炯炯强调。

电器商品有自身的特殊性,其作为目前国内最有竞争力的产品,要求经销商提供上门送货服务和售后的维修、安装等服务。因此从经销商成本角度必须考虑集中配送,同时需要售后回访,还有可能上门安装、维修。而对经销商而言,拥有一支掌握各种品牌、各种电器型号的安装队是不可能的,但每家电器厂商都有完善的售后服务和安装服务等,因此经销商可以充分利用供应商的资源,货品不入经销商的流通库,由供应商来配合完成电器的销售。这一系列流程和操作均是在多方协同配合下完成的。

看着冯炯炯脸上的笑容,我们也许能够找到答案。"'财神连锁3000'上线以后,银川大中电器的4家门店共用一个集中数据库,实现了资源共享,大大降低人工成本和服务成本。如果按照以前的系统模式建设,4家门店就需要有4个配送中心。而现在,除了为距离相对较远的门店单设了一个配送中心之外,其余门店都是由我们原有的配送中心来完成。为此,我们在人力、物力上成本的降低是无法计算的。"在原有的系统平台下,货品无法和供应商有效对接,这样容易导致经销商对客户的承诺无法及时履行。系统上马后,供应商是跟着商品"走"的,同一规格商品可能有两个或两个以上的供应商来提供,银川大中电器只需在管理系统中设置"企业优先原则",管理系统就会站在经销商的角度上,形成"默认",如果同一类商品有经销、代销、扣点区分的,管理系统会先走经销商品。

随着银川大中电器规模的不断扩张,"财神连锁3000"可以根据其需要及时调整。"财神柔性ERI平台包括企业的所有数据和报表,提供了很多自定义功能菜单,二次开发周期短,很容易支撑客户需求和流程的调整。而基本模块很容易实现个性化流程的整合,每个项目在20天至一个月,我们都会先把企业的流程理顺,由专业实施工程师对完整的流程进行归纳,然后针对每个流程,由客户选定具体的操作。"大有公司实施负责人自信地说。

参与银川大中电器此次成功上马系统的核心骨干冯炯炯感受很深,在整个过程中经历的挑战更是难以言说。作为"过来人",她对实施中的前期调研、二次开发需求准确性把握以及基础数据准备等问题提出了中肯的建议。

对于家电零售商来说,破解"电器商品"供应链管理的迷局并不是一件容易的事,但这确实是家电连锁巨头决胜的关键。冯炯炯,这位家电零售连锁企业中的业务骨干在其中经历的挑战给了我们不小的启示。

(资料来源:牛鱼龙,物流经典案例.有修改)

请思考家电行业的供应链管理有哪些特性。

2.3 供应链设计的策略方法

设计和运行一条有效的供应链,对于每一个企业都是至关重要的。合理的供应链设计可以保证产品在流通中畅通无阻,获得提高用户服务水平、达到成本和服务之间的有效平衡、能对客户的需求变化做出迅速反应、通过降低库存提高工作效率等利益。但是不合理的供应链设计也会给各节点企业造成浪费,甚至导致整条供应链的崩溃。因此,在供应链的设计中,采用正确的设计策略是非常关键的。

供应链的设计策略有很多,包括基于产品的供应链设计策略、基于价值链的设计策略、基于成本的供应链设计策略、基于多代理的供应链设计策略等。本书只介绍使用较多、较为成熟的两种供应链设计策略,即基于产品的供应链设计策略和基于价值链的供应链设计策略。

2.3.1 基于产品的供应链设计策略

基于产品的供应链设计策略的提出者是费舍尔(L. Fisher)。他认为,供应链服务于企业,通过供应链,企业把产品或服务提供给最终消费者。基于产品的供应链设计策略首先要理解供应链的特征和功能是什么,然后要理解产品的特征是什么,最后才能设计出与产品特征一致的供应链。

1. 供应链的特征类型分析

不同的产品类型应对应不相同的供应链。按供应链起作用的方式不同,供应链主要有两类功能:实物功能和市场调节功能。每种功能均会产生各自不同的成本。

供应链的实物功能主要体现于沿着供应链上的各个节点,将原材料加工成零部件、半成品、产品,并将它们运送到需求方的过程之中。因此,供应链的实物功能导致的成本主要包括:运输成本;生产成本;储存成本等。

供应链的市场调节功能是指能对市场需求做出迅速反应,确保能在合适的地点和时间提供多样化的产品以满足顾客多样化的需求。因此,供应链的市场调节功能产生的成本主要体现在市场的供求关系之中,包括:供过于求时的商品降价损失;供不应求时的缺货损失以及由此而丧失的潜在顾客收入等。

按照供应链的功能,可将之划分为效率型供应链和敏捷型供应链两种。供应链的设计是在供应链的反应能力和效率水平之间的平衡。强调反应能力的敏捷型供应链主要是实现市场调节功能,强调让生产目标、库存目标等为提高反应速度和灵活能力服务;而强调效率水平的供应链主要是实现实物功能,强调让所有的职能战略都为提高效率做贡献。两种供应链特征的比较参见表2-1。

表2-1 两种供应链特征比较

比较项目	效率型供应链	敏捷型供应链
基本目标	尽可能以最低成本供应较稳定的需求	尽可能对不稳定的需求做出尽可能快的反应
生产目标	尽量采用规模效益,保持较高的平均利用率	柔性生产,配置富余的缓冲能力
库存目标	实现高周转,保持整条供应链的库存最低	配置零部件或成品的缓冲库存
前置期目标	在不增加成本的前提下压缩前置期	积极投资以压缩前置期
供应商选择依据	主要根据成本和质量进行选择	主要根据速度、灵活性和质量进行选择
产品设计策略	最大化绩效和最小化成本	使用模块设计,尽可能进行创新

效率型供应链主要体现在供应链的实物性功能,即以最低的成本将原材料转化成零部件、在制品和成品,并最终送至消费者手中。效率型供应链面对的市场需求、产品特性和相

关技术具有相对稳定性,因而供应链上的各节点企业可以关注于获取规模经济效益,提高设备利用率以及降低生产、运输、库存等方面的相关费用,从而最大限度地降低产品成本。

敏捷型供应链则以实现供应链的市场调节功能为主要目标,即对市场需求变化做出迅速的反应。敏捷型供应链所提供的产品,其市场需求有很大的不确定性,或者产品生命周期较短,或者产品本身技术发展很快,或者产品需求的季节性波动很强。敏捷型供应链需要保持较高的市场应变能力,实现柔性生产,从而减少产品过时和失效的风险。

2. 产品的功能类型分析

产品按其功能不同,可分为功能性产品和创新性产品。表 2-2 是这两类产品需求特征的比较。

功能性产品是指满足客户基本功能需求的产品,其主要特点是随时间改变市场需求变化不大,生命周期较长,边际利润比较低,如日用品、冷藏食品等。

创新性产品是指设计、服务或功能等方面创新的产品,其主要特点是生命周期短暂,商品多样化,需求很难准确预测,边际利润高等,如时装、计算机等。

表 2-2 两种不同类型产品在客户需求上的比较

需求特征	功能性产品	创新性产品
产品寿命周期	长	短
产品的需求稳定性	较稳定	不稳定
产品的需求预测性	可预测	不可预测
边际贡献	低	高
产品多样性	低	高
预测的平均边际利润率	低	高
预测的平均缺货率	低	高
预测的平均季节降价率	低	高
按订单生产的提前期	长	短

3. 基于产品的供应链设计策略

当确定了产品功能和供应链特征后,就可利用供应链设计与产品类型策略矩阵(参见表 2-3)为企业选择理想的供应链策略。矩阵中的四个方格代表企业在产品与供应链的选择上的优劣情况。最优的组合(也是最匹配的组合)分别是左上方的功能性产品对应效率型供应链和右下方创新性产品对应敏捷型供应链。

表 2-3 供应链设计与产品策略矩阵

	功能性产品	创新性产品
效率型供应链	匹配	不匹配
敏捷型供应链	不匹配	匹配

左上方代表功能性产品与效率型供应链相匹配,其原因是:功能性商品具有客户已经接受的功能,需求稳定并可准确预测,市场调节变得相对容易,企业之间竞争的重点往往集中在成本上,此时,只有效率型供应链才能更有效地降低供应链中的实物成本,追求以最小的成本占据市场和利润优势。效率型供应链的主要措施包括:(1)不断消减企业内部成本;

(2)不断加强与供应商、分销商之间的合作,从而有效降低整体供应链上的成本;(3)在有效控制成本的基础上,根据市场竞争状况,适时降低价格,巩固市场占有状况等。

右下方代表创新性产品与敏捷型供应链相匹配,其原因是:创新性产品往往通过满足客户差异性需求来创造高额的利润,其市场竞争环境的高度不确定性将出现两种情况。一是当创新性产品如果有较大市场,表现出供不应求的情况时,自然会被对手模仿,这时创新性产品将会出现变成功能性产品的可能性,此时,敏捷型供应链能利用先占入的优势继续供应这类产品,同时又不惜成本地开发新的创新性产品,巩固和完善市场占有率。二是如果创新性产品并不受客户青睐,将面临直接退市的可能性时,敏捷型供应链能很灵活地转向开发另一类新的创新性产品。在以上两种情况下,经营创新性产品的企业往往采用敏捷型供应链,其具体措施包括:(1)通过模块化生产增强可预测性,从而减少需求的不确定性;(2)通过企业间的信息共享和合作,运用按单生产、延迟制造等策略,不断缩短提前期与增加供应链的柔性,及时响应市场需求,在尽可能短的时间内提供顾客所需要的个性化产品;(3)当需求的不确定性被尽可能地降低或避免后,采用安全库存或充足的生产能力来回避当市场需求旺盛时的损失。

对于右上方和左下方不匹配现象的产生原因有很多,有时并不仅仅源于管理者的判断。在实践中,由于受到市场行情、商品信息的传达、价格弹性、售后服务和支持、消费者的购买意愿、进入壁垒的设置等因素的影响,往往使匹配和不匹配只能是相对而言。例如,对于创新性产品采取敏捷型供应链,这时两者是匹配的,但随着时间的推移,创新性产品的革新功能也会被模仿,一旦创新性产品变为功能性产品,原来的匹配情况就会相应地变成不匹配的情况。

日本"国民"自行车公司的批量客户化策略

20世纪80年代中期,自行车在日本是廉价的交通工具,消费者将其视为代步的功能性产品,竞争非常激烈。当时由于日本本土的工资水平较高,使得日本"国民"自行车公司生产的产品在价格上竞争不过中国台湾和南韩的同类产品。在这种情况下,"国民"自行车公司一方面针对消费者的需求做市场考察,另一方面通过与中间商沟通后发现:市场上对山地车的需求量非常多,而中国台湾和南韩的同类商品在尺寸和颜色上远远不能满足消费者的需求。于是"国民"自行车公司决定利用自己的优势、优良的装备技术以及由9000家经销商组成的已经覆盖整个日本的销售网络,开辟新的市场——山地车市场。

"国民"自行车公司的做法是,改变过去自行车制造好之后在零售商或制造商处积压库存的方法,与经销商共同开发山地车市场。首先,由于山地车市场需求的不确定性非常高,为充分满足消费者的需求,他们共同开发了具有1 123 186种的设计组合(18种车型、6种车把、199种颜色图案、3种脚踏部件、6种刹车系统、3种手把宽度、2种脚踏类型、2种轮胎、2处写名字的位置、5种印在框架上的客户名字字体)。这些设计组合被放在经销商处任顾客随意挑选。当消费者在店内确定想要的自行车款式后,经销商就把订单传到"国民"自行车公司,由公司组织生产。交货期在日本保持在两周,消费者可在约定好的时间到店内取货或直接在家中等待收取货物。最后,经销商负责调试售后服务等事宜。由于所得到的山地车是独一无二的,对于消费者而言,虽然其价格比一般的自行车要高出15%以上,但是他们一致认为,此时的山地车已经不简简单单是一个代步工具,更是一种时尚的装饰品,成为消费者健身的工具。

(资料来源:吴清一,物流管理.有修改)

> **思考题**
>
> "国民"自行车公司所生产的山地自行车是功能性产品还是创新性产品?其供应链策略是什么?

2.3.2 基于价值链的供应链设计策略

1. 价值链的含义

由于企业的资源有限,要在各个行业和领域都获得竞争优势十分困难,故它只有集中力量在某个专长领域(即核心业务)上,才能在供应链中准确定位,成为供应链上一个不可替代的角色。

美国哈佛商学院著名战略学家迈克尔·波特提出的"价值链分析法"(Value Chain)主要用来判定一个企业的竞争优势。该方法将企业内外价值增加的活动分为基本活动和支持性活动(如图2-5所示),这些活动中只有某些特定的活动才能为企业真正创造价值。基本活动包括企业生产、销售、进料后勤、发货后勤、售后服务等;支持性活动包括人力资源管理、财务、计划、研究与开发、采购等。通过对企业价值链的分析,可以了解该企业所从事的各种活动方式、经营战略、推行战略的途径以及企业各项活动本身产生的各项经济效益,从而判定一个企业的竞争优势,进而找准其在供应链上的定位,实现价值增值。

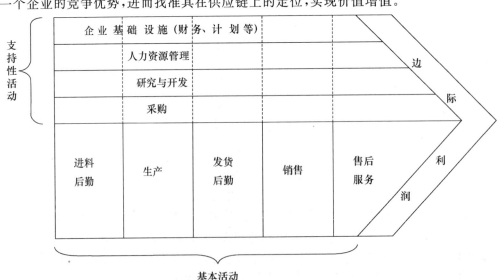

图2-5 波特的"价值链分析法"

2. 基于价值链的供应链设计策略

随着现代电子商务的发展以及计算机网络技术的推动,许多企业在完成自身流程的变革后,实现了同其他企业的连接,构筑成一条完整的供应链。此时,企业的优势不仅仅来源于价值活动所涉及的市场范围的调整,更来源于企业间协调或合用价值链所带来的最优化效益。由此,在基于价值链的基本思想上,Water 等人指出,供应链是一条延伸的价值链,产品从原材料到成品再到客户手中的全过程实际上是在波特教授所谓的"价值系统"中运行,并在供应链的运作管理中依次表现出三种形式(如图 2-6 所示):企业内没有任何形式的集成;企业实现内部集成;企业外部的集成。

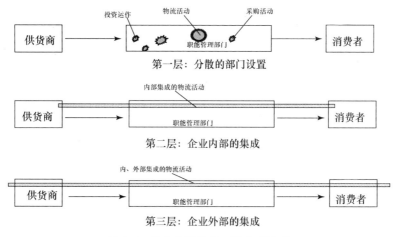

图 2-6 供应链运作的三种表现形式

(1)第一层的表现形式:企业内没有任何形式的集成。

供应链运作管理的第一层的表现形式为企业内没有任何形式的集成,即企业内部各个部门之间的活动是相对独立的,并且各部门常常为了追求部门目标而忽视全局利益。例如,采购部门可能只关注物料来源和原材料的控制等;制造部门可能只关注各种工艺流程和各种成本的控制等;销售部分可能会过度关注市场份额的增长和顾客满意度的提高等。孤立地评价部门业绩造成了企业物流和信息流的扭曲、变形以及资金和人员的浪费,企业无法整合现有的资源,更无法形成具有竞争力的供应链。

(2)第二层的表现形式:企业实现内部集成。

供应链运作管理的第二层的表现形式为企业实现内部集成,即企业内部各个部门之间撤除隔阂,部门之间共同协作,形成内部的统一,并且与供应链中的供应商和用户管理部分集成,形成内部集成化供应链管理。在这个层面上,企业管理的核心是内部集成化供应链管理的效率问题,主要考虑在优化资源和能力的基础上,尽量减少不增值的业务,以最低的成本和最快的速度提供最好的产品或服务,满足消费者的需求,以提高企业反应能力和效率。内部集成主要分为两个层次:内部流程与信息整合;组织架构整合。

① 内部流程与信息整合。内部流程整合主要是针对企业内核心业务流程的优化与再造,包括:对核心业务建立规范的流程与流程操作标准;在流程优化的基础上将其固化;相对应业务信息系统按优化的业务流程进行重新设计;提高流程运行的速度与质量。信息整合主要是在内部流程优化与改造的基础上,进行内部信息整合,使内部信息通畅,各部门协

同作业,以响应市场变化及客户需求,建立以流程为核心的内部信息平台。在以上整合完成后,企业应建立各种管理制度与管理标准,各部门分工明确,同时还应具有组织动态团队工作小组的能力,如组织流程工作小组、项目工作小组等。

② 组织架构整合。组织架构整合应使组织的设计、架构和运转符合供应链的系统目标,建立面向流程的组织管理模式,对原有的组织结构及职能进行整合。例如,将企业分散的物流模式统一化和集成化,与采购相配合,组建一体化的物流系统,实行集中仓储、集中配送;成立物流事业部,对所有物流相关职能进行统一管理、统一指挥、统一实施。

(3) 第三层的表现形式:企业外部的集成。

供应链运作管理的第三层的表现形式为企业外部的集成,即将企业内部供应链与外部供应链和用户集成起来,形成信息共享、没有竞争的供应链共同体。这个共同体是一个集成化的动态网络结构,即集成化供应链动态联盟。外部集成主要分为四个层次:供应商整合;客户整合;信息整合;战略整合。

① 供应商整合。供应商整合主要是针对供应链上游原材料提供商的整合。供应商整合应建立良好的供应商管理系统,从供应商的数量、质量等多方面在全球范围内进行整合,优化供应链结构。在实施供应商整合的过程中,企业可从以下几方面入手。

A. 与主要的供应商建立战略合作伙伴关系,一方面通过JIT采购,在保证原材料可靠性的基础上,及时满足供应链的需求,减少供应链上的库存量;另一方面通过整合供应商的设计与科研能力,使战略合作伙伴参与到本企业的协同设计中去。

B. 与主要的战略合作伙伴建立信息共享机制,共享相互之间的生产计划信息、生产能力信息、库存信息、需求预测信息,减少信息扭曲现象。

C. 对外包服务提供商进行整合,即在选择和整合外包服务提供商时应更强调其核心竞争能力以及与供应链的融合程度,从而使所选择的外包服务提供商更能增强供应链的竞争优势和柔性。

② 客户整合。客户整合包括对供应链下游、分销渠道上的节点企业进行整合。进行客户整合主要分为三个方面。

A. 为分销商提供管理及技术支持,协助分销商建立统一的应用系统,实时掌握分销商销售信息,例如与经销商结成战略联盟,共同设计分销渠道,为分销商培训销售队伍等。

B. 与大客户建立合作伙伴关系,为其提供个性化产品与服务,建立有效的客户信息反馈机制,共享市场信息、销售信息、需求预测信息、库存信息、生产计划信息等。

C. 减少分销渠道层次,渠道分销与在线零售相结合。在线销售是销售渠道的一个重要发展趋势,利用在线销售可节约投资费用,构成成本优势。

③ 信息整合。信息整合是供应链整合中重要层面的整合,对供应链整合成功与否、供应链能否进行有效的协调与控制起着非常重要的作用。信息整合是在内部信息充分共享的基础上与供应链伙伴建立基于Internet供应链系统集成,增加整条供应链信息的透明程度,与供应商、客户合作,共同预测和制订计划,实现从订货到交货的整个周期内合理调配供应链资源、及时有效满足客户及市场需求之目的。实现供应链信息整合的方法可通过IT技术整合和关系整合两种渠道进行。

④ 战略整合。战略整合主要是针对供应链中的企业文化进行整合。企业文化的整合可分为企业内部的文化整合和企业与合作伙伴之间的文化整合。在企业内部,文化整合应

进一步突出企业的特色,即突出企业的价值观、企业的精神、企业的作风、企业的服务意识。进行文化整合,打造供应链的统一文化或使各节点企业的文化互相融合,可增强供应链的凝聚力和竞争力。对整条供应链而言,文化整合主要从发展战略、理念、管理模式三方面进行整合。

杜邦的生存奇迹

经过两百多年的发展,杜邦已经进入了化工、建筑、医药、纺织、家用建筑材料、电子产品等领域。2011年,杜邦在72个国家开设了140家制造企业,75个实验室,与几十万的供应商和客户打交道;每天有4000~5000个海外运输,一年海外运输量18亿吨,运输费用为16亿美元。

为了让公司保持良好的发展势头,杜邦在供应链上一直奉行分散管理的原则。具体内容是:18个战略业务单元拥有完全自主和独立的管理权力,自行设计和控制自己的供应链,包括选择自己的供应商、承运人、代理机构等事项。与事事都由总部管理相比,这样做可以减少中间环节,提高工作效率,对杜邦大有裨益。

一、雪崩理论

近年来,一股新经济的热潮席卷美国。在这场热潮中,科技成为改变一切的先导。化工行业也受到了巨大冲击,及时送货和灵活服务成为客户一致的需求。习惯于独自为政的杜邦18个战略业务单元,各自掌管一套封闭的供应链,彼此互不往来。这样一来,不仅以规模降低成本的战略只能躺在规划中度日,就连价格也丧失了优势。遭遇挫折的杜邦,只能眼睁睁地看着原先固有的市场份额被身前身后的竞争对手无情抢夺。

在原材料采购方面,杜邦也在劫难逃。杜邦每年与供应商之间大约发生25万次的跨境运输,这些运输多数往返于美国和欧亚之间。在边界清关时,原有的采购模式常因信息不完整而造成延误。并且,杜邦不同的业务部门对海关的条例规则理解不同。更为严重的是,雇佣大量人员和供应商打交道,不仅使缩短供货周期的目标无法顺利实现,降低库存也成为一句空谈,分散式管理的弊端暴露无遗。再有,杜邦庞大的业务需要更全面、及时的信息来支持决策,旧有的供应链显然无力满足需求。

于是,杜邦前任CEO克劳利决定改造供应链。克劳利认为,杜邦的改造应该是像雪崩,迅猛、强大,到处移动,跨越各种障碍,到达任何地方。

二、集中管理原则

为创造高效的供应链,克劳利进行了集中管理改革。

最核心的一步,就是向18个战略业务单元开刀。杜邦专门成立了一个物流领导委员会,委员会成员由18个战略业务单元中的物流经理组成,对公司所有的物流操作和成本负责。当有重大的外包项目时,这个委员会就充当采购委员会的角色,负责决定外包业务并监控执行结果和听取汇报。此举的效果是,一个产品从源头的原材料到最终的成品全部顺利衔接,以往的推诿、扯皮彻底消失。

接下来,杜邦设立了一个配送中心,负责将过去由每个工厂独立操作的美国国内货物统一配送。掌管配送中心的是美集物流的一个子公司,通过他们,杜邦将三百多家工厂生产的商品配送到美国各地七千多家零售企业。

在管理供应商进货方面,杜邦将美国制造点的所有拼装运输集中,外包给一家大型公司管理;最终将国际进出口业务外包给两个物流整合商(美国的 BDP 公司和欧洲的德迅物流),先前与上百家货代的合作宣告终止。

供应链改造的好处清晰可见。杜邦成品配送费用占总收入的比重从以前的 5.3% 下降到了 4.6%。借助新的配送标准,长距离国际运费也大幅降低。物流费用总计节省 1.6 亿美元,运价就减少了 3000 万美元。

三、第二次飞跃

多年的供应链经验让杜邦意识到,供应链要保持优势,必须不断输入新鲜氧气。当网络经济盛行时,杜邦再次出手,改革供应链。

杜邦听说,有托运人正在建立专属于自己的网络,与承运人和供应商沟通后,杜邦随即将之列入公司重点发展计划。

杜邦专门成立了一个小组来调查互联网络和技术产品,并最终制订一个正确的供应链改造方案。这个小组通过考察,推荐了专业网站 Transoval。

经过几年的扩建,现在这个网站已经与杜邦融为一体,有一个防火墙保护公司的电脑和网络。"它像一把伞,与杜邦的任何地方都能相连,"杜邦管理全球物流技术和流程的经理瑞纳说,"公司的每位员工都可以到任何他们想要去的地方。"在网站上,杜邦的客户和供应商可以广泛、灵活地交换信息。现在,这些信息随时给杜邦每年一百多万次的全球运输提供高级服务。

另外,杜邦还从这个系统的投资中获得了巨大收益。与过去的系统比较,新的模块设计具有更好的优化、集成和计划功能。这些功能帮助杜邦获得了更低的成本。

杜邦的目的并不仅仅是降低成本,完善服务才是关键。瑞纳指出,利用这些降低的成本,杜邦发展了可视化服务。通过全球可视化,杜邦能将多余的库存及时清理掉。

对 200 岁的杜邦来说,供应链道路还很年轻,或许,这正是一条能创造奇迹的新途径?

(资料来源:霍红、华蕊,采购与供应链管理. 有修改)

杜邦的第二次飞跃处于供应链表现形式的第几层?

课题小结

本章结合大量的实证案例,首先介绍了供应链的结构模型,阐述了供应链的设计原则,其次介绍了基于产品的供应链和基于价值链的供应链设计构建的策略、方法,最后讲解了供应链构建的步骤。

第三部分　课题实践页

复习思考题

1. 选择题

(1) 一条有效的供应链,不仅可以减少不必要的损失和浪费,而且可以提高客户服务水平,(　　),赢得竞争优势。

　　A. 降低运营成本　　B. 提高运营成本　　C. 平衡运营成本　　D. 保持运营成本

(2) 从供应链的结构模型可以看出,供应链是一个(　　),由围绕核心企业的供应商、供应商的供应商和用户、用户的用户组成。

　　A. 直线结构　　　B. 网链结构　　　C. 曲线结构　　　D. 直链结构

(3) 通常,一条完整的供应链包括供应商(原材料供应商和零配件供应商)、制造商(加工厂或装配厂)、分销商(代理商或批发商)、(　　)以及消费者。

　　A. 采购商　　　B. 配送商　　　C. 零售商　　　D. 传销商

(4) 按供应链起作用的方式不同,供应链主要有两类功能:实物功能和(　　)。

　　A. 调节功能　　B. 市场销售功能　　C. 市场链接功能　　D. 市场调节功能

(5) 战略整合主要是针对供应链中的企业(　　)进行整合。

　　A. 文化　　　　B. 经济　　　　C. 技术　　　　D. 利润

2. 问答题

(1) 供应链的设计构建原则有哪些?

(2) 通常一条完整的供应链包括哪些商户?

(3) 对供应链进行创新设计时,要注意哪些问题?

(4) 供应链的设计策略有哪些?

(5) 供应链设计构建步骤有哪些?

3. 案例讨论

联想——两条供应链上作战

北京时间 2004 年 12 月 8 日,联想发布消息,称其将以总计 12.5 亿美元拿下 IBM 全球 PC 业务。业界一致认为,2005 年的 PC 战争将在新联想和戴尔之间上演。

乍看上去,这两个公司似乎不在一个层面上——戴尔的优势是直销,而联想依旧依赖渠道。在媒体铺天盖地的报道里,"联想集团公布的库存天数为 22.7 日,而戴尔公司中国业务的库存水平已经接近其全球业务库存 4 日的水平"是最常被引用的数据。人们想当然地认为,联想在供应链方面不如戴尔。事实上,经过 2002—2004 年一系列优化,目前联想供应链的整体水平尽管还达不到戴尔的水准,但是因为具有仓储、制造、人员、成品配送、管理等本土优势,联想在中国的成本只是戴尔的一半左右,这个数字在 2005 年又降低了 15%。戴尔

在国内只有一个工厂,而联想有3个工厂,且覆盖的地域很平均,所以其响应速度比戴尔的1周还要短,只需要4天。

在联想完整统一的供应链管理平台上,由于销售方法不同,跑着两条不同的供应链:一条是与戴尔在中国相同的、由客户需求驱动的"拉式"供应链;一条是面对渠道网络,提供现货供应的"推式"供应链。这两条供应链的存在与联想的商业模式紧密相关,它既是联想2004年坚定地进行PC战略转型的结果,又有力地支持了这个战略。

供应链的精髓在于,前端订单给出的数据要精准,供应链中如果没有分销商、批发商和零售商,而是直接由公司把产品卖给顾客,就能一次性准确而快速地获取订单信息。厂商如果想让供应商的库存尽量接近最低库存,但又不会出现缺货的"险象",就要给供应商一个库存预测。一旦销售的真实订单数据进来,制造商就要不断地给零部件供应商真实的需求数据。这样一来,预测数字就得随着真实需求不断调整——不重要的零件是一周调整一次,变化迅速且重要的零件要求几小时调整一次。显然,类似的动态刷新和调整频率越密集,供应商库存量就越接近真实需求。

由此可以看出,"拉式"供应链其实对应了2004年联想战略调整商用大客户和成长型企业这个增量。当时,杨元庆冒着被误解为向直销转型的风险,坚持认为联想需要一种新方法,督促渠道一起直接"照顾好商用客户"。联想甚至在江苏、浙江、上海、北京4个地区选出一些成长型企业,进行电话销售。在这部分商业客户的战场上,联想与戴尔已呈短兵相接之势。新联想CEO刘军曾说过,在2005年,联想的商业客户增量要从2004年的不到10%增加到30%。而在靠客户"拉"的供应链上,由于都引进了i2的SCM系统,联想可以做到"不输于戴尔"。

"2005年,我们在拉式供应链上要做的是系统的增量优化。"郭明磊说。2005年,联想的拉式供应链上的产品总量要从10%增加到30%。"这就像压力测试,由于压力增大,不但对生产要求高,而且要求每个环节间的衔接必须精准。比如,联想现在送货不再只是送到渠道就可以了,而是要门到门、甚至门到桌,送货之前,还要通知客服安装、安排培训。这其中,任何一个环节脱节都可能造成用户的不满。因此,在2004年跑通的这条供应链要能承受住压力。"

另外的那条"推式"供应链是指联想通过渠道卖产品的传统供应链。这条供应链上的生产订单不可能像直接面对企业那样精准,这就需要联想对市场需求进行预测,还要加强对渠道库存的管理。由于对产量预测准确与否直接影响了供应链的运转,因此在2004年对PC核心业务的调整上,杨元庆把原有的7个大区划成18个分区,同时让自己和分区经理之间只有一层之隔,在组织结构上尽量扁平化。这样的变革实际上是在无法抛弃渠道的基础上,重演了供应链原理——细分分区和缩短消息传递途径,无非是让订单和配件的预测数据更准确、调整频率更密集,从而降低供应链成本。

2003年,联想开始花大力气推动渠道库存管理。"渠道每天收多少货、出多少货,库存是多少,我们通过一个类似mini ERP的信息系统进行监测。"以后,联想会鼓励经销商和分销商之间加强互动,让它们的库存达到合理化和最小化。联想有可能把某地区内大部分分销商的库存集中起来,进行可视化管理。这样做不但方便联想进行宏观调控,而且也能使经销商和分销商之间的关系变成联想与供应商一样:经销商没有货,第三方物流会及时补货,使得库存不至于层层积压。2004年,联想建了以39个中心城市为节点的承运网络,如果真正做到集中建库的话,其成本将会减少,可能只需要在七八个中心城市建立仓库就够了。

"我们正在做这方面的论证。"郭明磊说,"目前,我们主要是帮助渠道减少库存。"这样做会让联想整条供应链上的生产和供应商都受益。

联想在供应链上进行的这些优化使得其在中国的成本已低于戴尔。但仅凭这个并不能认为联想在供应链上已超越了戴尔。一位供应链专家提醒道:"供应链是一盘棋。"

联想不是不懂得这个道理。以前,联想在上海的工厂只生产笔记本电脑,不做台式机。2003—2004年,CEO刘军带领了一个小组一直在论证在上海生产台式机是否值得。当时,这个小组发现,新建工厂固然会导致制造成本上升,但联想的整体供应链却可以因为这个举措得到优化,因为在上海生产台式机,华东三省一市和周边地区的配送成本相比从广东供货更低。经过计算,他们发现,从整体供应链来看,联想是赚的。于是,联想决定在上海生产台式机。2004年,联想供应链成本因此节省了几千万元,配送时间也缩短了。因此,后来刘军说:"供应链是要看整体一盘棋的。"

2005年,联想的这盘中国棋就要被放到全球来下了。尽管联想收购的IBM业务跟联想中国没有交叉,但在其后的18个月内,新联想的管理者必须要从全球供应链的角度,审视自己的资源。未来,联想刚在2004年布好的中国供应链棋局将要被打散重新布局。

联想的管理者们需要考虑全球供应链这局棋怎么下?一旦联想的产品卖到海外,就不一定会全在国内生产。新联想现在正在忙着论证,产能如何分布对未来的全球格局更有利,还有很多问题很快都会摆上桌面,如IBM在印度的工厂怎么办?在苏格兰的工厂怎么办……

"实际上到了2006年,联想会变成只有一条国际供应链。"郭明磊说。尽管一切都会重新布局,但是她和她的同事已经发现,从2002—2004年,联想在中国围绕着供应链优化所做的一切都没白费——这是为管理全球供应链所做的最有益的热身运动。

(资料来源:吴清一,物流管理.有修改)

联想为什么要设计两条供应链?其供应链设计步骤是什么?

课题三 供应链战略管理

1. 掌握供应链战略管理的概念;
2. 了解供应链战略管理的主要内容;
3. 掌握供应链管理环境下的业务外包。

学会业务外包的决策与实施。

第一部分 引导案例

电子商务物流配送案例分析

每一个成功的零售企业背后都有一个完善的配送系统支撑。遍布全球的便利名店7-11,其名字的来源是这家便利店在建立初期的营业时间是从早上7点到晚上11点。后来,这家70多年前发源于美国的商店成为全球最大的便利连锁店,在全球20多个国家拥有2.1万家左右的连锁店。到2010年1月底,仅在中国台湾地区就有2690家7-11连锁店,美国有5756家,泰国有1521家,日本是最多的,有8478家。

一家成功的便利店背后一定有一个高效的物流配送系统。7-11连锁店从一开始采用的就是在特定区域高密度集中开店的策略,在物流管理上也采用集中的物流配送方案。这一方案每年大概能为7-11连锁店节约相当于商品原价10%的费用。

7-11连锁店的物流管理模式先后经历了三个阶段三种方式的变革。起初,7-11连锁店并没有自己的配送中心,它的货物配送是由批发商来完成的。以日本的7-11连锁店为例,早期日本7-11连锁店的供应商都有自己特定的批发商,而且每家批发商一般都只代理一家生产商,这家批发商就是联系7-11连锁店和其供应商之间的纽带,也是7-11连锁店和供应商之间传递货物、信息和资金的通道。供应商把自己的产品交给批发商以后,对产品的销售就不再过问,所有的配送和销售都会由批发商来完成。对于7-11连锁店而言,批发商就相当于自己的配送中心,它所要做的就是把供应商生产的产品迅速有效地运送到7-11连锁店手中。为了自身的发展,批发商需要最大限度地扩大自己的经营,尽力向更多的便利店送货,并且要对整个配送和订货系统作出规划,以满足7-11连锁店的需要。

渐渐地,这种分散化的由各家批发商分别送货的方式无法再满足规模日渐扩大的7-11

连锁店的需要,7-11连锁店开始和批发商及合作生产商构建统一的集约化的配送和进货系统。在这种系统之下,7-11连锁店改变了以往由多家批发商分别向各个便利点送货的方式,改由一家在一定区域内的特定批发商统一管理该区域内的同类供应商,然后向7-11连锁店统一配货,这种方式称为集约化配送。集约化配送有效地降低了批发商的数量,减少了配送环节,为7-11连锁店节省了物流费用。

配送中心的好处特定批发商(又称为窗口批发商)提醒了7-11连锁店,何不自己建一个配送中心?与其让别人掌控自己的经脉,不如自己把握自己的命脉。7-11连锁店的物流共同配送系统就这样浮出水面。共同配送中心代替了特定批发商,分别在不同的区域统一集货、统一配送。配送中心有一个电脑网络配送系统,分别与供应商及7-11连锁店店铺相连。为了保证不断货,配送中心一般会根据以往的经验保留4天左右的库存,同时,中心的电脑系统每天都会定期收到各个店铺发来的库存报告和要货报告,配送中心把这些报告集中分析,最后形成一张张向不同供应商发出的订单,由电脑网络传给供应商,而供应商则会在预定时间之内向中心派送货物。7-11配送中心在收到所有货物后,对各个店铺所需要的货物分别打包,等待发送。第二天一早,派送车就会从配送中心鱼贯而出,择路向自己区域内的店铺送货。整个配送过程就这样每天循环往复,为7-11连锁店的顺利运行修石铺路。

配送中心的优点还在于7-11连锁店从批发商手上夺回了配送的主动权,从而能随时掌握在途商品、库存货物等数据,对财务信息和供应商的其他信息也能握于股掌之中。对于一个零售企业来说,这些数据都是至关重要的。

有了自己的配送中心,7-11连锁店就能和供应商谈价格了。7-11连锁店和供应商之间定期会有一次定价谈判,以确定未来一定时间内大部分商品的价格,其中包括供应商的运费和其他费用。一旦确定价格,7-11连锁店就省下了每次和供应商讨价还价这一环节,少了口舌之争,多了平稳运行,从而为自己节省了时间,也节省了费用。

随着店铺的扩大和商品的增多,7-11连锁店的物流配送越来越复杂,配送时间和配送种类的细分势在必行。以台湾地区的7-11连锁店为例,全省的物流配送就细分为出版物、常温食品、低温食品和鲜食食品四个类别的配送,各区域的配送中心需要根据不同商品的特征和需求量每天做出不同频率的配送,以确保食品的新鲜度,以此来吸引更多的顾客。新鲜、即时、便利和不缺货是7-11连锁店配送管理的最大特点,也是各家7-11店铺的最大卖点。

和台湾地区的配送方式一样,日本7-11连锁店也是根据食品的保存温度来建立配送体系的。日本7-11连锁店对食品的分类是:冷冻型(−20℃),如冰激凌等;微冷型(5℃),如牛奶、生菜等;恒温型,如罐头、饮料等;暖温型(20℃),如面包、饭食等。不同类型的食品会用不同的方法和设备配送,如各种保温车和冷藏车。由于冷藏车在上下货时经常开关门,容易引起车厢温度的变化和冷藏食品的变质,故7-11连锁店还专门用一种两仓式货运车来解决这个问题,一个仓中温度的变化不会影响到另一个仓,需冷藏的食品就始终能在需要的低温下配送了。

除了配送设备,不同食品对配送时间和配送频率也会有不同要求。对于有特殊要求的食品(如冰激凌),7-11连锁店会绕过配送中心,由配送车早、中、晚三次直接从生产商门口拉到各个店铺。对于一般的商品,7-11连锁店实行的是一日三次的配送制度:早上3点到7

点配送前一天晚上生产的一般食品;早上8点到11点配送前一天晚上生产的特殊食品(如牛奶),新鲜蔬菜也属于其中;下午3点到6点配送当天上午生产的食品。这样一日三次的配送频率在保证了商店不缺货的同时,也保证了食品的新鲜度。为了确保各店铺供货的万无一失,配送中心还有一个特别配送制度来和一日三次的配送相搭配。每个店铺都会随时碰到一些特殊情况造成缺货,这时只能向配送中心打电话告急,配送中心则会用安全库存对店铺紧急配送,如果安全库存也已告罄,中心就转而向供应商紧急要货,并且在第一时间送到缺货的店铺手中。

(资料来源:温卫娟,如何进行采购与供应商管理.有修改)

第二部分 课题学习引导

3.1 供应链战略管理概述

　　战略供应链是以企业交易链条上的所有重要组织的利益为中心,强调以核心竞争力为基础的资源全面优化及协同发展。战略供应链既不同于以供应链上某个"环节"为中心、片面追求最高效率的传统供应链,也不同于强调全面控制、片面追求稳定性的上下游一体化,而是处于两者之间,从自身核心竞争力出发,强强合作,追求稳定与效率的平衡。大量的事实证明,这种基于供应链的纵向战略合作组织是适应当今全球竞争的有效途径。可以预见,战略供应链将以"整条供应链为中心"的整体竞合理念而成为企业竞争的新的焦点。供应链战略管理所关注的重点不是企业向顾客提供的产品或服务本身给企业增加的竞争优势,而是产品或服务在企业内部和整条供应链中运动的流程所创造的市场价值给企业增加的竞争优势。即如何从以往关注的内向能力转向将自己的能力与供应链成员中的生产资源和创新知识整合起来。

　　供应链战略管理的核心思想是:供应链管理能够支持和驱动企业的战略,而非仅仅是企业运营策略的一部分。企业能够通过领先的供应链管理来获得竞争优势并显著地创造股东价值。供应链管理战略将供应链上的所有交易对象都看做"客户关系",以"供应链整体"为中心,谋求"多赢",并以未来的长期利益为指向,精心选择合作伙伴,将其连接为一个不可分割的、协调发展的整体。同时,供应链管理战略强调快速反映市场需求及战略差异化,追求高稳定、低风险、低成本、高效益,从而达到供应链整体价值的最大化。供应链战略突破了一般战略规划只关注企业本身的局限,通过在整条供应链上进行规划,进而实现为企业获取竞争优势的目的。

3.1.1 企业战略管理简述

　　企业战略管理是指企业在制定和实施战略中作出的一系列决策和进行的一系列活动,它由战略分析、战略选择和战略实施三个主要部分组成。

　　1. 企业战略管理的含义

　　企业战略管理包括以下含义:

（1）企业战略管理是在市场经济条件下，企业面对激烈竞争、严峻挑战的形势所作出的对策集合；

（2）企业战略管理是企业为了长远生存和发展所作出的谋划；

（3）企业战略管理是一系列战略性决策的结果；

（4）企业战略管理同经营思想、决策、计划等概念有密切关系，但不可以把它们混同。

企业战略管理作为企业面对激烈变化、严峻挑战的环境，为求得生存和发展而作出的带有长远性、全局性的谋划或方案，代表并体现了企业的经营思想，既是一系列战略性决策的结果，又是制订中长期计划的依据。

2．企业战略管理的主要特征

企业战略管理具有以下主要特征：

（1）企业战略管理的主体是企业高层领导；

（2）战略性决策通常是涉及面很广的决策；

（3）企业战略管理要体现对未来的预见性；

（4）企业战略管理要适应企业内外部环境的变化。

企业战略一般分为企业总体战略和企业经营战略两大类。企业总体战略可分为单一经营战略、纵向一体化战略、多元化战略、集团化战略和国际化战略等。企业经营战略则可以按照不同的标准进行分类。按照战略的目的性，可以把企业经营战略划分为成长战略和竞争战略；按照战略的领域，可以把企业的经营战略划分为产品战略、市场战略和投资战略；按照战略对市场环境变化的适应程度，可以把企业经营战略划分为进攻战略、防守战略和撤退战略；按照战略的层次性，可以把企业经营战略划分为公司战略、事业部战略和职能战略。

3．企业战略管理的构成要素

从企业为达到战略目标所采用的途径、手段来分析，企业战略管理包括以下构成要素：

（1）经营范围，即企业生产经营活动所包括的领域；

（2）资源配置，即企业对所拥有的资源是按什么水平和模式配置的；

（3）竞争优势，即企业在竞争中高于竞争对手的、关系经营全局成败的优越地位或强大实力；

（4）协同作用，即企业进行资源配置、确定经营范围和创建企业优势决策时，要追求匹配、协调、互利、互补，使企业总体资源的收益大于各部分资源收益之和，使企业全局效益大于企业各个局部收益之和。

可见，企业战略作为企业管理层制定的"策略规划"，目的是建立并提升其在市场领域中的位置，成功地同其竞争对手进行竞争，满足顾客的需求，获得卓越的经营业绩。

4．企业战略管理的指导思想

企业要在激烈的市场竞争中立于不败之地，就必须对自己的战略管理准确定位，必须要有指导战略制定和执行的基本思想，即企业战略管理的指导思想。

企业战略管理的指导思想主要包括以下几点。

（1）市场导向，需求驱动，尽力满足社会需求。随着经济体制从传统的计划经济体制向社会主义市场经济体制转变，企业生产经营活动运转的轴心不再是国家计划，而应当是市场。企业要围绕市场运转，实现自主经营、自负盈亏，千方百计满足市场需求，努力提高市场占有率。

（2）依靠品种、质量、成本取胜。为了适应经济增长方式从粗放型向集约型转变,企业要改变粗放式管理,转向精细化管理,努力提高产品的技术含量和附加值,从而保证和提高产品质量,降低成本。

（3）系统整体优化。企业是一个由各个方面有机结合而成的复杂系统,因此要对企业生产经营的诸要素进行优化组合与合理配置,实现系统整体优化,协调和平衡各个局部与局部之间、局部与整体之间的相互适应关系,尽力提高企业经济效益。

（4）善于竞争,优胜劣汰。企业要进入市场竞争体系,适应优胜劣汰的激烈竞争,充分调动和运用自己的各种资源,在竞争中求得生存与发展。

（5）长远观点,放眼未来。制定和实施企业战略都必须具有长远观点,切忌急功近利;应不断改造内涵,加大技术改造力度,增强企业后劲。

（6）以人为本,依靠全体职工。建立以人为中心的管理,真正体现尊重人、理解人和关心人,充分依靠和调动全体职工的积极性,去实现企业的战略目标。

企业战略管理的目标是企业在一定的战略期内总体发展的总水平和总任务,它决定了企业在该战略期间的总体发展的主要行动方向,也是企业战略的核心。

5. 确定战略目标要注意的问题

企业在确定战略目标时,应注意以下几个问题。

（1）确定战略目标要对象明确。战略目标应有预期服务的对象、要完成的任务和达到的结果。

（2）确定战略目标要定量和定性相结合。对企业预期达到的结果,既有定量指标,又有定性内容。在定量指标方面有产品产量、净产值、销售收入、新产品开发品种种类、产品质量性能、劳动生产率、利润等,其他经济效益指标有技术改造项目、人才培训、职工福利等。

（3）确定战略目标要限定清晰的时间,并且保证长期目标、中期目标、短期目标相互衔接协调。

3.1.2 供应链战略的概念

所谓供应链战略,就是从企业战略的高度来对供应链进行全局性规划,它确定原材料的获取和运输,产品的制造或服务的提供,以及产品配送和售后服务的方式与特点,包括了采购、生产、销售、仓储和运输等一系列活动。

产品按需求模式可以分为两类,即功能性产品和创新性产品。功能性产品包括可以从大量零售店买到的主要商品。这类产品满足基本需求,需求稳定且可以预测,并且生命周期长;但同时稳定性意味着竞争较激烈,进而导致利润较低。创新性产品指满足特定需求而生产的产品,企业在产品式样上或技术上进行创新以满足顾客的特殊需求。尽管创新性产品能使企业获得更高的利润,但是,创新性产品的新颖却使需求不可预测,而且产品的寿命周期一般较短。

费希尔根据产品的需求模式将供应链战略划分为两类:有效性供应链战略和反应性供应链战略。有效性供应链战略是指能够以最低成本将原材料转化成零部件、半成品、成品以及在供应链中的运输等的供应链战略。由于功能性产品的需求可以预测,生产该类产品的企业可以采取各种措施降低成本,在低成本的前提下妥善安排订单、完成生产和产品交付,使供应链存货最小化和生产效率最大化。因此,生产功能性产品的企业应该采用有效性供应链战略。反应性供应链战略则是强调快速对需求做出反应的供应链战略,所对应的产品是创新性产品。这是因为创新性产品所面临的市场是非常不确定的,产品的寿命周期也比较短,企业面临的重要问题是迅速把握需求的变化,并能够及时对变化做出有效反应以适应需求的变化。

3.1.3 供应链战略的基本特征

1. 供应链战略是一种互补性企业联盟战略

供应链战略是基于业务外包的一种互补性的、高度紧密的企业联盟,这个联盟以核心产品、核心资产或核心企业(通常是最终产品的生产者和服务的提供者)为龙头组成,它包括原材料、配件供应商、生产商、配送中心、批发商、零售商和顾客等。这个联盟的目标是通过联盟内各个成员统一协调的无缝隙的工作,以价低质优的产品、及时供货和提供优质的售后服务来提高市场供应的有效性和顾客的满意度,以较高的市场占有率取得竞争优势。

2. 供应链战略是一种企业核心能力强化战略

维持和发展竞争优势是企业核心能力的集中体现,也就是说,它能使企业在下一步的竞争中具有引导和争夺市场的能力,超越临时竞争优势而获得持续性发展。泰吉和奥兰德等人提出的"战略缺口"假设,有利于我们理解企业运用供应链战略的动机。如果企业在考察市场的时候发现业务的发展正朝向一个新的领域,而本企业所拥有的竞争优势随着时间的推移已发生变化,企业所要达到的战略绩效目标与其依靠自有资源和能力所能达到的目标之间存在一个"缺口",那么,企业就必须借助于业务外包或寻找优秀的供应者来帮助它在供应链中改进技术、提高效率、降低成本,以改善其价值链上的薄弱环节,填补企业发展战略的"缺口",强化企业的核心能力。因此,一个企业的供应链战略的核心问题,是要考虑哪一个合作伙伴更有竞争优势,哪一条供应链的设计更为优秀,供应链上的哪一个部分更有效率。将所有这些成分都协调起来,就是供应链管理的优势所在。

3. 良好的供应链网络有利于提升企业的竞争承受力

在经济的周期性变化中,任何一个企业都要经历它的高涨和低落时期,可以说,每个企业都需要随时应对不期而至的经营危机。根据亿博物流咨询机构多年的项目经验发现:一些企业得以平稳地渡过危机,持续、协调地向前发展,其成功并非完全是因为拥有最大的客户,而在于它们重视业务发展的规律,重视其商业经营中的客户关系。它们不仅选择了一条重要的供应链,而且成为这个网络上的一个重要组成部分,是这条供应链网络的整体竞争优势强化了这个企业的生存和发展能力。

4. 供应链战略是实施关系营销的重要方面和关键环节

关系营销是企业与关键性的客户(顾客、供应商、分销商)建立长期满意关系的实践,它是营销者通过不断承诺和给予对方高质量的产品、优良的服务和公平的价格来实现的合作模式。关系营销使有关各方建立起经济、技术和社会方面的纽带关系。关系营销的最终结果是建立起企业的独特资产——营销网络。供应链合作无疑是关系营销的一个重要方面。在日益复杂的市场竞争中,逐步形成相对稳定的供应链体系,在分配信息和相互信任的前提下,确定一个长久的利益共同体,兼顾各个成员企业的经营战略,实行"双赢"乃至"多赢",是构成企业之间紧密合作的战略联盟和供应链竞争成功的关键。

3.1.4 供应链战略的主要内容

供应链战略的主要内容包括合作战略、竞争战略和文化战略。

1. 供应链合作战略

供应链各节点企业间的战略合作关系是供应链管理的核心问题,是促使供应链整体效率优化的必然途径。供应链战略合作伙伴关系的考量标准主要包括以下几点。

(1) 战略价值:指与可能的合作伙伴的有价值的合作项目及其产品和服务对于企业的短期、中期或者长期战略的积极的正面的影响。主要指标包括战略一致性与适应性、增长的潜能、品牌的影响力、产品与服务的可获得性和可靠性、替代产品与服务的可获得性、与现存供应关系的兼容性和协同性、对核心能力的影响、新产品与服务进入市场的速度等。

(2) 商业价值:指从有价值的合作项目涉及的产品与服务中所能获取的商业利润。只要指标包括产品或服务定价、总成本减少程度、单位成本减少程度、运营成本与花费减少程度等。

(3) 合作意愿:指可能的合作伙伴正在实行或者准备实行合作的积极程度。主要指标包括可依赖的程度、与合作方组织共事的意愿、信息共享的质量与水平、信息的开放性与透明性、影响核心能力的意愿、共担风险的意愿、增强合作与联盟原则的意愿、对合作关系各个层次上的支持等。

(4) 综合能力:指合作伙伴的能力以及一起合作共同完成有价值合作项目的实力。主要指标包括技术能力、财力、研发能力、产品与服务的差异性及支持系统、产品与服务的生命周期管理能力、以前合作与联盟的经验、风险管理能力和创新能力等。

相互信任是巩固制造商与供应商的战略合作伙伴关系的基础。相互依赖性强,就应制定共同的战略和运作目标,以促使双方从长期战略合作关系中获得最大的利益;建立合理的收益分配机制,从而稳定双方的战略合作伙伴关系;定期对合作模式和效果进行评估和修订,从而为未来的合作打下坚实的基础。

2. 供应链竞争战略

随着信息技术的发展,企业面临的竞争是以全球企业为竞争对手的全球市场竞争环境,而且信息传递的无障碍和无时滞,使响应时间成为第一位的竞争要素。另外,企业面临资源获取的难度,社会效益的压力(如环保要求)、客户在产品的个性化、及时化、平民化和便利化等消费需求的变化等也对企业供应链管理提出了更高的要求。供应链管理必须要建立一个具有快速反应能力和以客户需求为基础的系统,能充分体现信息技术在供应链各个环节中的作用,提高整条供应链的效率,从而降低整条供应链的成本、库存和物资储备成本,同时满足客户的各种需求。

市场经济的本质是竞争,而核心竞争力是持续竞争优势的源泉,是企业在经营过程中形成的不易被竞争对手仿效的能带来超额利润的独特的能力。核心竞争力也是企业在竞争中获胜的基础和关键。对供应链管理来说,加强企业(特别是核心企业)的核心竞争力的培养,尤为重要。要培养企业的核心竞争力,就要集中企业资源从事某一领域的专业化经营,在这一过程中逐步形成自己在经营管理、技术、产品、销售、服务等诸多方面与同行的差异。企业在发展自己与他人上述诸多方面的差异中,就可能逐步形成自己独特的可以提高消费者特殊效用的技术、方式、方法等,而这些就有可能成为今后企业核心竞争力的要素。如何提升企业核心竞争力,首先应从锁定目标、集中资源、提高和储备知识技能、战略定位等方面做起。

3. 供应链文化战略

供应链文化是指供应链企业在长期交往中逐渐形成的共同信念,包括价值观、经营哲学、道德准则、管理制度、员工心态以及由此表现出来的企业共同的风范和精神。它所倡导的信任与合作精神、商业理念和行为规范、积极创新和奋发向上的事业态度,是供应链运行机制的文化基础。必须对供应链中各节点企业的文化进行系统整合,增强其间的亲和度,以便有效地消除供应链中各种文化的摩擦以及由此造成的系统内耗。当前,制定和实施集群文化战略要做好四个方面的工作。

第一,培养合作共赢意识。在供应链中,企业之间的经营关系不再是零和博弈关系,而是一种正和博弈的双赢关系。在合作中,企业既要考虑自身利益,还必须考虑供应链上其他企业的利益。

第二,确立整体优化思想。在供应链中,客观上存在着企业个体利益之间、个体利益与整体利益之间的冲突。要解决这种冲突,需要一定的思想基础,即供应链上的企业都要有整体优化思想。

第三,提倡相互信任精神。如果没有信任,每一个成员都将致力于保护自己的眼前利益,这将对自身以及整个系统造成长期的损害。

第四,培育风险共担理念。在供应链运作过程中,存在着预测不准、需求不明、供给不稳定等现象,甚至形成"牛鞭效应"(即需求朝着供应链上游方向被逐级放大的现象)。供应链上的企业对自身利益的本能追求,使合作自始至终都存在着一定的道德风险。所以,在供应链管理中要培育利益共享、风险共担的理念并付诸实践。

3.2 供应链战略管理的匹配与实施

在供应链管理日益受到重视的环境下,越来越多的企业开始从战略高度对供应链进行规划。企业在开展供应链管理的过程中,必须从战略高度对供应链进行规划,并从全局和系统的角度保证不同战略之间的匹配,只有这样才能够实现供应链管理的成功实施。

3.2.1 供应链战略管理的匹配

所谓供应链战略管理的匹配,是指竞争战略与供应链战略拥有相同的目标,即竞争战略设计用来满足顾客的优先目标与供应链战略旨在建立的供应链能力目标之间相互协调一致。选择供应链战略,从而能够最好地满足企业目标顾客群体特定类型的需求,是获取战略匹配的全部内容。任何一家企业要想成功,其供应链战略与竞争战略就必须相互匹配。获取战略匹配,是供应链战略设计阶段的一项重要内容。供应链战略执行的成败与以下两个关键要素密切相关。

一是竞争战略与所有职能战略必须相互匹配,以构成一个协调一致的总战略。每一项职能战略都必须支持其他职能战略,并帮助企业实现竞争战略目标。

二是企业的不同职能部门必须恰当地组织其流程与资源,以便成功实施这些战略。企业失败的原因,或者是由于战略不匹配,或者是因为流程与资源的组合不能形成支持预期战略匹配的能力。

获取战略匹配的三个基本步骤如下。

1. 理解顾客

必须理解每一个目标顾客群的顾客需要，它能帮助企业确定预期成本和服务要求，是获取供应链战略匹配的重点。例如，都是买一瓶洗发水，去家乐福超市买和去7-11连锁店买的顾客代表的含义就完全不一样。去7-11连锁店买洗发水的顾客，主要是为了方便，不一定是为了寻找最低价格。而去家乐福买洗发水的顾客，价格就非常重要，品种少一点不要紧，如果单价便宜，大包装量多也没问题。所以，尽管购买的是同一种东西，但有些顾客需要的是快捷、方便，有些顾客需要的是低价格。

顾客需要的表现有：客户包装中所需产品的数量；顾客愿意忍受的反馈时间；所需产品的种类；要求的服务水平；产品的价格；预期产品的创新周期。

潜在需求不确定性是指要求供应链满足的需求部分存在的不确定性。顾客需要对潜在需求不确定性的影响参见表3-1。

表3-1 顾客需要对潜在需求不确定性的影响

顾客需要	导致潜在需求不确定性
需求量增长	增大，因为要求的数量大幅度增加意味着需求变动增大
供货期缩短	增大，因为对订单的反应时间少了
要求的产品品种增多	增大，因为对每种产品的需求更加分散
获取产品的渠道增多	增大，因为顾客总需求分散给更多的供货渠道
创新速度加快	增大，因为新产品的需求会有更大的不确定性
需求的服务水平的提高	增大，因为企业不得不应付偶然出现的需求高峰

2. 理解供应链

供应链有很多种类型，每一种都设计用来完成不同的任务，故必须明确供应链设计的用途与功能。

供应链主要有两类功能。第一，物理功能，即能以最低的成本将原材料加工成零部件、半成品、产品，并将它们从供应链的一个节点运到另一个节点。第二，市场中介功能，即能对市场需求做出迅速反应，确保以合适的产品在合适的地点和时间来满足顾客的需求。一般意义上的供应链是在这两个功能间的权衡，即在反应能力与赢利水平之间进行权衡。

供应链的反应能力包括：对大幅度变动的需求量的反应；满足较短供货期的要求；提供多种产品；生产具有高度创新性的产品；满足特别高的服务水平的要求。如图3-1所示是成本-反应能力赢利水平边界曲线。

3. 获取战略匹配

获取战略匹配，就是说使供应链的运营目标与顾客的需求协调一致，此时供应链反应能力的高低应当与需求的不确定性相吻合。

需求不确定性越高，供应链的反应能力就应当越强，只有这样才能取得战略匹配。供应链反应能力的不断提高，可以弥补需求不确定性增大的风险。为了取得更好的业绩，企业应协调竞争战略（导致需求不确定性增大）和供应链战略（导致供应链反应能力增大）之间的关系。

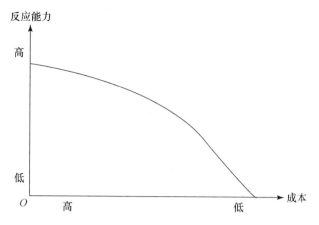

图 3-1　成本-反应能力赢利水平边界曲线

要实现全面的战略匹配,必须考虑价值链中所有的职能战略,确保价值链中的所有职能战略相互协调,并支持企业的战略目标。所有的职能战略必须支持企业战略目标,而供应链战略中次级战略,如生产战略、库存战略、采购战略等,也必须支持供应链战略,与供应链战略的目标保持一致。因此,这就需要具有较强反应能力的企业,必须将其职能战略设计得用来提升反应能力;而赢利水平高的供应链,则要让所有的职能战略都为增加盈利性作贡献。

除此之外,其他影响供应链战略匹配的因素还有以下几点。

（1）产品种类和顾客群数。在产品和顾客群多种多样的情况下,如何创建一条在赢利水平与反应能力之间取得平衡的供应链,一般情况下既可以单独建立每种产品和每个顾客群的供应链,也可以将企业的供应链建成适合所有产品和顾客群的供应链。

（2）产品生命周期。随着产品走过其生命周期,产品的需求特点和服务顾客群的要求也会发生变化。要维持战略匹配,就必须在产品进入不同生命阶段时,调整其供应链。

（3）竞争性随着时间变动。竞争的焦点在于以合理的价格生产品种十分丰富的产品。因此,由于竞争格局发生变化,企业不得不调整其竞争战略;由于竞争战略发生变化,企业又必须改变其供应链战略,以维持战略匹配。

3.2.2　供应链战略管理的实施

供应链战略管理的实施主要包括以下方面。

1. 战略计划

战略计划是企业根据外部市场营销环境和内部资源条件而制订的涉及企业管理各方面(包括生产管理、市场营销管理、财务管理、人力资源管理等)的带有全局性的重大计划。

2. 战略采购

战略采购是一种有别于常规采购的思考方法,它与普遍意义上的采购区别是,前者的注重要素是"最低总成本",而后者的注重要素是"单一最低采购价格"。所谓战略采购,是指一种系统性的、以数据分析为基础的采购方法。简单地说,战略采购就是以最低总成本建立服务供给渠道的过程,一般采购则是以最低采购价格获得当前所需资源的简单交易。

3. 生产战略

生产战略是企业根据所选定的目标市场和产品特点构造其生产系统时所应遵循的指导思想,以及在这种指导思想下的一系列决策、规划及计划。生产战略作为一个职能战略,其作用在于:在生产领域内取得某种竞争优势以支持企业的经营战略,而不局限于处理和解决生产领域内部的矛盾和问题。

此外,供应链战略管理的实施还涉及交付战略、回收战略和执行战略等。

供应链战略管理的实施

供应链战略管理的实施首先表现在战略上,即企业与其供应商之间的双赢,而要做到这一点,需要企业在观念上进行巨大的转变。以前企业与供应商是一种利害输赢的关系,企业只注重以更低的价格买到原材料,企图将一部分供应商的利润转移过来;而供应商则恰好与此相反。于是就出现了强势企业不断地挤压供应商,使供应商无法承担而不得不以次充好;或部分供应商利用优势不断提高价格,使采购方无力承担,最终退出市场,这样的后果都会导致企业与供应商的失败,这其实是任何一方都不愿意看到的。而供应链管理则需要企业从系统的观点出发,与供应商坐在一起,探讨如何加快信息的传递,如何实现信息的共享,如何减少相关的操作,如何简化相关的环节,并最终通过这些手段,提高整条供应链的效率,降低整条供应链的成本,从而在保证双方合理利润的基础上,达到提高企业竞争能力和盈利能力的目标,实现双赢。企业也只有从双赢的角度出发,才能取得供应商的支持和配合,才能推动供应链管理的实现。

其次,供应链管理实施还表现在战术上,即如何实施的问题上。

供应链管理应包含协同采购、采购寻源和供应商绩效考核三部分。与供应链管理的三部分相对应,一般来说,供应链管理是按协同采购、采购寻源和供应商绩效考核这样步骤来实施的。实施供应链管理的企业大多本身就有比较好的信息化基础,协同采购充分利用这种资源,在最短的时间内给企业带来效益,给供应商带来理念的冲击和刷新,为供应链建设提供思想基础。通过协同采购,也可以尽早暴露供应链的薄弱环节,为供应链优化确立目标。采购寻源根据企业供应链优化目标进行,新厂家的引进增强了企业的竞争力,也为之提供了充足的供应商资源。供应商绩效考核则利用采购寻源提供的资源,不断引进和淘汰,确保供应链的动态平衡,使供应链水平不断提升。这三者的相互作用使得供应链建设得到不断发展,供应链的潜力得到不断挖掘,为企业提供了独特而持续的竞争力。当然,企业的情况不同,采取的实施顺序也会有所改变,最终还是要根据企业的实际确定。

我们以友达光电进行的供应链管理实施为例,说明协同采购实施后带来的效益(参见表 3-2)。

表 3-2 协同采购实施前后的效益对比情况

	上线前	上线后
PO 确认周期	2~3 天	1~2 天
丢单现象	偶有发生	无
出货排程确认周期	1~2 天	2~3 小时
采购人员作业效率	完成出货排程需 1.5 小时	仅需要 0.5 小时
主动知会功能	无	Email、手机短信
版本控制	无法做到	系统自动控管版本,并可比较不同版本差异
资料发布	每月打印各类单据约 3000 张,每张成本 0.4 元(直接成本)	无须打印
作业模式变更	电话费约 18 000 元/月 传真费约 6500 元/月	电话费只需约 7000 元/月
Planning Cycle Time	4 天	24 小时以内
JIT 材料库存	未提供资料	少于 1 天
收货速度	未提供资料	提高 50%,错误率大幅降低

通过对实施前后的效益对比分析可以看出,通过协同采购模块的实施,友达光电与其供应商之间通过信息更加紧密地连接起来,大大加强了友达与供应商协同作战的能力,使供应商也体验到了协同采购带来的种种益处,增加了对供应链管理建设的理解和支持,为日后采购寻源和供应商绩效考核模块的实施奠定了基础。

(资料来源:明基逐鹿业务流程外包解决方案.经作者整理)

3.3 企业核心竞争力

今天的市场竞争已不只是简单的成本竞争。企业只有以更高的服务水平,更快地对市场需求做出反应,将产品以更低的成本、更优的质量及时地送到消费者手中,才能在激烈的市场竞争中占有优势。而企业要获得长久的竞争优势,就必须不断提高自身的竞争力。

企业竞争力是指在竞争性的市场中,一个企业所具有的能够比其他企业更有效地向市场提供产品和服务,并获得赢利和自身发展的综合素质。企业竞争力可分为三个层面:

(1) 第一层面是产品层,包括企业产品生产及质量控制能力、企业的服务、成本控制、营销、研发能力;

(2) 第二层面是制度层,包括各经营管理要素组成的结构平台、企业内外部环境、资源关系、企业运行机制、企业规模、品牌、企业产权制度;

(3) 第三层面是核心层,包括以企业理念、企业价值观为核心的企业文化、内外一致的企业形象、企业创新能力、差异化个性化的企业特色、稳健的财务、卓越的远见和长远的全球化发展目标。

3.3.1 企业核心竞争力的概念

"核心竞争力"这一术语首次出现在1990年,由美国经济学家普拉哈拉德(C. K. Prahalad)和哈默尔(Gary Hamel)在《哈佛商业评论》上的 *The core competence of the corporation* 一文中提出。他们指出:"核心竞争力是在组织内部经过整合了的知识和技能,是企业在经营过程中形成的、不易被竞争对手效仿的、能带来超额利润的独特的能力。"

普拉哈拉德与哈默尔在进一步描述核心竞争力时提出了一个非常形象的"树形"理论,他们将企业比做一棵大树,企业的最终产品是果实,最终服务是叶子,树枝是结合产品与服务的战略业务单位,树干和主枝是核心产品,而为整棵树提供养分、维系生命、稳固树身的就是核心竞争力。一棵大树给人的印象多是强壮的躯干、繁茂的枝叶,但它真正的生命力却是来自其发达的根系。核心竞争力对企业的作用也是如此,正是核心竞争力支撑着企业的核心产品、各种业务和大量的最终产品(终端销售)。

随着经济和技术的发展,核心竞争力的外延和内涵也在不断地改变。总结西方权威定义,可将核心竞争力表述如下:核心竞争力是指在一个组织内部经过整合了的知识和技能,尤其是关于怎样协调多种生产技能和整合不同技术的知识和技能,是企业在经营过程中形成的不易被竞争对手效仿的、能带来超额利润的、独特的能力。"核心竞争力"也可以更详细地表达为:是企业长期形成的,蕴涵于企业内质中的,企业独具的,支撑企业过去、现在和未来的竞争优势,并使企业长期在竞争环境中能取得主动权的核心能力。

3.3.2 现代企业核心竞争力的特征

核心竞争力作为获取企业优势的"引擎",必然有它自身的特征。

(1) 价值性:核心竞争力富有战略价值,不仅提供给顾客看重的价值,也为企业带来较为长期的超额利润。

(2) 局部性:核心竞争力是指企业在某一局部产品(服务)或某一过程上区别于竞争对手而确立的竞争优势,而不是指企业每个部分都优于竞争对手。

(3) 延展性:核心竞争力是一种基础性的能力,是其他各种能力的统领,可使企业向更有生命力的领域发展。

(4) 独特性:核心竞争力是企业所特有的,并且不易被其他企业模仿。

(5) 集合性:核心竞争力虽然具有局部性,但绝不是单一的,它是企业经过整合了的能力,也正由于集合性,核心竞争力才具有独特性。

(6) 时间性:核心竞争力虽然具有不易模仿的独特性,但是必须持续不断地创新、发展和培育,以维持或扩大与竞争对手之间的差距。

由此可见,并不是企业所有的资源、知识和能力都能形成核心竞争力,只有当资源、知识和能力同时符合以上特性时,这些资源、知识和能力才有可能成为企业的核心竞争力。

3.3.3 企业核心竞争力的创建

1. 企业核心竞争力系统的组成部分

(1) 核心技术能力。

构成核心竞争力的核心是企业的核心技术能力,它包括企业的研究与开发能力以及产品和工艺的创新能力。核心技术能力的高低决定了企业将技术资源向技术优势进行转换的能力。

（2）应变能力。

企业应变能力是指企业随时根据市场供求状况的变化、消费倾向的改变和技术革新进展而及时调整产品结构，这种应变能力是使企业在复杂的竞争环境中得以取胜的关键。

（3）组织协调能力。

组织协调能力涉及企业的组织结构、信息传递、企业文化和激励机制等诸要素，它的作用在于通过管理过程的制度化、程式化，将企业的技术知识和生产技巧融入企业的核心竞争力中。企业组织效率的高低决定了企业将技术优势向市场优势转换的效率。

（4）企业影响力。

企业影响力反映企业在成长过程中培育的对外影响力，其直接或间接影响企业的核心竞争力。它主要包括两个方面，即企业的市场营销能力以及企业产品在消费者中的美誉度。企业核心竞争力是长期的经营与管理过程中积累的多种能力的集合，不能只靠其中的某一种能力来形成，且这种能力不是在短期内形成的。例如，沃尔玛用全球大单采购、精确配送能力而集合成全球最低价格提供商的连锁模式，获取了全球第一的竞争力；戴尔公司以直销、网上销售、订单制造、供应商就近设厂、无库存打造了独一无二的 PC 直销经营模式；海尔用领先于竞争者的服务链，在各环节都提供第一流服务，打造了海尔家电的核心竞争力。在培育核心竞争力的时候，要避免将仅具有某一种突出能力就误认为有核心竞争能力了的误区。如某一项先进技术，某一种知名品牌，某一项管理能力的突出，这些都不会形成核心竞争力。只有多种突出能力的集合，才能成就低成本、差异化、高效益的能力。多种能力组合而成的能力集群，是竞争对手在较短时期内难以模仿的，是构筑高进入壁垒、高模仿壁垒的重要手段。这就是为什么戴尔直销模式被竞争对手模仿了近 20 年却仍然没有一家成为戴尔第二的原因。

企业核心竞争力的创建是一个复杂的系统工程，一方面需要加快健全市场经济体制，形成优胜劣汰的市场竞争机制，增强企业竞争的压力，另一方面也需要企业自身不断地重塑微观动力机制。

2. 企业核心竞争力创建的途径

（1）积极打造人才资本。

市场竞争的核心在人才，人才资本是企业核心竞争力的基础。企业要在激烈的市场竞争中占有一席之地，形成自己的核心能力，就必须打造一支高素质的人才队伍。

（2）培育企业的核心技术能力。

核心技术是企业克敌制胜的杀手锏，因此必须大力推进技术进步，尤其要拥有自己的核心技术，形成一定的技术储备，从而为提高产品的技术含量和市场竞争力奠定基础。

（3）形成有特色的管理模式。

培育适宜的核心能力管理模式是提高企业核心竞争力的重要途径。只有加强管理，形成有自己特色的管理模式，才能把企业体制改革的活力和技术进步的威力充分发挥出来，保持企业不断发展和基业常青。

（4）打造品牌，实施名牌战略。

在市场经济发达的今天，品牌已超越纯经济的范畴，成为企业竞争力、增值力、后续力的体现。品牌能给企业带来极大的市场占有率,使企业保持繁荣,而企业的核心竞争力的直接表现形式主要是市场占有率。实施名牌战略,建立品牌发展战略管理体制,完善品牌发展的市场环境,重视知识管理、知识决策以及实施与品牌理念相配套的系统教育培训等,都可为提升市场占有率打下基础。

(5) 建立学习型组织。

企业核心竞争力的培育和其持续性作用的发挥,很大程度上在于创建学习型组织,在不断学习中增加企业专用资产、不可模仿的隐性知识等。

(6) 培育先进的企业文化。

企业文化战略能产生核心能力。企业文化的本质是企业的"人化"。所以,培育企业的核心竞争力,要注重培养、挖掘、发挥广大员工在企业生产、管理、营销等方面创新的积极性,同时要关注和服务企业所要面对的顾客群。要在企业管理中充分运用激励机制和约束机制,把员工的积极性调动起来,创造更好的产品和服务来满足社会的需求。

3.4 供应链管理环境下的业务外包

业务外包是近几年发展起来的一种新的经营策略,是一种长期的、战略的、相互渗透的、互利互惠的业务委托和合约执行方式。业务外包的实质是企业重新定位,重新配置企业的各种资源,将资源集中于最能反映企业相对优势的领域,塑造和发挥企业自己独特的、难以被其他企业模仿或替代的核心业务,从而构筑自己的竞争优势,获得使企业持续发展的能力。

1990年,美国学者普拉哈拉德和哈默尔在其《企业核心能力》一文中正式提出业务外包概念。根据他们的观点,所谓业务外包,是指企业基于契约,将一些非核心的、辅助性的功能或业务外包给外部的专业化厂商,利用他们的专长和优势来提高企业的整体效率和竞争力。通过实施业务外包,企业不仅可以降低经营成本,集中资源发挥自己的核心优势,更好地满足客户需求,增强市场竞争力,而且可以充分利用外部资源,弥补自身能力的不足。同时,业务外包还能使企业保持管理与业务的灵活性和多样性。

通俗地讲,业务外包(Out-sourcing)是指企业为了获得比单纯利用内部资源更多的竞争优势,将其非核心业务交由合作单位来完成。作为一种管理策略,业务外包是某一企业(称发包方)通过与外部其他企业(称承包方)签订契约,将一些传统上由企业内部人员负责的业务或机能外包给专业、高效的服务提供商的经营形式。业务外包被认为是一种企业引进和利用外部技术与人才来帮助企业管理最终用户环境的有效手段。

3.4.1 业务外包的原因

供应链环境下的资源配置决策是一个增值的决策过程。如果企业能以更低的成本获得比自制更高价值的资源,那么就应该选择业务外包。

企业选择业务外包的原因主要有以下几个方面。

1. 分担风险

可以通过外向资源配置分散由政府、经济、市场、财务等因素产生的风险。企业本身的资源、能力是有限的,通过资源外向配置,与外部的合作伙伴分担风险,企业可以变得更有柔性,更能适应变化的外部环境。

2. 加速重构优势的形式

企业重构需要花费很多的时间,并且获得效益也需要很长的时间,而业务外包是企业重构的重要策略,可以帮助企业很快解决业务方面的重构问题。

3. 剥离企业难以管理或失控的辅助业务

企业可以将在内部运行效率不高的业务职能外包,但是这种方法并不能彻底解决企业的问题,相反,这些业务职能可能在企业外部变得更加难以控制。

4. 使用企业不拥有的资源

如果企业没有有效完成业务所需的资源(包括所需现金、技术、设备),而且不能盈利时,企业也会将业务外包。这是企业临时外包的原因之一,但是企业必须同时进行成本/利润分析,确认在长期情况下这种外包是否有利,由此决定是否应该采取外包策略。

5. 降低和控制成本,节约资本资金

许多外部资源配置服务提供者都拥有能比本企业更有效、更便宜的完成业务的技术和知识。企业可以通过外向资源配置来避免在设备、技术、研究开发上的大额投资。

3.4.2 业务外包可能遇到的问题

成功的业务外包策略可以帮助企业降低成本,提高业务能力,改善质量,提高利润率和生产率,但是它也同时会遇到一些问题。

1. 增加企业责任外移的可能性

业务外包一般可以减少企业对业务的监控,但它同时可能增加企业责任外移的可能性。企业必须不断监控外企业的行为,并与之建立稳定长期的联系。

2. 可能影响企业员工的稳定

如果企业员工知道自己的工作被外包只是时间问题的话,就可能会使剩下员工的职业道德和业绩下降。

3. 不能正确选择合适的业务进行外包

许多业务外包的失败不仅是因为忽略了以上问题的存在,同时也是因为没有正确地将合适的业务进行外向资源配置。

4. 未能选择好合作伙伴

业务外包失败的另一个原因是没有选择好合作伙伴,遇到不可预知情况,过分强调短期效益。

3.4.3 业务外包的主要形式

在实施业务外包的活动中,确定核心竞争力是至关重要的。因为在没有认清什么是企业的核心竞争优势之前,从外包中获得利润几乎是不可能的。核心竞争力首先取决于知识,而不是产品。业务外包主要包括以下几种形式。

1. 研发外包

研发外包是利用外部资源弥补自己开发能力的不足。即使是实现"外包"的企业,也应该设有自己的研发部门和保持相当的研发力量。因为外包企业要保持其技术优势,必须具备持续创新能力。

2. 生产外包

生产外包一般是企业将生产环节安排到劳动力水平较低的国家,以提高生产环节的效率。大企业将自己的资源专注在新产品的开发、设计和销售上,而将生产及生产过程的相关研究"外包"给其他的合同生产企业。

3. 业务外包

业务外包是企业将业务活动"外包"给专业公司来完成。业务外包不仅仅降低了企业的整体运作成本,更重要的是使买卖过程摆脱了束缚,企业摆脱了现存操作模式和操作能力的束缚,使供应链能够在一夜之间提供前所未有的服务。

4. 脑力资源外包

脑力资源外包是企业雇用外界的人力(主要是脑力资源),解决本部门解决不了或解决不好的问题。脑力资源外包的内容主要有互联网咨询、信息管理、ERP系统实施应用、管理咨询等。

3.4.4 业务外包的决策

如何确定企业自营还是外包这一战略问题要求企业明确自己的核心能力,即那些令自己与众不同并能立于不败之地的特点。如果决定将某项与最根本的核心能力紧密相关的产品或服务外包出去,就必须精心挑选供应商,而且还要以双方结成紧密的战略联盟为前提。因此,企业的外包决策首先应考虑以下几方面的问题。

1. 企业战略

企业战略是市场竞争中企业生存和发展的总纲领,是企业发展中带有全局性、长远性和根本性的问题,也是企业经营思想、经营方针的集中表现。中国很多企业受传统经营理念的影响,在决策过程中,由于自给自足的自豪感思想而产生了很多问题。实际上,即使是大公司也不可能完全实现自给自足。所以企业在决定"自建还是外包"时,要把这种自给自足的情感因素剔除。

在企业的战略决策中,核心竞争力是重要的因素。成功的企业都通过将资源集中在一个或有限的几个能力上去超过竞争者,发掘与众不同的竞争优势。此外,这些企业都会将其所需要的核心能力建立在行业平均水平以上,都会围绕其竞争优势,而很少将资源投向非核心能力。

2. 企业规模

企业规模大小体现了企业的资金实力以及企业生产的复杂程度。一般来讲,企业的规模越大,其生产的复杂程度也会越高,它与供应商和销售商就有着千丝万缕的联系。如果将大型企业的物流能力外包,则一方面企业的生产经营结构要进行大范围的调整,而这个调整成本往往是非常高的,同时还会影响企业的供应网络和销售网络的稳定性。另一方面,企业规模比较大的其中一个表现就是物流资源相对比较丰富,如拥有自己的运输力量和仓储设施等,如果企业自身能够对这些资源进行有效的利用和管理,则自营物流可能只需投入少量的成本进行技术更新就可以同时满足自身和消费者的需求。在这种情况下,就有可能以比外包更低的成本达到相同的服务水平。另外,大型企业还可以利用过剩的物流网络资源拓展外部业务,逐步积累物流服务经验、技术和所需的资金,发展专业化物流,为企业以后的长远发展开拓道路。而对于中小型企业来说,资金的规模小,生产的变动性大,一方面无力投入大量的资金进行自有物流设施的建设,另一方面由于企业内部业务流程重组风险的存在,还可能受到企业内部员工的抵制和资源的浪费。因此,中小型企业可以利用物流能力外包来突破资源"瓶颈",使企业的发展获得较高的增长速度。

3. 成本

由于成本与增加的绩效之间有着非线性比例的关系,一个为了提供快速交货而保持高存货的企业与承担较少义务的企业相比,也许要承受加倍的成本,因此,企业关键是要掌握使自己的业务能力与顾客的期望和需求相匹配的艺术,对顾客的承诺是形成战略的核心。企业可据此来确定企业的总成本,并确定是自建还是外包。

4. 服务质量

在今天的经营环境中,如果企业愿意承担必须的资源,则几乎任何想要的服务都是能达到的。例如,一个物流企业在地理上靠近顾客的位置建立一个专用仓库,可以使一支车队保持随时待运的状态等。这种物流服务在顾客下单后几乎可以即时响应顾客需求,但是这样做的代价是高昂的。物流服务在本质上是服务优势和服务成本的一种平衡。企业需要了解物流服务供应商的管理深度和幅度、战略导向,判断供应商的服务是否能满足本企业的需求,尤其是供应商的发展战略是否与需求企业相匹配或类似。

3.4.5 业务外包的实施

业务外包的实施主要是解决如何外包的问题,重点应抓好以下步骤。

1. 第一阶段:企业的内部分析和评估

外包决策选择的过程中必须要做到知己知彼,这样才能取得最终的胜利。因此,企业不仅要对外部环境进行客观的分析,也要对企业的内部条件加以正确的估计。

2. 第二阶段:评估自己的需求,选择服务提供商

通过对企业资源和能力的分析后,企业找出自身的优势和弱点,特别是非核心竞争力的业务,明确哪些是自己不会的,哪些是自己会但成本高、利润低的,哪些是自己不愿干的(劳心费力或少而杂)。

3. 第三阶段:外包的实施和管理

企业决定实施业务外包后,为了防止业务外包流于形式或失败,需要注意以下几点。

(1) 制定具体的、详细的、具有可操作性的工作范围。工作范围即要求明细,它对环节、作业方式、作业时间、服务费用等细节做出明确的规定。工作范围的制定是业务外包最重要的一个环节,它是决定业务外包成败的关键要素之一。

(2) 协助外包企业认识本企业。视外包企业的人员为内部人员,一般需要与外包企业分享本企业的业务计划,让外包企业了解本企业的目标及任务。因为对于一个对本企业一无所知的人来说,很难要求其能有良好的表现。

（3）建立冲突处理方案。与外包企业的合作关系并不总是一帆风顺的，其实若彼此的看法能适切地表达，则本企业将从中获益良多。所以为避免冲突的发生，在事前就应该规划出当冲突发生时双方如何处理的方案，一旦有一方的需求不能得到满足，即可以引用并借此改进彼此的关系。

（4）不断进行调整。市场就是战场，形势千变万化，所以业务外包后，仍要亲自视察和监督。因为唯有亲自看到，才知道问题所在，才能及时加以纠正。

（5）保持弹性。业务外包的项目应该是慢慢扩展的，要注意外包企业所能提供服务的宽度，让其保持一定的弹性，以最灵活的方式为公司提供最佳的服务。

青岛啤酒采用外包租用模式实现供应链管理

青岛啤酒股份有限公司（以下简称青啤）是国家特大型企业。青啤是一个典型的依靠质量和销售制胜，将销售渠道管理作为核心能力之一的企业，其采用多级分销模式，仅华南地区的一级经销商就达1000多家。

一、强化存量资源的控制能力

渠道是目前中国企业传递商品到终端消费者的主要途径，渠道的控制、渠道信息管理、渠道能力提升也面临增长到发展的转变。渠道模型包括供应采购渠道—核心企业—分销渠道—终端消费者。供应链信息因不透明、不准确，会在渠道传递过程中得到放大，就是通常说的"牛鞭效应"。青啤未做企业协同管理之前就面临这个典型的效应。青啤的供应链上游相对来说比较简单，但是越向后就越发复杂，消费终端的多元化决定了分销网络的复杂性。啤酒可以在酒吧、餐厅终端消费，也可以家庭购买消费。从此看出，啤酒的销售实际不是终端为王，而是渠道为王，所以多元化的销售模式决定了渠道组织被不断放大。渠道组织在不断增加，组织的节点在不断扩大，但是对渠道成员的控制力如何呢？多数企业都面临销售不断上升而利润并未增加的境况，根源就在于销售的控制力在减弱。

仅市场促销费用的失控，就使不少企业每年的损失难以计数。大众商品的促销费用主要通过渠道商转移到消费者手中。买一赠一、开瓶有奖，都是通过渠道商操作，但却有一半的促销费用都在渠道上被漏掉了。他们被一级经销商、二级经销商、分公司和销售管理员瓜分，只有一半费用到了市场，而这一半能否达到应有的效果呢，企业也不知道。不仅青啤面临这样的问题，其他大众快速消费品行业同样也面临这样的问题，应对的策略就是企业必须从增长走向发展，核心是必须对现有的资源进行有效管理。在这样的战略背景下，供应链管理是实现战略转型非常重要的实施手段。

二、跨企业战略协同管理

基于战略的供应链管理就是要引进战略管理工具来对外部资源进行协同管理。现在很多企业都是靠供应链成功的。青啤选择了上海国通供应链管理有限公司SCM管理平台所提供的外包租用模式实现供应链管理。青啤不希望自己成为技术上的行家里手，从而浪费资源。青啤现实行的是区域事业部制,事业部是一个真正的利润中心,青啤在各个地方设立事业部,统一管理区域内的生产销售,事业部只接受集团的利润考核。青啤 SCM 项目按照青啤的事业部模式设计供应链流程的管理,但青啤未来还有一个非常明确的战略要求,即职能事业部制,就是生产本部、销售本部和供应本部这三大本部形成独立的事业部制,打破地方事业部制,供应链管理流程和供应链管理计划也将发生很大的改变。青啤选择了国通公司定制化的平台租用方式,可随着企业的发展满足企业业务流程的改变。

本次项目实施范围为青岛啤酒华南事业部总部、下属的销售公司1个、分公司9个、办事处53个、生产厂9个;青岛啤酒华南投资有限公司的所有一级经销商在一个统一的平台(经销商协同管理平台)上,根据一个统一的业务标准,正式开始跨企业的业务协同。

青岛啤酒经销商协同管理平台项目经过两年的运作,不管是工作效率、信息透明,还是绩效分析都得到了极大的提高。订单的完成率由以前的70%提高到95%以上,订单流转时间由以前的1天提高到2小时,订单的准确率达到100%,订单状态查询回复时间由以前的1天优化为实时查询跟踪;在库存管理方面,加强了临期过期产品,减少过期损失,加强了产品的多样化管理;提高了库存周转率;可进行批次管理,提高了对产品窜货的控制力度。

(资料来源:http://cio.ciw.com.cn/othcase/20070104111044.shtml. 经作者整理)

本章反映了供应链战略的主要内容、供应链管理战略的匹配与实施等。供应链战略是从企业战略的高度来对供应链进行全局性规划,确定原材料的获取和运输,产品的制造或服务的提供,以及产品配送和售后服务的方式与特点,包括了采购、生产、销售、仓储和运输等一系列活动。

供应链战略管理所关注的重点是产品或服务在企业内部和整条供应链中运动的流程所创造的市场价值给企业增加的竞争优势。供应链管理能够支持和驱动企业的战略,企业能够通过领先的供应链管理来获得竞争优势并显著地创造价值。

第三部分　课题实践页

1. 选择题

(1) 企业战略管理是指企业在制定和实施战略中作出的一系列决策和进行的一系列活动,它由(　　)三个主要部分组成。

　　A. 战略组织、战略选择和战略实施　　B. 战略分析、战略选择和战略实施

C. 战略组织、战略预测和战略实施　　D. 战略选择、战略预测和战略目的

(2) 企业战略管理具有的主要特征包括(　　)。

A. 企业战略管理的主体是企业高层领导

B. 战略性决策通常是涉及面很广的决策

C. 企业战略管理要体现对未来的预见性

D. 企业战略管理要适应企业内外部环境的变化

(3) 以下企业核心竞争力系统的组成部分,错误的是(　　)。

A. 核心技术能力　　B. 应变能力　　C. 组织协调能力　　D. 学习模仿能力

(4) 企业实施业务外包的原因有以下几个方面,错误的是(　　)。

A. 分担风险

B. 加速重构优势的形式

C. 剥离企业难以管理或失控的辅助业务

D. 增加企业影响力

2. 问答题

(1) 为什么说供应链战略是一种企业核心能力强化战略?

(2) 什么是供应链管理战略匹配?供应链战略执行的成败与哪些要素密切相关?

(3) 什么是企业核心竞争力?核心竞争力作为获取企业优势的"引擎",有什么特点?

3. 案例分析

格兰仕进军家用空调及冰箱制冷业供应链管理战略

据报道: 在世界两大基金组织和一大银行配合支持下,格兰仕近日声称,第一期工程投入20亿元,大规模进军家用空调及冰箱制冷业。

据行内人士认为,一期投入20亿元,相当于目前国外一家超大型空调、冰箱工厂的总投入(据悉,美的家用空调投资5000万元)。格兰仕集团副总经理俞尧昌先生说,格兰仕决心再用3~5年时间,再打造一个"世界第一"的长线形产品专业化生产基地。

商界人士认为,短短几年,微波炉从几千元一台变成几百元一台,空调器和冰箱也即将步微波炉后尘,价格将出现雪崩。因为目前国内打价格战的空调厂和冰箱厂绝大部分属于被动型,而格兰仕一贯作风属于主动型,即使市场占有率已高达六、七成,还会大幅度降价,令同行业苦不堪言。

格兰仕集团副总经理俞尧昌先生介绍,格兰仕经过几年的市场调研,认为空调器也开始进入市场的成长期的初期阶段,市场前景十分看好;而且空调器市场容量很大,收入水平高的家庭,往往有几台空调,办公室等集团消费量也不少,市场容量大大超过微波炉产品;虽然空调器市场目前有一定程度的竞争,但竞争的残酷性远不如微波炉市场那种不顾一切的程度。从世界市场来看,欧、美、日等企业纷纷将空调生产转移至第三世界国家,所以格兰仕选中了第二个战略目标,就是空调器及冰箱制冷产业。规划空调年产销规模将迅速支撑到800万台,重点在分体机和柜机两大系列产品上;冰箱年产销规模锁定为500万台。冰箱虽然进入成熟期,但全世界市场容量很大,众多跨国公司纷纷移植到国内,中国将成为制冷业的世界生产大国。由此格兰仕坚持走专业化分工协作,不会同综合型家电企业直接做销售终端,

充分利用社会资源,其经营成本相对低许多。事实上经营风险也相对小,庞大的销售队伍带来管理的失控风险和成本均不小。在供应链上,格兰仕也以大规模采取先进的国际采购方式,用性价比最高、质量最好的专业化元器件组织生产,在大生产、大流通、大配套这一产业链中扮演一个全球型的"生产车间",向市场提供质优价廉服务好的产品。

当然在空调和冰箱市场,格兰仕目前品牌暂时还不如现在正在做的企业。做市场、办企业不是看一时一刻的,而是看几年或更长一些时间来比较,假如因为怕品牌进入后不如人家就不干了,世界早就大统一了。格兰仕也不会去做微波炉了,因为当时微波炉已有一大堆世界名牌。

格兰仕再造产业悬念:被竞争对手、媒体称为"枭雄"、"杀手"、"屠夫"的格兰仕集团首次对外宣布,将投资20亿进军空调、冰箱制冷业,并声称在短时间内打造继微波炉产品之后的第二王国。

格兰仕向来以专业化著称,且一直将几乎全部精力集中在微波炉行业,总成本领先和集中一点是其决胜市场的最为鲜明的战略趋向,此次进军制冷业等于是向多元化经营迈开了一大步,更何况,空调行业早已是供过于求、血雨腥风。虽然格兰仕对20亿资金的具体构成保密,只透露这是和6家跨国公司、两大基金合作的结果(其中格兰仕控股),但格兰仕此举似乎不像是"空穴来风",倒像是谋定而后动。5年前,格兰仕就曾对外宣称:格兰仕将集中精力将微波炉支撑到全球最大,然后再寻求第二个支撑点,再将其做到全球最大,而目前,格兰仕已经实现了微波炉全球最大的一期战略目标,于是,很自然空调、冰箱制冷业便成为其选择的第二个经济增长点。

格兰仕再次制造了产业悬念:格兰仕为什么要进军空调、冰箱制冷业?格兰仕进军制冷业面临哪些威胁、挑战和机会?格兰仕能否在制冷业成功克隆微波炉发展模式?

在格兰仕总部,本报记者对格兰仕集团副总经理俞尧昌进行了深度采访。

"格兰仕强势切入空调冰箱制冷业一是公司战略的延伸的需要,二是为了回避规模不经济。"俞尧昌开门见山地对记者说。他进一步解释道:现在格兰仕微波炉的市场占有率不管是从国内还是国际看均已达到很高,基本完成了格兰仕5年前定下的战略目标,在这个时候进军制冷业是格兰仕长远发展战略的又一阶段性选择。格兰仕微波炉目前的极限生产能力是1200万台,按照格兰仕的发展速度,不出两年就将饱和,格兰仕已经非常接近规模的平衡点,如果再扩大生产,就将出现规模不经济。也就是说,格兰仕已将微波炉做到了极点,很难再有大的发展空间,格兰仕必须选择第二个产品,格兰仕只追求规模经济但坚决回避规模不经济。

俞尧昌认为,格兰仕切入空调冰箱制冷业是机会大于威胁,他的理由主要有两点:空调和冰箱的市场容量和前景非常广阔,人们可能会用目前空调业存在的严重的产销矛盾(去年国内市场需求为800万台左右,但国内生产能力已经达到1300万台)这一事实来驳斥这一观点,但空调供过于求的根本原因不在市场容量,而在于价格的居高不下,这对以总成本领先而获取竞争优势的格兰仕来说,是一个极大的机会;空调行业是一个没有巨头的行业,用经济学术语讲,完全竞争的空调市场远远没有形成完全充分的竞争,十几个品牌集中瓜分了80%的市场份额,但是各自的占有份额相差不大,均在十几个百分点,也就是说谁都不拥有对市场的决定权,这也是格兰仕的机会所在。这种竞争态势与垄断竞争的市场不同,比如微波炉,格兰仕和LG已经占有90%的市场份额,在余下的10%左右的市场空间里几十家企业在恶拼,市场已经没有什么价值,导致理智的企业不愿再投入。而对冰箱业来说,今年国内四大冰箱生产企业(科龙、海尔、新飞、美菱)中,科龙高层变动频繁,美菱处于合资调整阶段,这对格兰仕来说均是切入的良好机会点。

决定格兰仕微波炉成功的因素主要有三点:拿来主义、专注于生产和规模经济。格兰仕表示要在空调、冰箱领域克隆微波炉发展模式。"我们在空调冰箱领域将继续微波炉的发展道路,以产品高起点、高品质及服务优质化入市,坚持规模专业化生产和薄利多销策略。格兰仕规划将空调年生产规模支撑到800万台,冰箱年生产规模将支撑到500万台左右。"俞尧昌列出了格兰仕的规模目标,但他强调这是全球市场的战略规模。他还透露了格兰仕空调的上市价位:"格兰仕空调上市价格将为其他品牌同类产品的一半左右。"果真如此的话,一场不亚于彩电和微波炉价格大战的惨烈的空调、冰箱大战很快就会在市场上演。

(资料来源:马士华、林勇,供应链管理.有修改)

思考题

1. 你认为格兰仕进入制冷行业的战略有哪些?
2. 格兰仕的预期战略目标是什么?实现战略目标的手段如何?
3. 请用供应链管理战略的理论分析格兰仕进入制冷行业成功的可能性。

课题四　供应链管理的方法

1. 掌握快速反应(QR)、有效客户反应(ECR)的概念、构建原则与构建技术；
2. 了解快速反应和有效客户反应的产生背景；
3. 掌握快速反应与有效客户反应的异同点。

掌握 QR 和 ECR 的理论知识，能够在实践中运用其构建技术解决实际问题。

第一部分　引导案例

一个成功的供应链案例

电子制造服务(EMS)提供商弗莱克斯特罗尼克斯国际公司两年前便面临着一个既充满机遇又充满挑战的市场环境。弗莱克斯特罗尼克斯公司面临的境遇不是罕见的。事实上，许多其他行业的公司都在它们的供应链中面临着同样的问题。很多发岌可危的问题存在于供应链的方方面面——采购、制造、分销、物流、设计、融资等等。

1. 供应链绩效控制的传统方法

惠普、3COM、诺基亚等高科技原始设备制造商(OEM)出现的外包趋势，来自电子制造服务业的订单却在减少，同时，弗莱克斯特罗尼克斯受到来自制造成本和直接材料成本大幅度缩减的压力。供应链绩效控制变得日益重要起来。

与其他公司一样，弗莱克斯特罗尼克斯首要的业务规则是改善交易流程和数据存储。通过安装交易性应用软件，企业同样能快速减少数据冗余和错误。比如，产品和品质数据能够通过订单获得，并且和库存状况及消费者账单信息保持一致。第二个规则是将诸如采购、车间控制、仓库管理和物流等操作流程规范化、流程化。这主要是通过供应链实施软件诸如仓库管理系统等实现的，分销中心能使用这些软件接受、选取和运送订单货物。

2. 供应链绩效管理周期

弗莱克斯特罗尼克斯实施供应链绩效管理带给业界很多启示：供应链绩效管理有许多基本的原则，可以避免传统方法的缺陷；交叉性功能平衡指标是必要的，但不是充分的。供应链绩效管理应该是一个周期，它包括确定问题、明确根本原因、以正确的行动对问题做出反应、连续确认处于风险中的数据、流程和行动。

弗莱克斯特罗尼克斯公司认为,定义关键绩效指标、异常条件和当环境发生变化时更新这些定义的能力是判断任何供应链绩效管理系统是否令人满意的一大特征。一旦异常情况被确认了,使用者需要知道潜在的根本原因,可采取的行动的选择路线,以及这种可选择行为的影响。以正确的行动对异常的绩效做出快速的响应是必要的。但是,一旦响应已经确定,只有无缝的、及时的实施这些响应,公司才能取得绩效的改进。这些响应应该是备有文件证明的,系统根据数据和信息发生以及异常绩效的解决进行不断更新、调整。响应性行动导致了对异常、企业规则、业务流程的重新定义。因此,周期中连续地确认和更新流程是必要的。

3. 成功的例子

弗莱克斯特罗尼克斯公司的成功,确认了供应链绩效管理作为供应链管理的基础性概念和实践的力量和重要性。

弗莱克斯特罗尼克斯使用了供应链绩效管理的方法,使它能确认邮政汇票的异常情况,了解根本原因和潜在的选择,采取行动更换供应商、缩减过度成本、利用谈判的力量。绩效管理的方法包括了实施基于Web的软件系统加速供应链绩效管理的周期。弗莱克斯特罗尼克斯在8个月的"实施存活期"中节约了几百亿美元,最终在第一年产生了巨大的投资回报。供应链绩效管理周期使弗莱克斯特罗尼克斯获得这样的结果。

识别异常绩效,弗莱克斯特罗尼克斯系统根据邮政汇票信息连续比较了合同条款和被认可的卖主名单。一方面,如果卖主不是战略性的或者订单价格是在合同价格之上的,系统就提醒买方。另一方面,如果邮政汇票价格是在合同价格之下的,系统就提醒货物管理人员可能的成本解决机会。向接近300个使用者传递的邮件通告包含详细绩效信息的Web链接和异常情况的总结。

弗莱克斯特罗尼克斯管理人员随后使用系统了解问题和选择方案。他们评价异常情况并且决定是否重新谈判价格,考虑备选资源或者调整基于业务需求的不一致。同样,采购经理分析市场状况、计算费用,然后通过商品和卖主区分成本解决的优先次序。在供应链绩效管理周期开始之前或者周期进行中,弗莱克斯特罗尼克斯确认数据、流程和行动的有效性。当实施它们的绩效系统时,弗莱克斯特罗尼克斯建立指标和界限,并且也保证数据的质量和合时性。使用绩效管理系统,弗莱克斯特罗尼克斯已经能通过资本化各种机会节约成本并获得竞争优势。

(资料来源:马士华、林勇,供应链管理.有修改)

第二部分 课题学习引导

4.1 快速反应(QR)

快速反应(Quick Response,QR)的发展主要归结于竞争的日益加剧、竞争优势的转移、顾客对产品和服务需求的不断上升、消费者需求不确定性的增加等。技术的创新和激烈的竞争加快了所有行业的变化速度,即所有行业的时钟速率越来越快,在几乎每一种形式的经济活动中,人们都无一例外地感受到了其时钟速率令人不知所措的加速度。面对一个前所未有的高时钟速率的经济社会,各行各业的市场竞争环境已经发生了激烈的变化,企业获取竞争能力的因素也在变化着。快速反应技术正是在这种环境下,在政府、行业协会与企业的推动下发展起来的。

4.1.1 QR 的内涵、核心理论与特征

1. QR 的内涵

随着企业经营的全球化,QR 系统管理迅速在各国企业界扩展。由于研究对象不同,不同的学者对 QR 做出了不同的定义(参见表 4-1)。

表 4-1　QR 的定义

学　者	QR 的定义
Cunston and Hardling	一种制造或者服务行业竭力按照顾客的要求,以准确的数量、种类和规定在规定的时间范围内,为它的顾客提供产品和服务的运作方式
The Textile Apparel Linkage Council	一种制造商所追求的,能够提供给客户准确的数量、质量和所要求时间的产品的影响状态。这样,交货期和劳动力的费用、原材料和库存都将最小化;专注于灵活性以便适应充满竞争的市场变化
Hunter	整合纤维制造、纺织、服装制作和零售商的各个阶段,提供最高标准的产品质量给客户,同时也意味着安全库存和产品的特殊检验时间的降低。这就要求使用最新的软硬件技术去削减流程中的工作,通过最大化、最迅速的客户响应系统来抵消消费者多样性所带来的额外费用
Sullivan	既是在纺织厂、服装制造商和零售商中,为了库存信息控制和信息共享使用通用产品编码的一种战略;也是一种将准时生产制融入制造业的商业哲学
Lowson	是一种反馈与响应合作性协调过程。它以渠道利润的最大化为目标,被相互间综合快速的信息传递所驱动,从零售店到上游,利用坦诚和开放的交流,建立起一个依赖于彼此的信任网络,推进增值的伙伴关系
Lowson and Hunter	是公司范围内对质量、权利、顾客服务水平不断地改进和变化的承认。QR 提供了在最后可能的时刻,超前于灵活而强有力的团队执行决定之前,做出决策的能力
徐如	是指通过零售商和生产厂家建立良好的伙伴关系,利用 EDI 等信息技术,进行销售时点以及订货补充等经营信息的交换,用多频度、小数量配送方式连续补充商品,用来实现销售额增长、客户服务的最佳化以及库存量、商品缺货、商品风险和减价最小化目标的一个物流管理系统模式
中国的标准物流术语	物流企业面对多品种、小批量的买方市场,不是储存了"产品",而是准备了各种"要素",在用户提出要求时,能以最快速度抽取"要素",及时"组装",提供所需服务或产品

从表 4-1 的定义中可以看出,QR 机制是指供应链管理者所采取的一系列降低补给货物交货期的措施,其指导思想是尽可能获得时间上的竞争优势,提高系统的反应速度。

可见,QR 是制造商为了在精确的数量、质量和时间要求条件下为客户提供产品,将订货提前期、人力、物料和库存的花费降低到最低;同时强调系统的柔性以便满足竞争市场的不断变化。QR 要求供应商、制造商以及分销商紧密合作,通过信息共享、共同预测未来的

需求并持续监视需求的变化以获得新的机会。

QR是一种客户服务战略,要求首先应用先进技术改造生产线,使其具有高柔性和高效率,然后分销商才能以更快的速度及时补充客户所需的合适数量、颜色、尺寸、大小以及种类的商品。这种反应能力是劳动密集型、需求经常变动的产业所必须具备的。

2006年修订版的国家标准《物流术语》对QR的定义是:供应链成员企业之间建立战略合作伙伴关系,利用EDI等信息技术进行信息变换与信息共享,用高频率、小数量配送方式补充商品,以实现缩短交货周期、减少库存、提高顾客服务水平和企业竞争力为目的的一种供应链管理策略。

从以上定义可以看出,QR体现的是快速地整合各种企业资源来满足顾客的即时需要,最终保障企业的竞争优势,它既是一种技术,又是一种战略、一种状态、一种模式、一种策略等。

2. QR的核心理论

面对难以预测的、瞬息万变的、竞争激烈的市场环境,QR是企业生存发展并取得竞争优势的生产经营哲理和制造方式,蕴涵着不同于传统生产方式的哲理。

QR的核心理论包括以下几个方面。

(1)基于时间的竞争。

QR以时间竞争为核心,追求企业运作所有方面提前期的减少,快速响应并满足动态的、多变的、客户驱动的市场需求。面对机会转瞬即逝、需求瞬息万变的不确定市场环境,企业必须以快应快、以变应变,时间成为第一竞争要素。

(2)业务流程的高技化、规范化。

高质量的产品以及快速、高效的业务流程是QR所追求的。时间和质量是相辅相成的,重视时间有助于发现企业的质量问题,低质量的产品势必增加返工率,必将花费更多的时间和成本。能够迅速占领市场的企业,是通过改进产品质量和提高作业流程质量来实现的,没有高质量的产品以及快速高效的业务流程,就无法快速响应市场需求。

(3)以客户满意为追求。

客户满意度的提高是实现QR带来的必然结果。时间是衡量客户满意的关键因素,客户满意是企业实现最终目标——盈利的先决条件。更快的反应速度自然带来更高的客户满意度,更满意的客户给企业带来更多的利益;而不满意的客户则带给企业更高的成本和更差的形象。

(4)以成本降低为目标。

库存成本和运作资本的降低是实现QR的重要表现形式。传统大批量生产方式使企业不得不进行复杂的长期预测并基于这些预测进行制造,这势必引起库存的增加、资本的低效率运作以及比较高的商业风险。对市场需求的快速反应,生产来自需求订单,此时的原材料、在制品以及产成品可以实现零库存。故从相对意义上,企业可以实现零库存成本和零运作资本。零运作资本的目的就是使供应、制造以及分销整个流程变成一个QR系统,从获取订单、产品制造、用户配进,一直到现金流,变成一个整体的良性循环。

(5)以信息为手段。

信息是提高供应链整体反应速度的重要保障。供应链伙伴之间信任关系的建立和维持是供应链的形成基础,供应链合作伙伴之间及时、准确、畅通无阻的信息传递是提高供应链整体响应速度的关键,也是实现QR的主要保障。

3. QR 的特征

相对于其他的策略、技术来说,QR 有其自身独有的特征,这些特征是保证快速反应生命力的关键。

(1) 响应快速。

对市场需求的快速响应是 QR 的本质特性。通过快速设计、制造以及分销,快速提供客户需要的产品和服务。快速响应既是对已有需求的快速响应,又是对未来需求的共同预测并持续监视需求变化的快速响应。

(2) 信息共享。

信息共享直接影响供应链的绩效。只有通过在供应链内部整合和利用信息,实现供应链伙伴之间销售、库存、生产、成本等信息的共享,才能保证供应链上的信息畅通无阻并提高供应链整体反应速度,才能实现对客户需求的快速响应。

(3) 资源集成。

依靠单个企业的资源难以实现快速满足客户的需求,基于供应链的企业及其供应链伙伴之间核心竞争优势的集成才是快速响应市场需求的基础。这既需要企业内部资源的集成,更需要整合整个供应链合作伙伴的资源。

(4) 伙伴协作。

现代企业之间的竞争不再是企业与企业之间的竞争,而是企业的供应链与其他企业供应链之间的竞争。只有加强供应链伙伴之间的协作关系,形成比竞争对手反应更快、运作效率更高的供应链,才能保证整条供应链的竞争优势。

(5) 利益共赢。

供应链合作伙伴之间的利益共赢、互利互惠是供应链正常运作的基础。企业追求的不仅仅是自己利益的最大化,而且是整条供应链利益的最大化。供应链伙伴之间必须建立同生存、共发展、利益共赢的关系,才能保障供应链的持续稳定性。

(6) 过程柔性。

生产过程的柔性化是提供客户满意产品的基础。面对小批量、多品种、更富个性化的客户需求,生产过程必须富有柔性并能根据需要进行快速重组,这样才能更好、更快地提供客户满意的产品。

  相关链接

沃尔玛的 QR 发展

1. QR 的初期阶段

沃尔玛公司于 1983 年开始采用 POS 系统,1985 年开始建立 EDI 系统。1986 年,沃尔玛公司与服装制造企业赛米诺尔公司(Seminole Manufacturing Co.)和面料生产企业米尼肯公司(Milliken Co.)在服装商品方面开展合作,组成供应链管理体系——垂直型的快速反应系统。当时合作的领域是订货业务和付款通知业务。通过电子数据交换系统

(EDI)发出订货明细清单和受理付款通知,以此来提高订货速度和准确性,以及节约相关事务的作业成本。该体系大大提高了参与各方的经营效益,有力地提升了相关产品的竞争力,起到了良好的带动和示范作用。

2. QR 的发展阶段

沃尔玛在自身 QR 的实践基础上,与行业内的其他商家一起倡导建立了 VICS 委员会(Voluntary Inter-Industry Communications Standards Committee),并协商制定行业统一的 EDI 标准和商品识别标准,即 EDI 的 ANSL X12 标准和 UPC 商品条形码。

沃尔玛公司基于行业统一标准设计出 POS 数据的输送格式,通过 EDI 系统向供应方传送 POS 数据。在此阶段,沃尔玛开始把 QR 的应用范围扩大至其他商品和供应商。在沃尔玛的推动下,无论是服装还是非服装类产品,都在积极地开展供应链管理。

3. QR 的成熟阶段

现在,沃尔玛与生产商之间的供应链管理已经不仅仅限于信息和物流方面的管理与协调,更是延伸到营销管理活动的各个方面,并把零售商店商品的进货和库存管理的职能转移给供应方(生产商),由生产厂家对沃尔玛的流通库存进行管理和控制。

总之,从沃尔玛的实践来看,建立 QR 系统的基础是运用 POS 系统准确把握每一种商品的销售状况和库存状况,同时通过 EDI 技术将其在零售阶段获得的销售信息在供应链上下游企业中共享,进行准确预测,开展交易,及时补货,实现高效率的商品供应。

(资料来源:马士华、林勇,供应链管理. 有修改)

沃尔玛的数据管理系统

借助先进的数据库,沃尔玛对其标准店的 6 万件单品、超市中心的 10 万件单品以及全球 5300 多家连锁门店,实行全面数据管理与分析,每件单品记录保持时间为 65 个星期。沃尔玛的数据库管理系统记录的相关内容参见表 4-2。

表 4-2 沃尔玛的数据库管理系统

记录对象	顾客	供应商	产品品种
记录内容	购买频率 商品和服务品种 平均购买量 人口统计数据 主要付款方式	零售商每期总采购 每期对顾客总销售量 最畅销产品 零售商的毛利	所有品种每期销售总量 各品种每期销售量 零售商毛利 打折商品比例

(资料来源:马士华、林勇,供应链管理. 有修改)

4.1.2 QR 的优点

1. QR 对厂商的优点

(1) 快速反应零售商可为店铺提供更好的服务,并最终为顾客提供更好的店内服务。由于厂商送来的货物与承诺的货物是相符的,故厂商能够很好地协调与零售商间的关系。长期的良好顾客服务会增加市场份额。

(2) 降低了流通费用。由于 QR 集成了对顾客消费水平的预测和生产规划,故其可以提高库存周转速度,企业需要处理和盘点的库存量减少了,从而降低了流通费用。

(3) 降低了管理费用。因为不需要手工输入订单,所以采购订单的准确率提高了,额外发货的减少也降低了管理费用。货物发出之前,仓库对运输标签进行扫描并向零售商发出提前运输通知,这些措施都降低了管理费用。

(4) 生产计划准确。由于可以对销售进行预测并能够得到准确的销售信息,所以厂商可以准确地安排生产计划。

2. QR 对零售商的优点

(1) 提高了销售额。条形码和 POS 扫描使零售商能够跟踪各种商品的销售和库存情况,这样零售商就能够准确地跟踪存货情况,在库存真正降低时才订货;缩短订货周期;实施自动补货系统,使用库存模型来确定什么情况下需要采购,以保证在顾客需要商品时可以得到现货。

(2) 降低了采购成本。商品采购成本是企业完成采购职能时发生的费用,这些职能包括订单准备、订单创建、订单发送及订单跟踪等。实施快速反应后,上述业务流程大大简化了,采购成本降低了。

(3) 减少了削价的损失。由于具有了更准确的顾客需求信息,故店铺可以更多地储存顾客需要的商品,减少顾客不需要商品的存货,这样就减少了削价的损失。

(4) 降低了流通费用。厂商使用物流条形码标签后,零售商可以扫描这个标签,这样就减少了手工检查到货所发生的成本。物流条形码支持商品的直接出货,即配送中心收到货物后不需要检查,可立即将货物送到零售商的店铺。厂商发来的提前发货通知可使配送中心在货物到达前有效地调度人员和库存空间,而且不需进行异常情况处理,因为零售商准确掌握厂商的发货信息。

(5) 加快了库存周转。零售商能够根据顾客的需要频繁地小批量订货,这也降低了库存投资和相应的运输成本。

(6) 降低了管理成本。管理成本包括接收发票、发票输入和发票例外处理时所发生的费用。由于采用了电子发票及预先发货清单技术,故管理费用大幅度降低了。

4.1.3 QR 的实施

1. 实施 QR 的前提

Blackburn(1991)在对美国纺织服装业 QR 研究的基础上,指出 QR 的流程、组件和系统运行都需要一定的环境。要成功地实施 QR,必须要具备以下四个前提。

(1) 改变传统的经营运作方式。

QR 的运作模式和传统的经营运作方式存在着本质的区别。要成功地实现 QR，必须革新企业的经营意识和组织，具体表现在以下三个方面。

① 按照需求对组织活动进行部署。QR 认为，消费者和产品都是动态的，对组织有着独特的需求。企业必须改变只依靠本企业独自的力量来提高经营效率的传统经营意识，要按照消费者的价值取向对供应链内各企业间的组织活动进行重新部署，努力利用各方资源来提高经营效率。

② 建立垂直型（纵向）的 QR 系统。QR 系统是完全以消费者为核心的供应链系统，而零售店铺是最了解消费者需求的渠道之一。要成功地实施 QR，就必须要建立一个以零售店铺为起点的垂直型的系统，同时明确系统内各企业间的分工协作范围和形式，消除不必要的重复作业。在垂直型 QR 系统内部，主要通过 POS 数据等销售信息和成本信息的相互公开和交换来提高各个企业的经营效率。

③ 建立战略伙伴关系。上下游企业相关各方建立战略伙伴关系是成功实施 QR 的有力保障。建立成功的战略合作伙伴关系不仅涉及供应和需求过程，还包括对其客户或消费者群体等子过程的详细评估。

(2) 开发利用现代化信息处理技术。

QR 系统的基础是先进数据管理系统，而建立先进数据管理系统的前提是开发利用现代化信息处理技术。这些信息技术包括：条形码技术（Bar Code）；销售时点信息系统（POS 系统）；电子数据交换系统（EDI）；电子资金支付系统（EFT）；连续库存补充管理（CRP）等。

(3) 注重时间的压缩。

快速准确地适应市场变化是 QR 战略中最为重要的因素。注重时间的压缩必须要对在什么地方提供什么服务和产品进行评估，只有在操作环境被理解和时间压缩的机会被评估后，这种战略才有效果。注重时间的压缩不仅涉及反应速度，还涉及在整个生命周期中减少延误，包括减少销售与分配上的延误，减少新改进产品在发展周期中的延误，减少产品在生产预测和制造中的延误等。

(4) 注重信息的沟通。

数据和信息的沟通是 QR 战略成功的保障。QR 策略需要将信息作为一种资源使用，企业必须对其内部和外部的数据和信息的需求进行全面的分析，从而提高响应的快速性和准确性。内、外部的信息分析一般包括：企业内部网络和其增值过程的连接；企业和其外部生产信息系统的连接；提高产品或服务的信息系统的连接；高级管理支持的信息系统的连接等。

2. QR 的构建技术

QR 的构建需要额外的投资，通常要经过 6 个步骤（如图 4-1 所示），并且每一个步骤都需要以前一个步骤作为基础，比前一个步骤有更高的回报。

(1) 条形码和 EDI。

零售商必须要安装通用产品代码（UPC 码）、POS 扫描和 EDI 等技术设备，以加快POS 机收款速度，获得更准确的销售数据，并使信息沟通更加通畅。POS 扫描用于数据输入和数据采集，即在收款检查时用光学方式阅读条形码，然后将条形码转换成相应的商品代码。

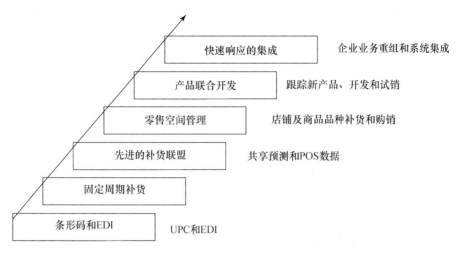

图 4-1　QR 的构建技术

通用产品代码是行业标准的 12 位条形码，用做产品识别。正确的 UPC 码对 POS 端的顾客服务和有效的操作至关重要。扫描条形码可以快速准确地检查价格并记录交易。

电子数据交换（EDI）是通过电子方式，采用标准化的格式，利用计算机网络进行结构化数据的传输和交换，俗称"无纸化贸易"。EDI 要求企业将其业务单证转换成行业标准格式，并传输到某个增值网（VAN），贸易伙伴在 VAN 上接收这些单证，然后将其从标准格式转为自己系统可识别的格式。EDI 可传输的单证包括订单、发票、订单确认、销售和存货数据及事先运输通知等。

（2）固定周期补货。

自动补货是指基本商品销售预测的自动化。自动补货的使用基于过去和目前销售数据及其可能变化的软件进行定期预测，同时考虑目前的存货情况和其他一些因素，以确定订货量。自动补货是由零售商、批发商在仓库或店内进行的。

QR 的自动补货要求供应商更快、更频繁地重新订购商品和运输，以保证店铺不缺货，从而提高销售额。通过对商品实施快速反应并保证这些商品能敞开供应，使零售商的商品周转速度更快，消费者可以选择更多的花色品种。

某些基本商品每年的销售模式实际上都是一样的，（如白色的帆布手套、筷子等）一般不会受流行趋势的影响，这些商品的销售量是可以预测的，所以不需要对商品进行考察来确定重新订货的数量。

（3）先进的补货联盟。

成立先进的补货联盟是为了保证补货业务的流畅。零售商和消费品制造商联合起来检查销售数据，制订关于未来需求的计划和预测，在保证有货和减少缺货的情况下降低库存水平。此外，还可以进一步由消费品制造商管理零售商的存货和补货，以加快库存周转速度，提高投资毛利率。

（4）零售空间管理。

零售空间管理是指根据每个店铺的需求模式来规定其经营商品的花色品种和补货业务。一般来说，对于花色品种、数量、店内陈列及培训或激励售货员等决策，消费品制造商也可以参与甚至制定决策。

(5) 产品联合开发。

这一步的重点不再是一般商品和季节商品,而是像服装或数码相机等生命周期很短的时尚的创新商品。制造商和零售商联合开发新产品,其关系的密切超过了购买与销售的业务关系,缩短了从新产品概念到新产品上市的时间,而且可以经常在店内对新产品进行试销。

(6) 快速响应的集成。

通过重新设计业务流程,将前五步的工作和企业的整体业务集成起来,以支持企业的整体战略。这一步要求零售商和消费品制造商重新设计其整个组织、业绩评估系统、业务流程和信息系统,设计的中心围绕着消费者而不是传统的企业职能,要求以集成的信息技术为支撑。

4.2 有效客户反应(ECR)

4.2.1 ECR 的起源

有效客户反应(Efficient Consumer Response,ECR)是在快速反应(QR)的基础上,从美国食品杂货行业发展起来的一种供应链管理方法。ECR 的产生可归结于 20 世纪商业竞争的加剧和信息技术的发展对零售业和消费者的冲击两个方面。

要实施 ECR,首先应联合整条供应链所涉及的供应商、分销商以及零售商,改善供应链中的业务流程,使其最合理有效;然后,再以较低的成本,使这些业务流程自动化,以进一步降低供应链的时间和成本。具体地说,实施 ECR 需要将条形码、扫描技术、POS 系统和 EDI 集成起来,在供应链之间建立一个无纸系统,以确保产品能不间断地由供应商流向最终客户,同时,信息流能够在开放的供应链中循环流动。这样才能满足客户对产品和信息的需求,给客户提供更优质的产品和适时准确的信息。

通过 ECR,如计算机辅助订货技术,零售商无须签发订购单,即可实现订货;供应商则可利用 ECR 的连续补货技术,随时满足客户的补货需求,使零售商的存货保持在最优水平。同时,供应商也可以从商店的销售点数据中获得新的市场信息,改变销售策略。对于分销商来说,ECR 可使其快速分拣运输包装,加快订购货物的流动速度,进而使消费者得到更新鲜的物品,同时也减少分销商的成本。

1. 零售业竞争形式的转变

19 世纪后期,日益增加的都市化、购买力与交通的发展带来了零售行业的第一个转折,零售业作为一种活动开始与制造业大规模分离。进入 20 世纪 80 年代特别是到了 90 年代以后,在零售商和生产厂家的交易中,零售商开始占据主导地位。在这个时期,围绕着零售商主导能力的壮大产生了以下新的竞争格局。

(1) 新零售业态的出现。

20 世纪 80 年代末,美国消费者的食品支出降低,日杂百货行业的增长率放慢,市场份额的增加通常是以削价作为代价。传统的零售商为维持市场份额展开了激烈的竞争,而竞争的中心集中在增加商品的花色品种上。这种做法进一步降低了存货的周转率和售价,同时使零售企业的进货和管理成本加大,对利润造成了更大的压力。

(2) 敌对关系的产生。

随着新型零售业态的扩大与力量急剧的膨胀,行业增长率的下降引起的激烈竞争,零售商一方面要求生产企业增加花色品种并降低价格;另一方面大的零售商还要求厂商提供其他的好处,如减免费用、返款、减价等。此时的生产企业在零售商的要求下,为了获得销售渠道,直接或间接地降价或组织各种各样的促销活动,牺牲了企业自身的利益。在这种做法下,零售商和生产企业双方之间的敌对关系日益明显。

(3) 自有品牌商品产生。

在新的竞争环境下,作为消费者中间人的零售商,已经不再满足于只卖出商品,而转为供应消费者需要的商品,开始制造和销售"自有品牌"的商品。在这种情况下,自有品牌和厂家品牌占据零售店铺货架空间的份额展开激烈的竞争,使得原有的供需结构发生巨大的变化,而供应链各个环节间的成本也随着这些变化不断转移,供应链整体成本上升。

(4) 购买形式的转变。

在新的竞争环境下,零售商购买形式在厂商促销策略的带动下转变为前向购买或远期购买。在贸易活动中,如果供应商在指定时期内送货并及时付款,零售商就会在发票金额的基础上得到一些折扣,于是零售商就在折扣期采购额外的存货,并在折扣期外销售多余的库存,以获取多余的利润,这种购买形式为远期购买。这些购买方式虽然会给零售商带来额外的库存、运输和其他成本,但其获得的额外收益大大抵消了这些成本。

2. 消费者需求的转变

从消费者的角度来看,过度竞争往往会使企业在竞争时忽视消费者的需求。通常消费者要求的是商品的高质量、新鲜度以及在服务和合理价格基础上的多种选择。然而,许多企业往往是通过大量的诱导型广告和广泛的促销活动来吸引消费者转换品牌,同时通过提供大量非实质性变化的商品供消费者选择。对应于这种状况,客观上要求企业从消费者的需求出发,提供能满足消费者需求的商品和服务。

在上述背景下,美国食品市场营销协会(US Food Marketing Institute,FMI)联合可口可乐、宝洁等企业与零售集团业咨询公司克特·萨尔蒙公司一起组成研究小组,对食品业的供应链进行调查总结分析,并于1993年1月提出了改进该行业供应链管理的详细报告——有效客户反应的概念和体系。

该报告指出,实施ECR可能会导致营业利润下降,但是由于制造商和零售商减少了多余的不增值活动以及成本的节约,投资收益却会显著的增加。节约的成本包括商品的成本、营销费用、销售和采购费用、管理费用和店铺的经营费用等。表4-3表示的是节约这些成本的原因。

表 4-3 ECR带来的企业成本和费用的节约

费用类型	ECR带来的节约
商品的成本	损耗降低,制造费用降低(包括减少加班时间、更充分利用生产力),包装费用降低(包括促销包装减少,品种减少),更有效的原材料采购
营销费用	贸易促销和消费者促销的管理费用减低,产品导入失败的可能性减小
销售和采购费用	现场和总部的资源费用减低(包括合同减少、自动订货、减少削价),简化管理
物流费用	更有效地利用了仓库和运输车辆
管理费用	减少一般的办事人员和财务人员
店铺的经营费用	单位面积的销售额提高,空间的利用率增加

经过美国食品市场营销协会的大力宣传,ECR概念被零售商和制造商所接纳并广泛地应用于实践。

4.2.2 实施ECR的原则和主要策略

1. 实施ECR的原则

(1) 以较少的成本,不断致力于向食品杂货供应链客户提供更优的产品、更高的质量、更好的分类、更好的库存服务以及更多的便利服务。

(2) ECR必须由相关的商业带头人启动。该商业带头人应决心通过代表共同利益的商业联盟取代旧式的贸易关系而达到获利之目的。

(3) 必须利用准确、适时的信息以支持有效的市场、生产及后勤决策。这些信息将以EDI的方式在贸易伙伴间自由流动,它将影响以计算机信息为基础的系统信息的有效利用。

(4) 产品必须随其不断增值的过程,从生产至包装,直至流动至最终客户,确保客户能随时获得所需产品。

(5) 必须采用通用一致的工作措施和回报系统。该系统注重整个系统的有效性(即通过降低成本与库存以及更好的资产利用,实现更优价值),清晰地标识出潜在的回报(即增加的总值和利润),促进对回报的公平分享。

2. ECR的主要策略

(1) 自动订货(Computer Assisted Ordering,CAO)。

CAO是通过计算机对有关产品转移(如销售点的设备记录)、影响需求的外在因素(如季节变化)、实际库存、产品接收和可接受的安全库存等信息进行集成而实现的订单准备工作。CAO是一个由零售商建立的"有效客户反应"工具。应用CAO使得企业能够配合客户的要求,控制货物的流动,达到最佳存货管理。

(2) 连续补库程序(Continuous Replenishment Programme,CRP)。

CRP改变了零售商向贸易伙伴生成订单的传统补充方式,它是由供应商根据从客户那里得到的库存和销售方面的信息,决定补充货物的数量。

在库存系统中,订货点与最低库存之差主要取决于从订货到交货的时间、产品周转时间、产品价格、供销变化以及其他变量。订货点与最低库存保持一定的距离是为了防止产品脱销情况的出现。最高库存与订货点之差主要取决于交货的频率、产品周转时间、供销变化等。为了快速反应客户"降低库存"的要求,供应商通过与零售商缔结伙伴关系,主动向零售商频繁交货,并缩短从订货到交货之间的时间间隔。这样,就可降低整个货物补充过程(由工厂到商店)的存货,尽量切合客户的要求,同时减轻存货和生产量的波动。

可见,CRP成功的关键因素是:在信息系统开放的环境中,供应商和零售商之间通过进行库存报告、销售预测报告和订购单报告等有关商业信息的最新数据交换,使得供应商从过去单纯地执行零售商的订购任务转而主动为零售商分担补充存货的责任,以最高效率补充销售点或仓库的货品。

值得注意的是,为了确保这些数据能够通过EDI在供应链中畅通无阻地流动,所有的参与方都必须使用一个通用的编码系统来标识产品、服务以及位置。EAN物品和位置编码是确保CRP顺利实施的唯一的解决方案。

(3) 交叉配送（Cross Docking）。

交叉配送是将仓库或配销中心接到的货物不作为存货，而是为紧接着的下一次货物发送做准备的一种分销系统。因此，交叉配送要求所有的归港和出港运输尽量同时进行。交叉配送实施的成功取决于三个因素：交付至仓库或配销中心的货物预先通知；无论交付包装的尺寸或原产地如何，仓库或配销中心都要具备利用自动数据采集（ADC）设备对所有交付包装的识别能力；具备交货接收的自动确认能力。

(4) 产品、价格和促销数据库（Item，Price and Promotion Databases）。

当大多数ECR概念都强调有关实物供应链的问题时，应注意的是，要想成功地改善供应链关系的效率，必须着眼于供应商和零售商最初所关注的问题，那就是产品、价格和促销数据库。将信息存取到产品、价格和促销数据库中对ECR概念的有效运作是很重要的。离开这些数据库，无纸系统的诸多好处就不能实现。

4.2.3 ECR的内涵

1. ECR的定义

中国标准《物流术语》定义：ECR是以满足顾客要求和最大限度降低物流过程费用为原则，能及时做出准确反应，使提供的物品供应或服务流程最佳化的一种供应链管理战略。

从以上定义可以看出，ECR的指导思想是通过生产厂家、批发商和零售商等各方的相互协调和合作，来满足消费者日益增长的需求；其主要强调的是降低供应链中的成本和效率问题。

ECR的优点主要表现在两个方面。第一，供应链各方从提高消费者的满意这个共同目标进行合作，分享信息和诀窍。第二，把以前处于分离状态的供应链联系在一起，减少成本。

2. ECR的战略内容

克特·萨尔蒙公司在1993年的研究报告中指出，ECR可以使成本降低11%，其活动贯穿食品行业的厂商、批发商和零售商各方的四个核心过程（如图4-2所示）。ECR策略主要集中在有效的新产品导入、有效的促销活动、有效的店铺空间安排和有效的补货四个领域，各领域的目标参见表4-4。

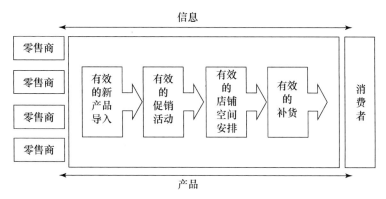

图4-2 ECR的四个核心过程

表 4-4　ECR 的核心策略与目标

领　域	目　标
有效的新产品导入	减少不成功引进;实现产品的增值;使新产品开发与引进活动的效率实现最大化
有效的促销活动	提高贸易与消费者的整体系统效率;提高仓库、运输、政府机构以及制造商的效率;减少超前购买、供应商库存以及仓储开支
有效的店铺空间安排	增加每平方米的销售额,加快库存周转率;使仓储生产效率与存储空间优化
有效的补货	自动操作的零售与仓库指令,减少物流过程中的损失,减少供应商和销售商的总体库存;使时间与成本得到优化

3. ECR 的特征

(1) 管理意识的创新。

传统的产销双方的交易关系是一种此消彼长的对立型关系,即交易各方以对自己有利的买卖条件进行交易。简单地说,就是一种赢输型(Win-Lose)关系。而 ECR 则要求产销双方的交易关系是一种合作伙伴关系,即交易各方通过相互协调合作,实现以低的成本向消费者提供更高价值服务的目标,在此基础上追求双方的利益。简单地说,就是一种双赢型(Win-Win)关系。

(2) 供应链整体协调。

传统流通活动缺乏效率的主要原因在于厂家、批发商和零售商之间存在企业间联系的非效率性和企业内采购、生产、销售和物流等部门或职能之间存在部门间联系的非效率性。传统的组织以部门或职能为中心进行经营活动,以各个部门或职能的效益最大化为目标。这样虽然能够提高各个部门或职能的效率,但却容易引起部门或职能间的摩擦。同样,在传统的业务流程中各个企业以各自企业的效益最大化为目标,这样虽然能够提高各个企业的经营效率,但却容易引起企业间的利益摩擦。而 ECR 则要求对于各部门、各职能以及各企业之间的隔阂进行跨部门、跨职能和跨企业的管理与协调,使商品流和信息流在企业内和供应链内顺畅地流动。

(3) 涉及范围广。

既然 ECR 要求对供应链整体进行管理和协调,故 ECR 所涉及的范围必然包括零售业、批发业和制造业等相关的多个行业。为了最大限度地发挥 ECR 所具有的作用,就必须对关联的行业进行分析研究,对组成供应链的各类企业进行管理和协调。

4.2.4　ECR 的构建

1. ECR 系统的构建原则

ECR 是供应链各方推进真诚合作来实现消费者满意和实现基于各方利益的整体效益最大化的过程,其系统构建应遵循以下五个基本原则。

(1) 低成本的目标。

ECR 不断致力于以较少的成本,向食品杂货供应链客户提供更优的产品、更高的质量、更齐全的商品分类、更好的库存服务以及更多的便利服务。ECR 通过供应链整体的协调和合作来实现以低的成本向消费者提供更高价值服务的目标。

(2) 由商业带头人启动。

ECR必须由相关的商业带头人启动。该商业带头人应决心通过代表共同利益的商业联盟取代旧式的贸易关系而达到获利之目的。ECR要求供需双方的关系必须从传统的赢输型交易关系向双赢型联盟伙伴关系转化,这就需要商业带头人或企业的最高管理层对各企业的组织文化和经营习惯进行改革,使供需双方关系转化成为可能。

(3) 信息的保障。

ECR必须利用准确、适时的信息以支持有效的市场营销、生产制造及物流配送决策。ECR要求利用行业EDI的方式在组成供应链的贸易伙伴间自由交换和分享信息,这将影响以计算机信息为基础的系统信息的有效利用。

(4) 有效的增值。

产品必须随其从生产到包装,直到流动至最终客户的购物篮中的过程不断增值。ECR要求从生产线末端的包装作业开始到消费者获得商品为止的整个商品转移过程中产生最大的附加价值,确保客户能在需要的时间及时获得所需产品。

(5) 共同的评价体系。

为了提高供应链整体的效果,就必须建立共同的成果评价体系。该体系注重整个系统的有效性(即通过降低成本与库存以及更好地利用资产来实现更优价值),清晰地标识出潜在的回报(即增加的总值和利润),促进在供应链的范围内进行公平的利益分享。

2. ECR系统的构建技术

ECR作为一个供应链管理系统,需要把市场营销、物流管理、信息技术和组织革新技术有机结合起来作为一个整体使用,以实现ECR的目标。ECR系统的结构如图4-3所示。构筑ECR系统的具体目标是实现低成本的流通,基础关联设施的建设,消除组织间的隔阂以及协调合作满足消费者的需要。组成ECR系统的技术要素主要有信息技术、物流技术、营销技术和组织革新技术。

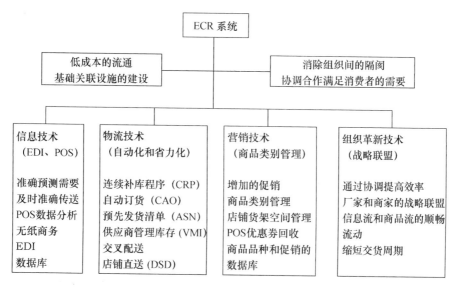

图4-3 ECR系统的构造图

(1) 信息技术。

ECR 系统应用的信息技术主要有销售时点信息（Point of Sale,POS）和电子数据交换（Electronic Data Interchange,EDI）

销售时点信息（POS）是 ECR 系统中重要的信息技术之一。对零售商来说，通过对门店收银机自动读取的 POS 数据进行整理分析，可以掌握消费者的购买状况，找出畅销品和滞销品，做好品类管理，同时利用 POS 数据进行库存管理和订货管理等。对生产厂家来讲，利用及时准确的 POS 数据，可以掌握消费者需求，制订生产计划，开发新产品和进行厂家库存管理。例如，目前许多零售企业把 POS 数据和顾客卡、积点卡等结合起来使用。通过顾客卡，可以知道某个顾客在什么时间购买了什么商品、金额多少，顾客到目前为止总共购买了哪些商品、总金额是多少等信息。这样就可以分析顾客的购买行为，发现顾客不同层次的需要，做好商品促销等方面的工作。

电子数据交换（EDI）也是 ECR 系统的一个重要信息技术。利用 EDI 技术即可以实现供应链中的无纸化办公，在供应链企业间传送交换订货发货清单、价格变化信息、付款通知单等文书单据。例如，厂家在发货的同时预先把产品清单发送给零售商，这样零售商可在商品到货时，用扫描仪自动读取商品包装上的物流条形码获得进货的实际数据，并自动地与预先到达的商品清单进行比较。同时，利用 EDI 可以在供应链企业间传送交换 POS、库存信息、新产品开发信息和市场预测信息等直接与经营有关的信息。例如，生产厂家可利用 POS 把握消费者的动向，安排好生产计划；零售商可利用新产品开发信息预先做好销售计划。因此，使用 EDI 可以提高整个企业，乃至整条供应链的效率。

(2) 物流技术。

ECR 系统要求及时配送（JIT）和顺畅流动（Flow-through Distribution）。实现这一要求的方法有连续补库程序（CRP）、自动订货（CAO）、预先发货清单（ASN）、供应商管理库存（VMI）、交叉配送（Cross Docking）、店铺直送（DSD）等。

连续补库程序（CRP）是利用及时准确的 POS 数据确定销售出去的商品数量，根据零售商或批发商的库存信息和预先规定的库存补充程序确定发货补充数量和发送时间。CRP 以小批量多频度方式进行连续配送，补充零售店铺的库存，提高库存周转率，缩短交货周期、时间。

自动订货（CAO）是基于库存和需要信息利用计算机进行自动订货的系统。

预先发货清单（Advance Shipping Notice,ASN）是生产厂家或者批发商在发货时利用电子通信网络提前向零售商传送货物的明细清单。这样零售商事前可以做好货物进货准备工作，同时可以省去货物数据的输入作业，使商品检验作业效率化。

供应商管理库存（Vender Managed Inventory,VMI）是生产厂家等上游企业对零售商等下游企业的流通库存进行管理和控制。具体地说，就是生产厂家基于零售商的销售、库存等信息，判断零售商的库存是否需要补充；如果需要补充的话，生产厂家就自动地向本企业的物流中心发出发货指令，补充零售商的库存。在采用 VMI 的条件下，虽然零售商的商品库存决策主导权由作为供应商的生产厂家把握，但是，在店铺的空间安排、商品货架布置等店铺空间管理决策方面是由零售商主导。

交叉配送（Cross Docking）就是在零售商的流通中心，把来自各个供应商的货物按发送店铺迅速进行分拣装车，向各个店铺发货。在交叉配送的情况下，流通中心仅是一个具有分栋装运功能的通过型中心,有利于交纳周期的缩短、减少库存、提高库存周转率,从而达到节约成本的目的。交叉配送如图4-4所示。

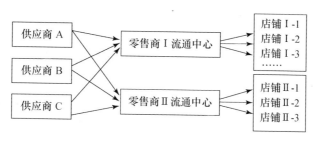

图4-4　交叉配送示意图

店铺直送(Direct Store Delivery,DSD)方式是指商品不经过流通配送中心,直接由生产厂家运送到店铺的运送方式。采用店铺直送方式可以保持商品的新鲜度,减少商品运输破损,缩短交纳周期、时间。店铺直送如图4-5所示。

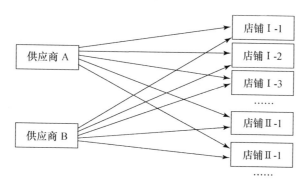

图4-5　店铺直送示意图

（3）营销技术。

在ECR系统中采用的营销技术主要是商品类别管理(Category Management)和店铺货架空间管理(Space Management)。

商品类别管理即以商品类别为管理单位,寻求整个商品类别全体收益的最大化。它的基本思想是不从特定品种的商品出发,而是从某一种类的总体上考虑收益率最大化。例如对方便面而言,不仅要考虑其品牌,还要从方便面的大类上考虑库存、柜台面积、成长性、收益性等指标,按照投资收益率最大比原则安排其品种结构。其中有些品种能赢得购买力,另一些品种能保证商品收益,而通过品种间的相互组合,就既满足了顾客需要,又提高了店铺的经营效益。

店铺货架空间管理即对店铺的空间安排、各类商品的展示比例、商品在货架上的布置等进行最优化管理。

过去许多零售商也注意商品类别管理和店铺货架空间管理,不同点在于ECR系统更注重这两种技术的交叉综合管理。也就是说,ECR更注重对店铺的所有类别的商品进行货架展示面积的分配,对每个类别下的不同品种的商品进行货架展示面积分配和展示布置,以便提高单位营业面积的销售额和单位营业面积的收益率。

相关链接

大卖场A的"婴儿护理中心"

制造商B是一家跨国公司,生产婴儿纸尿片,具有丰富的品类管理经验,一直为营业面积达1万平方米的大卖场A供货。在制造商B的倡导和帮助下,大卖场A试图重点建立以0~3岁婴儿家庭为目标客层的基于客户关系的解决方案,建立全新的品类结构,并提高婴儿护理品类的销售和毛利30%以上。大卖场A与制造商B成立了联合项目小组,投入多个部门的专业人员,实施开展"购物者项目研究"工作。其调研工作包括:

(1) 了解顾客对婴儿护理品类的需求,确定经营品类的定义及角色;
(2) 制定品类策略、战术和计划;
(3) 研究产品的深度及广度,确定商品构架和关联性货架陈列方案;
(4) 确定"婴儿护理中心"的经营定位;
(5) 调整组织结构,采用工作绩效评估表,定期跟踪。

通过调研,发现在顾客中有0—3岁婴儿的家庭对商店的贡献率比其他客层的多一倍,所以这一目标客层对商店很重要。另外,这一客层顾客认为婴儿护理中心必须陈列的品项依次为纸尿裤、婴儿洗浴用品、婴儿用具、婴儿奶粉、婴儿玩具、婴儿内衣。而过去的商品采购和销售是以产品特性(如纸尿片、洗浴用品、婴儿用具、奶粉等)为类别,而不是顺应婴儿需求的"一站式采购",缺乏许多婴儿用品的品类(如玩具、服装、育儿书籍等)和品牌。

根据以上的研究和国际性零售企业的品类管理经验,大卖场A决定引进新品,划分出一个区域设立店内的"婴儿护理中心",进行婴儿用品大类(超级品类)的品类组合,然后优化组合品类内部的品牌和品项,并进行组合式的市场营销活动,给妈妈们提供"一站式购买"便利和其他服务(例如深度咨询服务)。其推行的结果超越了预订的目标:婴儿大类的整体生意提高了33%,利润整体提高了63%。同时,根据实施后的调研发现,顾客的满意度得到了很大提升。

(资料来源:朱道立,物流和供应链管理.有修改)

(4) 组织革新技术。

ECR系统的基本思想是从流通过程和业务活动中寻求改革方案,因而传统职能划分的组织形式是不适应的,应构筑新型的组织形式。

在企业内部的组织革新方面,需要把采购、生产、物流、销售等按职能划分的组织形式改变为以商品流程(Flow)为基础的横向型组织形式。具体来讲,就是把企业经营的所有商品按类别划分,对应于每一个商品类别设立一个管理团队(Team),以这些管理团队为核心构成新的组织形式。在这种组织形式中,给每一个商品类别管理团队设定经营目标(如顾客满意度、收益水平、成长率等),同时在采购、品种选择、库存补充、价格设定、促销等方面赋予相应的权限。每个管理团队由一个负全责的商品类别管理人和6~7个负责各个职能领域的成员组成。由于商品类别管理团队规模小,故其内部容易交流,各职能间易于协调。

在组成供应链的企业间需要建立双赢型的合作伙伴关系。具体来讲,厂家和零售商都需要在各自企业内部建立以商品类别为管理单位的组织。这样双方相同商品类别的管理就可聚集在一起,讨论从材料采购、生产计划到销售状况、消费者动向等有关该商品类别的全盘管理问题。当然,这种合作伙伴关系的建立有赖于企业最高决策层的支持。

另外,由于 ECR 在使整条供应链的效率得到提高的同时,还会产生一些额外的费用和利益。为了在各个企业之间对这些费用和利益进行分配,就需要搞清楚什么活动带来多少效益,什么活动耗费多少成本,这就有必要将传统的按部门或产品划分成本的计算方法转变为根据活动来计算成本的方法,即作业成本法(Activity Based Costing,以下简称 ABC 成本法)。

ABC 成本法产生于 20 世纪 80 年代末期,它把企业经营过程划分成一系列作业,通过驱动成本的作业来分配间接管理费,从而计算出产品的成本。ABC 成本法与传统成本法的主要项目比较参见表 4-5。

表 4-5 ABC 成本法与传统成本法的主要项目的比较

项　目	传统成本法	ABC 成本法
适用对象不同	批量生产,劳动密集型的企业,直接成本所占比重大;间接成本与工时/产量相关	技术密集型的企业和多品种小批量生产的企业,间接成本比重大且与工时/产量不相关
成本归集对象不同	按产品生产部门或成本中心归集成本	按消耗资源的作业归集成本
成本分配动因不同	按单一的人工工时/机器工时分配成本到产品	基于不同的成本动因分配成本到产品

4.3 QR 与 ECR 比较

4.3.1 QR 与 ECR 的差异

1. 侧重点不同

QR 侧重于缩短交货提前期,快速响应客户需求;ECR 侧重于减少和消除供应链的浪费,提高供应链运行的有效性。

2. 管理方法不同

QR 主要借助信息技术实现快速补货,通过联合产品开发缩短产品上市时间;ECR 除新产品快速引入外,还实行有效商品管理、有效促销。

3. 适用的行业不同

QR 适用于单位价值高、季节性强、可替代性差、购买频率低的行业;ECR 适用于产品单位价值低、库存周转率高、毛利少、可替代性强、购买频率高的行业。

4. 改革的重点不同

QR 改革的重点是补货和订货的速度,目的是最大限度地消除缺货,并且只在商品需求时才去采购;ECR 改革的重点是效率和成本。

4.3.2 QR 与 ECR 的共性

1. 共同的外部变化

实施 QR 和 ECR 的主要行业都受到了两种重要的外部变化的影响。一是经济增长速度的放慢加剧了竞争，因为零售商必须生存并保持顾客的忠诚度。二是零售商变得越来越向全国化甚至是国际化方向发展，使得零售商和供应商之间的交易平衡发生了变化。

2. 面对共同的恶劣关系

在引入 QR 和 ECR 之前，两个行业都陷入了同样的困境：供应商和零售商或批发商都在追求各自的目标，但忘记了经营的真正原因——满足顾客的需要，这使得供应商和零售商或批发商之间为了追求各自的利润，形成了敌对关系。

3. 共同的威胁

供应商和零售商都受到了新的贸易方式的威胁。

对于供应商来说，压力来自自有品牌的快速增长，这些商品威胁了他们的市场份额。

对于零售商来说，威胁主要来自大型综合超市、廉价店、仓储俱乐部以及折扣店等新型零售形式。这些新的竞争者采用新的低成本进货渠道，并把精力集中在每日低价、绝对的净价采购及快速的库存周转等策略上。

4. 共同的目标

在引入 QR 和 ECR 之前，尽管供应链各节点都按照各自环节制定自己的业绩测量标准，但从整条供应链来说，它们的效率都非常低。因此，两个系统的业务改善都是围绕着供应链整体效率提高这一宗旨展开的。

5. 共同的构建

QR 和 ECR 构建都是围绕着信息处理技术、稳定的合作伙伴关系和核心业务三方面展开的。

（1）QR 和 ECR 都充分利用了信息处理技术，使产购销各环节的信息传递实现了非文书化，这对于迅速补充商品、提高预测精度、大幅度降低成本起了很大的作用。

（2）稳定的合作伙伴关系使生产者、批发商、零售商之间建立了一个连续的、闭合的供应体系，克服了商业交易中的钩心斗角，实现了共存共荣。

（3）QR 和 ECR 都是总体战略的具体实施部分，都涉及对其核心业务（如 QR 首先解决是补货问题，而 ECR 注重的是过量库存问题）的重新设计，以消除资源的浪费。

6. 共同的推进方式

导入 QR 或 ECR 策略后，会对企业原有的经营理念、思维方式、管理激励、绩效评估、商品采购等带来冲击，因此，在它们推进的过程中，需要在核心企业的带动下实现各方面的有效运作，才能获得成功。一般来讲，QR 或 ECR 的推进步骤如下。

（1）寻找合作伙伴——由核心企业拜访上下游的高层决策主管。

QR 或 ECR 系统是改善企业经营管理工作的大工程，在其推行过程中，如果没有一把手自上而下地关注、发动和督促，在供应商和零售商之间长期依赖形成的惯性就无法打破，其理念再好，也是一个不可能实现的目标。

课题四 供应链管理的方法

（2）确定合作对象——获得高层决策主管之合作共识。

QR或ECR系统涉及产、供、销多个企业部门，任何部门出现错误都会对整个系统的启动产生很大影响，因此各部门的高层决策主管的热情和决心对于推动这项工作非常重要。高层决策主管的积极支持和倡导有利于明确目标，提高业务改革速度，排除浪费，增强QR或ECR系统的应用质量。

（3）成立QR/ECR工作小组。

供应链节点上的各方企业内部应先组成一个QR/ECR工作小组，并选出一位小组负责人，安排小组工作进度等。一般来讲，小组负责人应由高层决策主管亲自或授权他人担任，负责小组的运作；小组成员应由各部门主管参与，如信息应用、物流配送、品类管理、业务或采购等相关部门的主管担任。

（4）确定双方的合作目标。

根据供应链中的问题，制订切实可行的计划，如商品类别管理的重点、自动订货系统的建设等。

（5）制订合作计划与进程。

这包括双方合作产品的项目、计划实施阶段表、双方合作人员等相关内容。通常，在合作的初期要以较少的商品类别进行示范，不适宜大范围的使用。

（6）不定期召开会议。

不定期会议的召开主要是为了汇报合作计划的成果，如销售业绩、运作成本、缺货率、库存天数、库存量等相关内容，判断是否达到指定目标。如果没有达到，要找出相关原因，加以改进。

（7）进行全面推广。

全面推广的内容包括两个方面，一个是推广至其他合作产品，另一个是推广至其他合作伙伴。

课题小结

本章对供应链管理方法快速反应（QR）和有效客户管理（ECR）的产生背景进行了论述，讲解了两种管理方法的实施前提、构建原则与构建技术，最后比较了快速反应与有效客户管理的异同点。

第三部分　课题实践页

复习思考题

1. 选择题

（1）（　　）是从美国纺织与服装行业发展起来的一种供应链管理方法。

　　A. 快速反应　　　　　　　　　　B. 协同规划预测补货
　　C. 有效客户反应　　　　　　　　D. 准时化

(2) 快速反应机制是指供应链管理者所采取的一系列降低（　　）的措施,其指导思想是尽可能获得时间上的竞争优势,提高系统的反应速度。

　　A. 库存存储时间　　　　　　　　B. 补给货物交货期
　　C. 生产计划时间　　　　　　　　D. 产品规划时间

(3) 有效客户反应是在快速反应(QR)的基础上,从美国（　　）发展起来的一种供应链管理方法。

　　A. 纺织　　　B. 服装行业　　　C. 食品杂货行业　　D. 百货行业

(4) 电子数据交换(EDI)是通过电子方式,采用（　　）,利用计算机网络进行结构化数据的传输和交换,俗称"无纸化贸易"。

　　A. 电子的格式　　B. 纸质的格式　　C. 标准化的结构　　D. 标准化的格式

(5) 店铺直送(DSD)方式是指商品不经过流通配送中心,直接（　　）运送到店铺的运送方式。

　　A. 由生产厂家　　B. 由销售商家　　C. 由大批发商　　D. 小批发商

2. 问答题

(1) ECR 的定义是什么?
(2) QR 与 ECR 的差异有哪些?
(3) 实施 QR 的前提是什么?
(4) ECR 系统的构建原则是什么?
(5) 什么叫零售空间管理?

3. 案例分析

戴尔在危境中挖掘商机

如何运作才能达到最佳的运作效果,很多学者和从业者都在不断探索,但研究一般只集中在正常情况下。当供应链遇到灾难事件或其他突发性障碍时,供应链程序应该怎样应对呢? 面对 SARS 事件、美伊战争以及恐怖袭击,这个论题更加受到关注。

在 IT 业普遍低迷和"9·11"、SARS 等危机冲击下,戴尔却能够一枝独秀,持续增长。那么,在各种危机下,戴尔为什么能够"化危为机",又是如何"化危为机"的呢?

1. 回顾"9·11"事件

"9·11"事件后,美国立即封锁各机场,并暂停接纳所有飞入美国的飞机。这对立足于全球采购的戴尔来说,无疑是最大的危机。但戴尔的危机处理小组及全球供应链监督小组立即发挥作用,他们对此作了最糟糕的预测,并拟订了相关的计划,与加工厂商密切合作,找出绕道飞行的货运飞机,将笔记本电脑等以空运为主的产品,先运至美洲其他国家,再以货运方式运进美国。因此"9·11"事件并没有给戴尔带来重大损失,反而孕育了无限的商机。

"9.11"事件中,恐怖分子破坏的是美国的金融中心,不少遭到波及的金融业者紧急向 PC 制造商下订单。交货速度最快的戴尔电脑,便成了其中最大的赢家。因此,"9·11"事件,对于像戴尔这样反应迅速、供应链运作完善的公司来说,无疑是一种机遇。

2. 走过 SARS

根据相关的统计数据显示,SARS 风暴并未对戴尔上半年的业绩造成什么影响。在

SARS危机中,为了应付可能出现的供应链中断,戴尔未雨绸缪,早在2004年年初便已决定让旗下加工厂商提高库存准备的危机意识让戴尔先胜了一筹。接着,戴尔的"自销+电话预订+上门送货"的直销模式更是大显身手。戴尔公司直销模式的精华在于"按需定制",在明确客户需求后迅速作出回应,并向客户直接发货。由于消除了中间商环节,减少了不必要的成本和时间,使得戴尔公司能够腾出更多的精力来了解客户需要。戴尔公司的直销模式能以富有竞争力的价位,为每一位客户定制并提供具有丰富配置的强大系统。通过平均4天一次的库存更新,戴尔公司及时把最新相关技术带给客户,并通过网络的快速传播性和电子商务的便利,为客户搭起沟通桥梁。虽然在SARS期间不少客户推迟了他们购买产品的计划,但电话咨询明显增多,这也培养了不少潜在客户。所以当戴尔在制订第二季度的销售计划时,发现与市场的反应是保持一致的。

3. 戴尔化解危机的法宝

戴尔在重重危机中一路走来,获得这种佳绩,最大的原因在于供应链的快速反应。戴尔供应链的快速反应,一方面表现在危机到来或即将到来时快速地应对,化解危机;另一方面表现在抓住危机中的商机,用最快的速度把客户最急需的商品送到客户手中,帮助客户减少危机损失。这要求供应链各个环节的衔接速度以及遇到突发事件重新组织资源的速度,都要达到快速反应。

戴尔供应链的反应速度及抗危机能力并不是一日铸成的,它需要供应链上企业方方面面的建设。在危机中,戴尔供应链能做到快速反应,沉着应对,主要体现在以下几方面。

(1) 危机意识。

危机意识不是泛指能够防范和应对企业危机的所有管理意识,而是特指防范与应对企业危机内涵层的思维意识。危机意识让戴尔临危不乱,快速反应,主动应对,化解危机。对于戴尔这样一个全球采购的企业来说,已经身经百战,早有了很强的危机意识,当危机到来或即将到来时,戴尔已经做好了应对的准备。

(2) 与全球供应商的战略合作。

在供应链中,战略伙伴关系就意味着厂商与供应商不仅仅是买家和卖家的关系,更重要的是一种伙伴甚至是朋友关系,双方在买卖之外还应有更多其他方面的往来。戴尔供应链高度集成,上游和下游联系紧密,围绕客户与供应商建立了自己完整的商业运作模式,以至于在危难时能很快地作出反应。

(3) 直销模式。

危机总是让人万分惊恐,手足无措。戴尔的直销模式确保戴尔能够快速了解危机中客户的实际需求,获得来自客户的第一手反馈信息,并按需定制产品。产品的直接递送,让产品直接从工厂送到客户手中。由于消除了流通环节中不必要的步骤,故缩短了流通时间,帮助客户及时解决了困难,从而减少了危机造成的损失。

(资料来源:中国物流网.经作者整理)

请归纳总结一下戴尔的危机管理意识与快速反应技术有何联系。

课题五　供应链管理中的采购与库存管理

1. 掌握供应链管理采购与库存的新方法；
2. 了解准时化采购；
3. 掌握联合库存的管理。

学会库存管理的方法。

第一部分　引导案例

政府采购的程序

2012年1月，某市政府采购中心受该市教育局的委托，以竞争性谈判方式采购一批教学仪器设备。政府采购中心接受委托后，按规定程序在监管机构规定的媒体上发布了采购信息，广泛邀请供应商参加。由于本次未涉及特许经营，采购文件也未对供应商资格提出特殊限制条件，除规定供应商具备《政府采购法》第二十二条的规定条件外，仅要求供应商提供所供仪器设备是正品的证明，并保证售后服务即可。然后政府采购中心在规定的时间内，组成谈判小组，并按规定程序，在有关部门的监督下，于2月16日履行了谈判等程序。

外市的一家公司M从4家供应商中胜出，成为第一候选人。7天后，政府采购中心正等待教育局确认结果时，收到本市一家供应商H的内装有书面投诉书的挂号信。其主要内容是：供应商H是成交货物生产商在本市的唯一代理商，M公司不是代理商，其授权书是假的，现M公司正在外地联系货源，要求政府采购中心查处造假者，且查处之前不得公布成交结果。政府采购中心收到挂号信后不到2小时，H公司的代表也来到政府采购中心，又当面提出了上述要求。

与此同时，该市财政局党委、纪检组、市纪委、监察局等部门也都收到了H公司的投诉书，内容都是反映政府采购中心"暗箱操作"，使"造假者成交"，严重违反了《政府采购法》等法律法规，要求市财政局党委、纪检组、市纪委、监察局等部门立即调查处理，并要求查处之前不准政府采购中心公布成交结果。后来，政府采购中心没有接受H公司的要求，只向其进行了解释，仍按程序在规定的时间内公布了成交结果，市财政局党委、纪检组也没有接受H公司的要求，而是要H公司认真学习《政府采购法》等法律法规，正确对待本次采购。由此可见，H公司的投诉没有得到政府采购中心等部门的受理，是一次无效投诉。

(资料来源：中国物流网．经作者整理)

第二部分　课题学习引导

5.1　供应链管理环境下的采购管理

在市场经济条件下，企事业单位获取所需物质资料的主要途径是市场采购。而采购行为是否合理，对保证生产和服务质量、降低成本、提高经济效益都会产生直接影响。

在物流管理中，采购与供应占据着非常重要的位置。这不仅是因为采购和供应是物流系统的一个环节，采购成本在企业运营成本中占很大的比重，更为重要的是，采购与供应管理能给企业带来竞争优势，是生产物流与销售物流的起点和重要保障。要做好物流管理，首先就应该做好采购与供应工作。

随着企业经营理念的转变和信息技术的发展，传统的采购与供应管理方法发生了很大的改变，涌现了很多新趋势和新理念。

采购的含义非常广泛，既包括生产资料的采购，又包括生活资料的采购；既包括企业的采购，又包括事业单位、政府和个人的采购；既包括生产企业的采购，又包括流通企业的采购。

采购管理是物流管理的重点内容之一，它在供应链企业之间原材料和半成品生产合作交流方面架起了一座桥梁，沟通生产需求与物资供应的联系。为使供应链系统能够实现无缝连接，并提高供应链企业的同步化运作效率，就必须加强采购管理。

5.1.1　采购管理概述

1. 采购的概念

采购是指采购人或采购实体基于生产、转售、消费等目的，购买商品或劳务的交易行为。采购同销售一样，都是市场上一种常见的交易行为。

采购不是单纯的购买行为，而是从市场预测开始，经过商品交易，直到采购的商品到达需求方的全部过程。其中包括了解需要、市场调查、市场预测、制订计划、确定采购方式、选择供应商、确定质量、价格、交货期、交货方式、包装运输方式、协商洽谈、签订协议、催交订货、质量检验、成本控制、结清货款、加强协作、广集货源等一系列工作环节。

采购管理是指为保障企业物资供应而对企业的整个采购过程进行计划、组织、指挥、协调和控制活动。

采购和采购管理是两个不同的概念。采购是一项具体的业务活动，是作业活动，一般由采购员承担具体的采购任务。采购管理是企业管理系统的一个重要子系统，是企业战略管理的重要组成部分，一般由企业的中高层管理人员承担。企业采购管理的目的是为了保证供应，满足生产经营需要，既包括对采购活动的管理，也包括对采购人员和采购资金的管理等。一般情况下，有采购就必然有采购管理。但是，不同的采购活动，由于其采购环境、采购的数量、品种、规格的不同,管理过程的复杂程度也不同。个人采购、家庭采购尽管也需要计划决策,但毕竟相对简单,一般属于家庭理财方面的研究。这里我们重点研究的是面向企业的采购管理活动(组织、集团、政府等)。当然,在企业的采购中,工业制造和商贸流通企业的采购目标、方式等还存在差异,但因为有共同的规律,所以一般也就不再进行过细的划分。

2. 采购管理的地位和重要性

在现代企业的经营管理中,采购管理已变得越来越重要。一般情况下,企业产品的成本中外购部分占比较大的比例,约为60%~70%,因此外购条件与原材料的采购成功与否在一定程度上影响着企业的竞争力。采购管理是企业经营管理的核心内容,是企业获取经营利润的一个重要源泉,也是竞争优势的来源之一。随着全球经济一体化和信息时代的到来,采购及采购管理的地位将会被提升到一个新的高度。

(1) 采购管理在成本控制中的地位。

尽管企业的经济效益是在商品销售之后实现的,但效益高低却与物资购进时间、地点、方式、数量、质量、品种等采购业务有着密切的关系。企业的经济效益是直接通过利润额来表示的,而物资采购过程中支付费用的多少同利润额成反比,因此购进物资的质量和价格对企业经营的效益有很大影响。采购工作能否做到快、准、好,对于企业是否能生产适销对路的产品、增加销售收入是至关重要的。为了提高经济效益,企业在组织物资的采购前,必须注重对采购工作的计划、组织、指挥、协调和监控。

(2) 采购管理在供应中的地位。

从商品生产和交换的整体供应链中可以看出,每一个企业都既是顾客又是供应商,任何企业的最终目的都是为了满足最终顾客的需求,以获得最大的利润。企业要获取较大的利润,可采取的措施很多,例如降低管理费用、提高工作效率等。但是,企业一般想到的是加快物料和信息的流动,因为加快物料和信息的流动就可以提高生产效率,缩短交货周期,从而使企业可以在相同的时间内创造更多的利润。同时,顾客也会因为企业及时快速的供货而对企业更加有信心,有可能因此而加大订单。这样一来,企业就必须加强采购的力量,选择恰当的供应商,并充分发挥其作用。

(3) 采购管理在企业销售工作中的地位。

物资采购作为向企业销售提供对象的先导环节,只有使购进物资的品种、数量符合市场需要,产品销售经营业务才能实现高质量、高效率、高效益,从而达到采购与销售的和谐统一;反之,则会导致购销之间的矛盾,影响企业功能的发挥。因此,产品销售工作质量的高低,在很大程度上取决于物资采购的质量;同时,销售活动的拓展和创新也与产品采购的规模和构成有直接联系。

(4) 采购管理在企业研发工作中的地位。

从某种程度上讲,没有采购支持的研发,其成功率会大打折扣。一种情况是,研发人员经常会感觉到因为采购不到某种物料,或者受到某种加工工艺的限制,最终导致设计方案难以实现。另一种情况是,设计人员费尽心思所获得的研发样品在功能上与同行业的水平相差甚远,或者即使性能一样,但外观、体积、成本、制造方便性、销售竞争等许多方面都显得逊色,这主要应归结于研发人员信息落后、对先进元器件了解不多、在采购方面支持不够等因素。

(5) 采购管理在企业经营中的地位。

随着现代经济的发展,许多企业都将供应商看做是自身企业开发与生产的延伸,并与供应商建立合作伙伴关系,从而在自己不用直接进行投资的前提下,充分利用供应商的能力为自己开发生产产品。这样一方面可以节省资金,降低投资风险;另一方面又可以利用供应商的专业技术优势和现有的规模生产能力以最快的速度形成生产能力,扩大产品生产规模。现在很多企业对供应商的利用范围逐渐扩大,从原来的原材料和零部件扩展到半成品,甚至于成品。

(6) 采购管理在项目中的地位。

任何项目的执行都离不开采购活动。如果采购工作做得不好,不仅会影响项目的顺利实施,而且还会影响项目的预计效益,甚至会导致项目的失败。

采购工作不仅是项目执行的关键环节,而且是构成项目执行的重要内容。采购工作能否经济有效地进行,不仅会影响项目成本,而且还会影响项目管理的充分发挥。总而言之,采购问题越来越受到人们的重视。

5.1.2 供应链管理环境下采购的特点

在供应链管理的环境下,企业的采购方式和传统的采购方式有着本质的不同。这些差异主要体现在以下几个方面。

1. 从为库存而采购到为订单而采购的转变

在传统的采购模式中,采购的目的很简单,就是为了补充库存,即为库存而采购。采购部门并不关心企业的生产过程,不了解生产的进度和产品需求的变化,因此采购过程缺乏主动性,采购部门制订的采购计划很难适应制造需求的变化。在供应链管理模式下,采购活动是以订单驱动方式进行的:制造订单的产生首先是在用户需求订单的驱动下产生的;然后,制造订单驱动采购订单,采购订单再驱动供应商。这种准时化的订单驱动模式,使供应链系统得以准时响应用户的需求,从而降低了库存成本,提高了物流的速度和库存周转率。订单驱动的采购方式有以下特点。

(1) 由于供应商与制造商建立了战略合作伙伴关系,签订供应合同的手续大大简化,不再需要双方的询盘和报盘的反复协商,故交易成本大为降低。

(2) 在同步化供应链计划的协调下,制造计划、采购计划、供应计划能够并行进行,缩短了用户响应时间,实现了供应链的同步化运作。采购与供应的重点在于协调各种计划的执行。

(3) 采购物资直接进入制造部门,减少采购部门的工作压力和不增加价值的活动过程,实现供应链精细化运作。

(4) 信息传递方式发生了变化。在传统的采购模式中,供应商对制造过程的信息不了解,也无须关心制造商的生产活动。但在供应链管理环境下,供应商能共享制造部门的信息,从而提高了供应商的应变能力,减少了信息失真;同时,在订货过程中不断进行信息反馈,修正订货计划,使订货与需求保持同步。

(5) 实现了面向过程的作业管理模式的转变。订单驱动的采购方式简化了采购工作流程,采购部门的作用主要是沟通供应部门与制造部门之间的联系,协调供应与制造的关系,为实现精细采购提供基础保障。

2. 从采购管理向外部资源管理转变

传统采购管理的不足之处,就是与供应商之间缺乏合作,缺乏柔性和对需求快速响应的能力。准时化思想出现以后,对企业的物流管理提出了严峻的挑战,需要改变传统的单纯为库存而采购的管理模式,提高采购的柔性和市场响应能力,增加和供应商的信息联系和相互之间的合作,建立新的供需合作模式。

一方面,在传统的采购模式中,供应商对采购部门的要求不能得到实时的响应;另一方面,关于产品的质量控制也只能进行事后把关,不能进行实时控制,这些缺陷使供应链企业无法实现同步化运作。为此,供应链管理采购模式的第二个特点就是实施有效的外部资源管理。

实施外部资源管理也是实施精细化生产、零库存生产的要求。供应链管理中一个重要思想,是在生产控制中采用基于订单流的准时化生产模式,使供应链企业的业务流程朝着精细化生产努力,即实现生产过程的几个"零"化管理:零缺陷;零库存;零交货期;零故障;零(无)纸文书;零废料;零事故;零人力资源浪费。

3. 从一般买卖关系向战略协作伙伴关系转变

供应链管理模式下采购管理的第三个特点,是供应与需求的关系从简单的买卖关系向双方建立战略协作伙伴关系转变。在传统的采购模式中,供应商与需求企业之间是一种简单的买卖关系,因此无法解决一些涉及全局性、战略性的供应链问题,而基于战略伙伴关系的采购方式则为解决这些问题创造了条件。这些问题主要包括以下方面。

(1) 库存问题。

在传统的采购模式下,供应链的各级企业都无法共享库存信息,各级节点企业都独立地采用订货点技术进行库存决策(在"库存管理"中将有详细论述),故不可避免地产生需求信息的扭曲现象,从而使供应链的整体效率得不到充分提高。但在供应链管理模式下,通过双方的合作伙伴关系,供应与需求双方可以共享库存数据,因此采购的决策过程变得透明多了,减少了需求信息的失真现象。

(2) 风险问题。

供需双方通过战略性合作关系,可以降低由于不可预测的需求变化带来的风险,如运输过程的风险、信用的风险、产品质量的风险等。

(3) 战略合作问题。

通过合作伙伴关系,可以为双方共同解决问题提供便利的条件,双方可以为制订战略性的采购供应计划共同协商,不必要为日常琐事消耗时间与精力。

(4) 降低采购成本问题。

通过合作伙伴关系,供需双方都从降低交易成本中获得好处。由于避免了许多不必要的手续和谈判过程,信息的共享避免了信息不对称决策可能造成的成本损失。

(5) 组织协调问题。

战略性的伙伴关系消除了供应过程的组织障碍,为实现准时化采购创造了条件。

5.1.3 供应链采购与传统采购的区别

供应链管理下的采购与传统方式下的采购有很大区别,具体参见表5-1。

表 5-1　供应链采购与传统采购的区别

项　目	供应链采购	传统采购
基本性质	基于需求的采购;供应方主动型,需求方无采购操作的采购方式;合作型采购	基于库存的采购;需求方主动型,需求方有采购操作的采购方式;对抗型采购
采购环境	友好合作	对抗竞争
信息关系	信息传输、信息共享	信息不通、信息保密
库存关系	供应商掌握库存;需求方可以不设库存,零库存	需求方掌握库存;需求方可以设立库存,高库存
送货方式	小批量多频次连续送货	大批量少频次非连续送货
双方关系	供需双方关系友好;责任共担、利益共享、协调性配合	供需双方关系敌对;责任自负、利益独享、互斥性竞争
验货工作	免检	严格检查

5.2　准时化采购策略

5.2.1　准时化采购的基本思想

准时化采购也叫 JIT 采购,是一种先进的采购模式,也是一种管理哲学。它的基本思想是:在恰当的时间、恰当的地点,以恰当的数量、恰当的质量提供恰当的物品。这就意味着可能一天一次、一天两次,甚至每小时数次地提供采购品。它是从准时生产发展而来的,是为了消除库存和不必要的浪费而进行的持续性改进。要进行准时化生产必须有准时的供应,因此准时化采购是准时化生产管理模式的必然要求。它和传统的采购方法在质量控制、供需关系、供应商的数目、交货期的管理等方面有许多不同,其中关于供应商的选择(数量与关系)和质量控制是其核心内容。

5.2.2　准时化采购对供应链管理的意义

准时化采购(JIT 采购)对于供应链管理思想的贯彻实施具有重要的意义。从前一节的论述中可以看到,供应链环境下的采购模式与传统的采购模式的不同之处,在于采用订单驱动的方式。订单驱动使供应与需求双方都围绕订单运作,因此也就实现了准时化、同步化运作。要实现同步化运作,采购方式就必须是并行的,即当采购部门产生一个订单时,供应商即开始着手物品的准备工作。与此同时,采购部门编制详细的采购计划,制造部门也进行生产的准备过程。这样,当采购部门把详细的采购单提供给供应商时,供应商就能很快地将物资在较短的时间内交给用户。当用户需求发生改变时,制造订单又驱动采购订单发生改变,这样一种快速的改变过程,如果没有准时的采购方法,则供应链企业很难适应这种多变的市场需求。因此,准时化采购增加了供应链的柔性和敏捷性。

综上所述,准时化采购策略体现了供应链管理的协调性、同步性和集成性,供应链管理需要准时化采购来保证供应链的整体同步化运作。

5.2.3　准时化采购的特点

准时化采购和传统的采购方式有许多不同之处,其主要表现在以下几个方面。

1. 采用较少的供应商，甚至单源供应

传统的采购模式一般是多头采购，供应商的数目相对较多。从理论上讲，采用单供应源比多供应源好，一方面，管理供应商比较方便，也有利于降低采购成本；另一方面，有利于供需之间建立长期稳定的合作关系，质量上比较有保证。但是，采用单一的供应源也有风险，如供应商可能因意外原因中断交货以及供应商缺乏竞争意识等。

在实际工作中，许多企业也不是很愿意成为单一供应商的。原因很简单，一方面供应商是具有独立性较强的商业竞争者，不愿意把自己的成本数据披露给用户；另一方面供应商也不愿意成为用户的一个产品库存点。实施准时化采购需要减少库存，但库存成本原先是在用户一边，现在则转移给了供应商。因此用户必须意识到供应商的这种忧虑。

2. 对供应商的选择标准不同

在传统的采购模式中，供应商是通过价格竞争而选择的，供应商与用户的关系是短期的合作关系，当发现供应商不合适时，用户可以通过市场竞标的方式重新选择供应商。但在准时化采购模式中，由于供应商和用户是长期的合作关系，供应商的合作能力将影响企业的长期经济利益，因此对供应商的要求就比较高。在选择供应商时，需要对供应商进行综合的评估，并且在评价供应商时价格不是主要的因素，质量才是最重要的标准。这种质量不单指产品的质量，还包括工作质量、交货质量、技术质量等多方面内容。高质量的供应商有利于建立长期的合作关系。

3. 对交货准时性的要求不同

准时采购的一个重要特点是要求交货准时，这是实施精细生产的前提条件。交货准时取决于供应商的生产与运输条件。作为供应商来说，要使交货准时，可从以下两个方面着手。一是不断改进企业的生产条件，提高生产的可靠性和稳定性，减少延迟交货或误点现象。作为准时化供应链管理的一部分，供应商同样应该采用准时化的生产管理模式，以提高生产过程的准时性。二是为了提高交货准时性，运输问题不可忽视。在物流管理中，运输问题是一个很重要的问题，它决定准时交货的可能性。特别是全球的供应链系统，运输过程长，而且可能要先后经过不同的运输工具，需要中转运输等，因此要进行有效的运输计划与管理，使运输过程准确无误。

4. 对信息交流的需求不同

准时化采购要求供应与需求双方信息高度共享，以保证供应与需求信息的准确性和实时性。由于双方的战略合作关系，企业在生产计划、库存、质量等各方面的信息都可以及时进行交流，以便出现问题时能够及时处理。

5. 制定采购批量的策略不同

小批量采购是准时化采购的一个基本特征。准时化采购与传统的采购模式的一个重要不同之处在于，准时化生产需要减少生产批量，直至实现"一个流生产"，因此采购的物资也应采用小批量办法。当然，小批量采购自然会增加运输次数和成本，对供应商来说，这是很为难的事情，特别是供应商在国外等远距离的情形下，实施准时化采购的难度就更大。解决的办法可以通过混合运输、代理运输等方式，或尽量使供应商靠近用户等。

5.2.4 准时化采购的方法

前面分析了准时化采购的特点和优点,从中我们看到准时化采购方法和传统采购方法的一些显著差别。

有效地选择和管理供应商,是准时化采购成功的基石;供应商与用户的紧密合作,是准时化采购成功的钥匙;卓有成效的采购过程质量控制,是准时化采购成功的保证。要有效地实施准时化采购,必须采取以下的方法措施。

1. 创建准时化采购团队

世界一流企业的专业采购人员有三个责任:寻找货源;商定价格;发展与供应商的协作关系并不断改进。因此专业化的高素质采购队伍对实施准时化采购至关重要。为此,首先应成立两个班组。一个是专门处理供应商事务的班组。该班组的任务是认定和评估供应商的信誉、能力,或与供应商谈判签订准时化订货合同,向供应商发放免检签证等,同时要负责供应商的培训与教育。另一个班组是专门从事消除采购过程中浪费的班组。这些班组人员对准时化采购的方法应有充分的了解和认识,必要时要进行培训。如果这些人员本身对准时化采购的认识和了解都不彻底,那就更不可能指望供应商的合作了。

2. 制订计划,确保准时化采购策略有计划、有步骤地实施

要制定采购策略,包括改进当前的采购方式,减少供应商的数量,正确评价供应商,向供应商发放签证等内容。在这个过程中,要与供应商一起商定准时化采购的目标和有关措施,保持经常性的信息沟通。

3. 精选少数供应商,建立伙伴关系

选择供应商应从以下方面考虑:产品质量;供货情况;应变能力;地理位置;企业规模;财务状况;技术能力;价格;与其他供应商的可替代性等。

4. 进行试点工作

先从某种产品或某条生产线试点开始,进行零部件或原材料的准时化供应试点。在试点过程中,取得企业各个部门的支持是很重要的,特别是生产部门的支持。通过试点,总结经验,为正式实施准时化采购打下基础。

5. 搞好供应商的培训,确定共同目标

准时化采购是供需双方共同的业务活动,单靠采购部门的努力是不够的,还需要供应商的配合。只有供应商也对准时化采购的策略和运作方法有了认识和理解,才能获得供应商的支持和配合,因此需要对供应商进行教育培训。通过培训,大家取得一致的目标,相互之间就能够很好地协调,共同做好采购的准时化工作。

6. 向供应商颁发产品免检合格证书

准时化采购和传统采购方式的不同之处在于买方不需要对采购产品进行比较多的检验手续。要做到这一点,需要供应商做到提供百分之百的合格产品,当其做到这一要求时,即发给免检手续的免检证书。

7. 实现配合准时化生产的交货方式

准时化采购的最终目标是实现企业的生产准时化,为此,要实现从预测的交货方式向准

时化适时交货方式转变。

8. 继续改进，扩大成果

准时化采购是一个不断完善和改进的过程，需要在实施过程中不断总结经验教训，从降低运输成本、提高交货的准确性和产品的质量、降低供应商库存等各个方面进行改进，不断提高准时化采购的运作绩效。

JIT 采购

JIT 采购应用的条件是：

(1) 供应商与采购商的距离要近，越近越好，以保证货物能准时到达；

(2) 供应商和采购商之间稳定的关系，最好是合作伙伴关系，以确保两者关系的稳定持久；

(3) 注重基础设施的建设，良好的基础设施（如公路运输）是 JIT 采购顺利实施的保证；

(4) 供应商参与产品的开发设计，从而有利于产品质量的提高及生产成本的下降；

(5) 建立实施 JIT 采购策略的组织，组织上配套实施 JIT 采购，不断对具体的实施方案进行评估和改进；

(6) 采购商要向供应商提供综合的、稳定的生产计划和作业数据，确保供应商生产符合要求的产品；

(7) 要推广 JIT 的教育和培训，使双方共同了解到 JIT 的优点；

(8) 加强信息技术的运用，可以保证双方信息交换的顺畅和准确。

JIT 采购的成功者之一是日本的丰田汽车公司，它也是 JIT 思想的创始者。日本丰田汽车公司取消了仓库的概念，只设"置场"临时堆料，原材料和零配件只在此堆放几个小时，短的只要几分钟就被领用。丰田还用 JIT 思想形成一个大规模的采供信息系统，订货手续大为简化，订单当天就可以传入总公司的电脑中，交货时间可以减少 10 天以上，而且经销商的库存也减少 70%～80%，大幅度降低了存货成本。使用了 JIT，丰田公司的生产率有了明显的提高，而成本则大幅下降，为其在世界汽车市场上抢占份额创造了有利条件。

（资料来源：中国物流网．经作者整理）

思考题

JIT 采购的优点有哪些？

提示：

(1) JIT 采购重在准时化。

(2) JIT 采购在时间、费用等方面对企业都是十分有利的。

5.3 供应链管理环境下的库存控制

库存以原材料、在制品、半成品、成品的形式存在于供应链的各个环节。由于库存费用占库存物品价值的20%～40%,因此供应链中的库存控制是十分重要的。供应链管理环境下的库存控制问题是供应链管理的重要内容之一,并且由于企业组织与管理模式的变化,它同传统的库存管理相比有许多新的特点和要求。

5.3.1 库存管理概述

1. 库存的概念

库存一般是指处于储存状态的物品。无论物品是处在料棚、货场还是库房,都是处在暂时停止状态。在供应链实际工作中,通常将仓库中处于暂时停滞状态的物品称为库存,也可将此称为狭义的库存,而广义的库存还应包括处于制造加工状态和运输状态的物品。供应链中的物品停滞状态可能由任何原因引起,如能动的各种形态的储备、被动的各种形态的超储和积压等。物品储备是指储存起来以备急需的物品及有目的的储存物品的行动总称。物品储备是一种能动的储存形式,是有目的地、能动地在生产领域和流通领域中使物品暂时地停滞。从不同角度认识,物品储备一般有当年储备、长期储备、战略储备之分。可见,储存是包含库存和储备在内的一种广泛的经济现象。与运输以改变"物"的空间状态的概念相对应,储存是以改变"物"的时间状态为目的的活动,从而在克服物品产需之间的时间差异方面获得更好的效用。

2. 库存的目的

一般情况下,供应链企业设置库存的目的是为了防止由于物资短缺而造成生产、销售终止或相应损失。除此之外,设置库存还具有保持生产的连续性、分摊订货费用、快速满足客户订货需求等方面的作用。

无论是处在生产中的库存还是处在销售中的库存,都是出于种种经济因素考虑而存在的。经常库存是在正常的经营环境下,企业为满足日常需要而建立的库存;而安全库存则是为了防止由于不确定性因素,如大量突发性订货、交货期突然延期等而准备的缓冲库存。

3. 库存周期与分类

库存周期是指在一定范围内,库存物品从入库到出库的平均时间。订货是采购活动的组成部分,与销售等一起均属于商流活动并融于供应链管理过程之中。根据物品需求的重复程度,可将库存划分为单周期库存和多周期库存,并分别依据不同情况而采用不同的有效库存控制方式。

单周期库存对应的是一次性订货这种需求的特征,是偶发性和因物品的生命周期短而很少重复订货的库存。这类商流活动相对比较简单,如订报纸、订蛋糕等都属于单周期需求。

多周期库存是指长时间内反复发生的库存需求,库存需要根据需求变化而不断地进行补充。在实际生产、销售等工作中经常发生的需求属于多周期需求,它是涉及更多的商流、信息流、物流和资金流相互交织的综合活动。

多周期库存又分为独立需求库存与相关需求库存。所谓独立需求,是指需求变化独立于人们的主观控制能力之外,因而其数量与出现的概率是随机的、不确定的,如某种产品的市场需求。而相关需求的需求数量和需求时间与其他的变量存在一定的相互关系,故可以通过一定的数学关系进行推算,得到如零配件与计划生产成品的数量关系。对于一个相对独立的企业而言,其产品面向市场需求,是独立的需求变量,因为其需求的数量与需求时间只能是通过市场需求预测得出或客户订单得到。而处于生产过程中的在制品以及需要的原材料,则可以通过产品结构、加工工艺和一定的生产比例关系准确确定。无论是独立需求还是相关需求,在库存管理中都需要解决提高服务水平、降低库存成本等问题。

气调贮藏提高水果附加值

作为水果产量第一大国,我国因水果采摘后处理技术落后,水果的腐烂损失高居全球榜首,每年储藏、运输当中变质的水果占总产量的1/7,造成了巨大浪费。根据联合国粮食组织对50多个国家的调查,发展中国家水果收获后的平均损失率在30%以上,而发达国家普遍重视农产品产后投入,美国农业总投入的3成用于采摘前,7成用在产后仓储与加工,水果损失不到5%,它的农产品产后产值和采摘时自然产值比是37:1,日本是22:1,我国只有0.38:1。

另外,发达国家对即将上市的水果要进行精选、分级、清洗、打蜡防腐保鲜、精细包装等商品化处理,并采用气调贮藏提高产品的附加值,而我国大部分地区仍以化学制剂、冷藏和土藏为主。国内外研究表明,水果通过储藏保鲜可推迟2~3个月上市销售,售价可以提高40%~50%。针对这种状况,我国规划到2010年农产品产后处理率要达到产量的45%~55%。

(资料来源:中国物流网.经作者整理)

5.3.2 库存需求变异放大的"牛鞭效应"

需求变异加速放大的"牛鞭效应"是美国著名的供应链管理专家Hau L. Lee教授对需求信息扭曲在供应链中传递的一种形象描述。其基本思想是:当供应链的各节点企业只根据来自其相邻的下级企业的需求信息进行生产或供应决策时,需求信息的不真实性会沿着供应链逆流而上,产生逐级放大的现象,达到最源头的供应商时,其获得的需求信息和实际消费市场中的顾客需求信息发生了很大的偏差,需求变异系数比分销商和零售商的需求变异系数大得多,就像"牛鞭"的甩动。由于这种需求放大效应的影响,上游供应商往往维持比下游供应商更高的库存水平。这种库存管理的普遍现象反映了供应链上需求的不同步性,也反映了供应链库存管理的难度(如图5-1所示)。

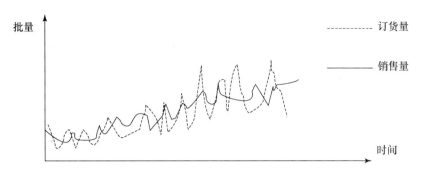

图 5-1　实际需求与订货的差异"牛鞭效用"示意图

仓储成本的计算范围

在计算仓储成本之前,需要明确仓储成本的计算范围。计算范围取决于成本计算的目的,如果要对所有的仓储物流活动进行管理,就需要算出所有的仓储成本。

在计算仓储成本时,由于原始数据主要来自财务部门提供的数据,因此首先应该把握直接支付形态分类的成本。在这种情况下,对外支付的保管费用可以直接作为仓储物流成本全额统计,但对于企业内发生的仓储费用是与其他部门发生的费用混合在一起的,需要从中剥离出来,如材料费、人工费、物业管理费、管理费、营业外费用等。

计算方法如下。① 材料费。与仓储有关的包装材料、消耗工具、器具备品、燃料等关联的费用,可以根据材料的出入库记录,将此期间与仓储有关的消耗量计算出来,再分别乘以单价,便可得出仓储材料费。② 人工费。人工费可以由物流人员的工资、奖金、补贴等报酬的实际支付金额得出,以及由企业统一负担部分按人数分配后得到的金额计算出来。③ 物业管理费。物业管理费包括水、电等费用,可以根据设施上所记录的用量来获取相关数据,也可以根据建筑设施的比例和物流人员的比例简单推算。④ 管理费。管理费无法从财务会计方面直接得到相关的数据,可以按人头比例简单计算。⑤ 营业外费用。营业外费用包括折旧、利息等。折旧根据设施设备的折旧年限、折旧率计算。利息根据物流相关资产的贷款利率计算。

(资料来源:中国物流网.经作者整理)

5.3.3 供应链管理环境下库存控制存在的问题

供应链环境下的库存问题和传统的企业库存问题有许多不同之处,这些不同点体现出供应链管理思想对库存的影响。传统的企业库存管理侧重于优化单一的库存成本,从存储成本和订货成本出发确定经济订货量和订货点。从单一的库存角度看,这种库存管理方法有一定的适用性,但是从供应链整体的角度看,单一企业库存管理的方法显然是不够的。

目前供应链管理环境下的库存控制存在的主要问题有三大类:信息类问题;供应链的

运作问题;供应链的战略与规划问题。这些问题可综合成以下几个方面的内容。

1. 没有供应链的整体观念

虽然供应链的整体绩效取决于各个供应链的节点绩效,但是各个部门都是各自独立的单元,都有各自独立的目标与使命。有些目标和供应链的整体目标是不相干的,更有可能是冲突的。因此,这种各行其道的山头主义行为必然导致供应链整体效率的低下。

例如,美国北加利福尼亚的计算机制造商电路板组装作业采用每笔订货费作为其压倒一切的绩效评价指标,该企业集中精力放在减少订货成本上。这种做法本身并没有不妥,但是它没有考虑这样做对整体供应链的其他制造商和分销商的影响,结果该企业维持过高的库存以保证大批量订货生产。而印第安纳的一家汽车配件制造厂却在大量压缩库存,因为它的绩效评价是由库存决定的。结果,该汽车配件制造厂到组装厂与零配件分销中心的响应时间变得更长和波动不定。组装厂与分销中心为了满足顾客的服务要求不得不维持较高的库存。这两个例子都说明,供应链库存的决定是各自为政的,没有考虑整体的效能。一般的供应链系统都没有针对全局供应链的绩效评价指标,这是普遍存在的问题。有些企业采用库存周转率作为供应链库存管理的绩效评价指标,但却没有考虑对用户的反应时间与服务水平,用户满意应该成为供应链库存管理的一项重要指标。

2. 对用户服务的理解与定义不恰当

供应链管理的绩效好坏应该由用户来评价,或者用对用户的反应能力来评价。但是,对用户服务的理解与定义各不相同,导致对用户服务水平的差异。许多企业采用订货满足率来评估用户服务水平,这是一种比较好的用户服务考核指标。但是用户满足率本身并不保证运作问题,例如,一家计算机工作站的制造商要满足一份包含多产品的订单要求,产品来自各供应商,用户要求一次性交货,制造商要把各个供应商的产品都到齐后才一次性装运给用户,这时,用总的用户满足率来评价制造商的用户服务水平是恰当的;但是,这种评价指标并不能帮助制造商发现是哪家供应商的交货迟了或早了。

传统的订货满足率评价指标也不能评价订货的延迟水平。两条同样具有90%的订货满足率的供应链,在如何迅速补给余下的10%订货要求方面差别是很大的。其他的服务指标也常常被忽视了,如总订货周转时间、平均回头订货、平均延迟时间、提前或延迟交货时间等。

3. 不准确的交货状态数据

当用户下订单时,他们总是想知道什么时候能交货。在等待交货的过程中,用户也可能会对订单交货状态进行修改,特别是当交货被延迟以后。我们并不否定一次性交货的重要性,但我们必须看到,许多企业并没有及时而准确地把推迟的订单交货的修改数据提供给用户,其结果当然是导致用户的不满和良好愿望的损失。例如,一家计算机公司花了一周的时间通知用户交货日期,有一家公司30%的订单是在承诺交货日期之后交货的,40%的实际交货日期比承诺交货日期偏差10天之久,而且交货日期修改过几次。交货状态数据不及时、不准确的主要原因是信息传递系统的问题,这就是下面要谈的另外一个问题。

4. 低效率的信息传递系统

在供应链中,各个供应链节点企业之间的需求预测、库存状态、生产计划等都是供应链管理的重要数据,这些数据分布在不同的供应链组织之间,要做到有效地快速响应用户需求,必须实时地传递,为此需要对供应链的信息系统模型做相应的改变,通过系统集成的办法,使供应链中的库存数据能够实时、快速地传递。但是目前许多企业的信息系统并没有很好地集成起来,当供应商需要了解用户的需求信息时,常常得到的是延迟的信息和不准确的信息。由于延迟引起了误差和影响库存量的精确度,故而使短期生产计划的实施也遇到困难。例如,企业为了制订一个生产计划,需要获得关于需求预测、当前库存状态、订货的运输能力、生产能力等信息,这些信息需要从供应链的不同节点企业数据库存获得,数据调用的工作量很大。数据整理完后制订主生产计划,然后运用相关管理软件制订物料需求计划(MRP),这样一个过程一般需要很长时间。时间越长,预测误差越大,制造商对最新订货信息的有效反应能力也就越小,生产出过时的产品和造成过高的库存也就不奇怪了。

5. 忽视不确定性对库存的影响

供应链运作中存在诸多的不确定因素,如订货提前期、货物运输状况、原材料的质量、生产过程的时间、运输时间、需求的变化等。为减少不确定性对供应链的影响,首先应了解不确定性的来源和影响程度。很多企业并没有认真研究和跟踪其不确定性的来源和影响,错误估计供应链中物料的流动时间(提前期),从而造成有的物品库存增加,而有的物品库存不足的现象。

  案例分析

大阪物流配送中心建立了自动化立体仓库,采用了自动分拣系统和自动检验系统,从进货检验、入库到分拣、出库、装车全部用各种标准化物流条形码经电脑终端扫描,由传送带自动进出,人工操作只占其中很小一部分,较好地适应了高频度、小批量分拣出货的需要,降低了出错率。特别值得一提的是大阪物流配送中心为解决部分药品需要在冷冻状态下保存与分拣而采用的全自动循环冷藏货架。由于人不便进入冷冻库作业,冷冻库采用了全自动循环货架,取、放货时操作人员只需在库门外操作电脑即可调出所要的货架到库门口,存、取货作业完毕后再操作电脑,货架即回复原位。

富士物流配送中心具有配送频度较低、操作管理较为简单的业务特点,在物流设备上采用了最先进的大型全自动物流系统,从商品保管立体自动仓库到出货区自动化设备,进、存货区域的自动传送带和自动货架,无线小型分拣台车,电控自动搬运台车,专职分拣装托盘的机器人,全库区自动传送带等最先进的物流设备一应俱全。在富士物流配送中心,由于自动化程度很高,虽然其最大的保管容量达到8640托盘,最大出货处理量可达1800托盘/日,一天可安排10吨的进出货车辆125辆,但整个物流配送中心的全部工作人员只有28名。

另一方面,虽然目前在日本有30%以上的物流配送中心使用富士通公司开发的物流信息系统和相应的自动化物流设施来实现物流合理化改革,逐步取代富士通东京物流配送中心,但大部分的物流作业仍然使用人工操作,没有引进自动化仓库、自动化分拣等自动化物流设施。他们认为,日本的信息技术更新换代非常快,电脑车一般一年要升级换代3次,刚安装的自动化装置可能很快就进入被淘汰的行列或者很快就需要投资进行更新以适应信息系统的发展变化。而物流的实际情况也是千变万化,单纯的自动化设置不能针对实际情况进行灵活的反应,反而是以人为本的标准化作业更有效率。所以,富士通东京物流配送中心的最大特点是设定了简单而又合理的库内作业标准化流程,而没有采用全自动化的立体仓库和自动化分拣系统。

(资料来源:中国物流网.经作者整理)

根据以上文字,谈谈你对自动化仓库的看法。

5.4 供应链管理环境下的库存管理策略

面对供应链管理环境下库存管理面临的新问题,传统的库存控制方法已经不能适应供应链管理的要求,于是出现了一些供应链管理库存的新方法、新技术。本节将结合国内外企业实践经验及理论研究成果,介绍几种先进的供应链库存管理技术与方法,包括 VMI 管理系统、联合库存管理等。

5.4.1 VMI 管理系统

长期以来,流通中的库存是各自为政的。流通环节中的每一个部门都是各自管理自己的库存,零售商、批发商、供应商都有各自的库存,各个供应链环节都有自己的库存控制策略。由于各自的库存控制策略不同,因此不可避免地产生需求的扭曲现象,即所谓的需求放大现象,从而无法使供应商快速地响应用户的需求。在供应链管理环境下,供应链中各个环节的活动都应该是同步进行的,而传统的库存控制方法无法满足这一要求。近年来,在国外出现了一种新的供应链库存管理方法——供应商管理库存(Vendor Managed Inventory,VMI),这种库存管理策略打破了传统的各自为政的库存管理模式,体现了供应链的集成化管理思想,适应市场变化的要求,是一种新的有代表性的库存管理思想。

1. VMI 的基本思想

传统地讲,库存是由库存拥有者管理的。因为无法确切知道用户需求与供应的匹配状态,所以需要库存,库存设置与管理是由同一组织完成的。这种库存管理模式并不总是最优的。例如,一个供应商用库存来应付不可预测的或某一用户不稳定的(这里的用户不是指最终用户,而是指分销商或批发商)需求,用户也设立库存来应付不稳定的内部需求或供应链的不确定性。虽然供应链中每一个组织都独立地寻求保护其各自在供应链的利益不受意外干扰是可以理解的,但并不可取,因为这样做的结果影响了供应链的优化运行。供应链的各个不同组织根据各自的需要独立运作,导致重复建立库存,因而无法达到供应链全局的最低成本,整个供应链系统的库存会随着供应链长度的增加而发生需求扭曲。VMI 库存管理系统就能够突破传统的条块分割的库存管理模式,以系统的、集成的管理思想进行库存管理,使供应链系统能够获得同步化的运作。

VMI 是一种很好的供应链库存管理策略。关于 VMI 的定义,国外有学者认为:VMI 是一种在用户和供应商之间的合作性策略,以对双方来说都是最低的成本优化产品的可获性,在一个相互同意的目标框架下由供应商管理库存,这样的目标框架被经常性监督和修正,以产生一种连续改进的环境。

关于VMI也有其他的不同定义,但归纳起来,该策略的关键措施主要体现在以下几个原则中。

(1) 合作精神(合作性原则)。

在实施该策略时,相互信任与信息透明是很重要的,供应商和用户(零售商)都要有较好的合作精神,这样才能够相互保持较好的合作。

(2) 使双方成本最小(互惠原则)。

VMI不是关于成本如何分配或由谁来支付的问题,而是关于减少成本的问题。通过该策略,使双方的成本都获得减少。

(3) 框架协议(目标一致性原则)。

双方都明白各自的责任,观念上达成一致的目标。如库存放在哪里,什么时候支付,是否要管理费,要花费多少等问题都要回答,并且体现在框架协议中。

(4) 连续改进原则。

VMI使供需双方能共享利益和消除浪费。VMI的主要思想是供应商在用户的允许下设立库存,确定库存水平和补给策略,拥有库存控制权。精心设计与开发的VMI系统,不仅可以降低供应链的库存水平,降低成本,而且用户额外还可获得高水平的服务,改善资金流,与供应商共享需求变化的透明性和获得更高的用户信任度。

2. VMI的实施方法

实施VMI策略,首先要改变订单的处理方式,建立基于标准的托付订单处理模式。首先,供应商和批发商一起确定供应商的订单业务处理过程中所需要的信息和库存控制参数;然后,双方建立一种订单的处理标准模式,如EDI标准报文;最后,把订货、交货和票据处理各个业务功能集成在供应商一边。

库存状态透明性(对供应商)是实施供应商管理用户库存的关键。供应商能够随时跟踪和检查销售商的库存状态,从而快速地响应市场的需求变化,对企业的生产(供应)状态做出相应的调整。为此需要建立一种能够使供应商和用户(分销、批发商)的库存信息系统透明连接的方法。

供应商管理库存的策略可以分为以下几个步骤实施。

(1) 建立顾客情报信息系统。

要有效地管理销售库存,供应商必须能够获得顾客的有关信息。通过建立顾客的信息库,供应商能够掌握需求变化的有关情况,把由批发商(分销商)进行的需求预测与分析功能集成到供应商的系统中来。

(2) 建立销售网络管理系统。

供应商要很好地管理库存,就必须建立起完善的销售网络管理系统,保证自己的产品需求信息和物流畅通。为此,供应商必须做到:① 保证自己产品条形码的可读性和唯一性;② 解决产品分类、编码的标准化问题;③ 解决商品存储运输过程中的识别问题。

目前已有许多企业开始采用MRPII或ERP系统,这些软件系统都集成了销售管理的功能。通过对这些功能的扩展,就可以建立完善的销售网络管理系统。

(3) 供应商与批发商的合作框架协议。

供应商和批发商一起通过协商,确定处理订单的业务流程以及控制库存的有关参数(如再订货点、最低库存水平等)和库存信息的传递方式(如 EDI 或 Internet 等)。

(4) 组织机构的变革。

这一点也很重要,因为 VMI 策略改变了供应商的组织模式。过去一般由会计经理处理与用户有关的事情,而引入 VMI 策略后,在订货部门产生了一个新的职能,即负责用户库存的控制、库存补给和服务水平。

一般来说,在以下情况时适合实施 VMI 策略:零售商或批发商没有 IT 系统或基础设施来有效管理他们的库存;制造商实力雄厚并且比零售商市场信息量大;有较高的直接存储交货水平,因而制造商能够有效规划运输。

5.4.2 联合库存管理

1. 联合库存管理的基本思想

VMI 是一种供应链集成化运作的决策代理模式,它把用户的库存决策权代理给供应商,由供应商代理分销商或批发商行使库存决策的权力。而联合库存管理则是一种风险分担的库存管理模式。联合库存管理的思想可以从分销中心的联合库存功能谈起。地区分销中心体现了一种简单的联合库存管理思想。传统的分销模式是销售商根据市场需求直接向工厂订货,例如汽车销售商根据用户对车型、款式、颜色、价格等的不同需求,向汽车制造厂订货,这需要经过较长一段时间才能达到。由于顾客不想等待这么久的时间,因此各个销售商不得不进行库存备货,而这样大量的库存使推销商难以承受,以至于破产。

据估计,在美国,通用汽车公司销售 500 万辆轿车和卡车,平均价格是 18.5 万美元,销售商维持 60 天的库存,库存费是车价值的 22%,一年总的库存费用达到 3.4 亿美元。而采用地区分销中心,就大大减缓了库存浪费的现象。如图 5-2 所示为传统的分销模式,每个销售商直接向工厂订货,每个销售商都有自己的库存。而如图 5-3 所示为采用分销中心后的销售方式,各个销售商只需要少量的库存,大量的库存由地区分销中心储备。也就是说,各个销售商把其库存的一部分交给地区分销中心负责,从而减轻了各个销售商的库存压力。这时,分销中心就起到了联合库存管理的功能,分销中心既是一个商品的联合库存中心,同时也是需求信息的交流与传递枢纽。

从分销中心的功能得到启发,我们对现有的供应链库存管理模式进行了新的拓展和重构,提出了联合库存管理新模式——基于协调中心的联合库存管理系统。

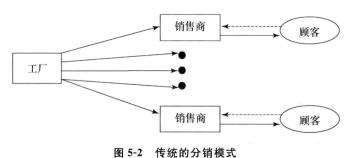

图 5-2 传统的分销模式

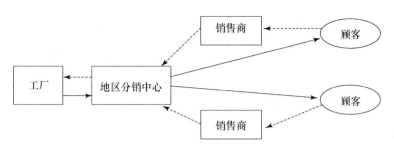

图 5-3 联合库存管理思想

近年来,在供应链企业之间的合作关系中,更加强调双方的互利合作关系,联合库存管理就体现了战略供应商联盟的新型企业合作关系。

传统的库存管理把库存分为独立需求和相关需求两种库存模式来进行管理。其中,相关需求库存问题采用物料需求计划(MRP)处理,独立需求库存问题采用订货点办法处理。一般来说,产成品库存管理为独立需求库存问题,而在制品和零部件以及原材料的库存控制问题为相关需求库存问题。如图 5-4 所示为传统的供应链活动过程模型,在供应链管理过程中,从供应商、制造商到销售商,各个供应链节点企业都有自己的库存。供应商作为独立的企业,其库存(即其产品库存)为独立需求库存。制造商的原材料、半成品库存为相关需求库存,而成品库存为独立需求库存。销售商为了应付顾客需求的不确定性也需要库存,其库存也为独立需求库存。

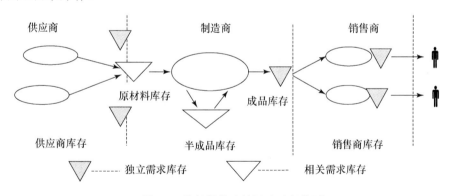

图 5-4 传统的供应链活动过程模型

联合库存管理是解决供应链系统中由于各节点企业的相互独立库存运作模式导致的需求放大现象,提高供应链的同步化程度的一种有效方法。联合库存管理和供应商管理用户库存不同,它强调双方同时参与,共同制订库存计划,使供应链过程中的每个库存管理者(供应商、制造商、销售商)都从相互之间的协调性考虑,以使供应链相邻两个节点之间的库存管理者对需求的预期保持一致,从而消除了需求变异放大现象。任何相邻节点需求的确定都是供需双方协调的结果,库存管理不再是各自为政的独立运作过程,而是供需连接的纽带和协调中心(如图 5-5 所示)。

基于协调中心的库存管理模式和传统的库存管理模式相比,有以下几个方面的优点:
(1) 为实现供应链的同步化运作提供了条件和保证;
(2) 减少了供应链中的需求扭曲现象,降低了库存的不确定性,提高了供应链稳定性;

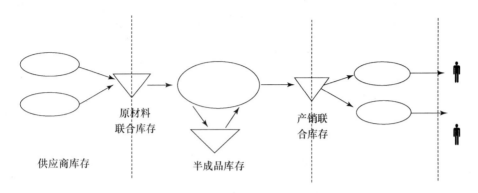

图 5-5　基于协调中心联合库存管理的供应链系统模型

(3) 库存作为供需双方的信息交流和协调的纽带,可以暴露供应链管理中的缺陷,为改进供应链管理水平提供依据;

(4) 为实现零库存管理、准时化采购以及精细供应链管理创造了条件;

(5) 进一步体现了供应链管理的资源共享和风险分担的原则。

联合库存管理系统把供应链系统管理进一步集成为上游和下游两个协调管理中心,从而部分消除了由于供应链环节之间的不确定性和需求信息扭曲现象导致的供应链的库存波动。通过协调管理中心,供需双方共享需求信息,因而起到了提高供应链的运作稳定性作用。

2. 联合库存管理的实施策略

(1) 建立供需协调管理机制。

没有一个协调的管理机制,就不可能进行有效的联合库存管理。为了发挥联合库存管理的作用,供需双方应从合作的精神出发,建立供需协调管理的机制,明确各自的目标和责任,建立合作沟通的渠道,为供应链的联合库存管理提供有效的机制。

(2) 发挥两种资源计划系统的作用。

为了充分发挥联合库存管理的作用,在供应链库存管理中应充分利用目前比较成熟的两种资源管理系统:MRPII 和 DRP。原材料库存协调管理中心应采用制造资源计划系统(MRPII),而在产品联合库存协调管理中心则应采用物资资源配送计划(DRP)。在供应链系统中应把两种资源计划系统很好地结合起来。

(3) 建立快速响应系统。

快速响应系统是在 20 世纪 80 年代末由美国服装行业发展起来的一种供应链管理策略,目的在于减少供应链中从原材料到用户过程的时间和库存,最大限度地提高供应链的运作效率。通过联合计划、预测与补货等策略进行有效的用户需求反应,实施快速响应系统后供应链效率大大提高,缺货大大减少。快速响应系统需要供需双方的密切合作,因此协调库存管理中心的建立为快速响应系统发挥更大的作用创造了有利的条件。

(4) 发挥第三方物流系统的作用。

第三方物流系统(TPL)是供应链集成的一种技术手段,它为用户提供各种服务,如产品运输、订单选择、库存管理等。第三方物流系统可以使企业更加集中精力于自己的核心业务,使供应与需求双方都取消了各自独立的库存,增加了供应链的敏捷性和协调性,并且能够大大改善供应链的用户服务水平和运作效率。

8部曲关键管理模式

仓储管理可以简单概括为8部曲关键管理模式。

第一部曲:追。仓储管理应具备资信追溯能力,前伸至物流运输与供应商生产出货状况,与供应商生产排配与实际出货状况相衔接。同时,仓储管理必须与物流商进行ETD/ETA连线追溯,分别是:ETD(Estimated to Departure)(即离开供应商工厂出货的码头多少量?离开供应商外包仓库的码头多少量?第三方物流与第四方物流载具离开出发地多少量?)、ETA(Estimated to Arrival)(即第三方物流与第四方物流载具抵达目的地多少量?抵达公司工厂的码头多少量?抵达公司生产线边仓多少量?)与VMI Min/Max库存系统连线补货状况。

第二部曲:收。仓库在收货时应采用条形码或更先进的RFID扫描来确认进料状况,关键点包括:在供应商送货时,送货资料没有采购VPO号,仓库应及时找相关部门查明原因,确认此货物是否今日此时该收进;在清点物料时,若有物料没有达到最小包装量的散数箱,则应开箱仔细清点,确认无误后方可收进;在收货扫描确认时,若系统不接受,则应及时找相关部门查明原因,确认此货物是否收进。

第三部曲:查。仓库应具备货物的查验能力,对于甲级货物(只有几家供应商可供选择的有限竞争市场和垄断货源的独家供应市场的A类物料)特别管制,严控数量,独立仓库,24小时保安监控;建立包材耗材免检制度,要求供应商对于线边不良包材耗材无条件及时补货退换;对于物料储存时限进行分析并设定不良物料处理时限。

第四部曲:储。物料进仓做到或至少做到不落地(储放在栈板上,可随时移动),每一种物料只能有一个散数箱或散数箱集中在一个栈板上,暂存时限自动警示,尽量做到储位(Bin-Location)管制,做到No Pick List(工令备捡单),不能移动。

第五部曲:拣。拣料依据工令消耗顺序来做,能做到依灯号指示拣料则属上乘(又称Pick to Light);拣料时最好做到自动扫描到扣账动作,及时变更库存信息,并告知中央调度补货。

第六部曲:发。仓库发料依据工令备拣单发料,工令、备料单与拣料单应三合一为佳,做到现场工令耗用一目了然,使用自动扫描系统配合信息传递运作。

第七部曲:盘。整理打盘始终遵循散板散箱散数原则。例如某种物料总数是103个,为10箱(每箱10个)加3个零数,在盘点单上盘点数应写成10个/箱×10个+3个=103个。对于物料要进行分级分类,从而确定各类物料盘点时间。定期盘点可分为日盘、周盘、月盘;日盘点搭配Move List(库存移动单)盘点;每月1号中午12点结账完成的目标要设定。

第八部曲：退。以整包装退换为处理原则，处理时限与处理数量应做到达到整包装即退或每周五下午3点整批退光，做到Force Parts（线边仓自动补换货）制度取代RMA（退料确认，Return Material Authorization）做法；与VMI Hub退货暂存区共享原则，要求供应商做免费包装箱供应。

（资料来源：中国物流网. 经作者整理）

课题小结

本章介绍了采购与库存管理的基本知识，全面论述了供应链管理环境下采购与库存管理与传统管理的区别，详细讲解了准时化采购、VMI库存管理、联合库存等供应链管理采购与库存的新方法、新技术。

第三部分 课题实践页

复习思考题

1. 选择题

(1) 采购是指采购人或采购实体基于生产、转售、消费等目的，购买商品或劳务的交易行为。采购同销售一样，都是市场上一种常见的（　　）。

　　A. 交易行为　　　B. 经济行为　　　C. 市场行为　　　D. 管理行为

(2) 采购管理是指为保障企业物资供应而对企业的整个采购过程进行计划、组织、（　　）、协调和控制活动。

　　A. 监督　　　　　B. 指挥　　　　　C. 管理　　　　　D. 调和

(3) （　　）也叫JIT采购法，是一种先进的采购模式，是一种管理哲理。它的基本思想是：在恰当的时间、恰当的地点，以恰当的数量、恰当的质量提供恰当的物品。

　　A. 政府采购　　　B. 集中采购　　　C. 准时化采购　　D. 分散采购

(4) 近年来，在国外出现了一种新的供应链库存管理方法——（　　）(Vendor Managed Inventory, VMI)。这种库存管理策略打破了传统的各自为政的库存管理模式，体现了供应链的集成化管理思想，适应市场变化的要求，是一种新的有代表性的库存管理思想。

　　A. 管理用户库存　　　　　　　　　　B. 用户库存
　　C. 供应商库存　　　　　　　　　　　D. 供应商管理库存

(5) 多周期需求库存又分为（　　）与相关需求库存。

　　A. 独立需求库存　　　　　　　　　　B. 需求库存
　　C. 独立库存　　　　　　　　　　　　D. 独立需求管理库存

2. 问答题

(1) 什么叫准时化采购?
(2) 目前供应链管理环境下的库存控制存在的主要问题有哪些?具体包括哪些内容?
(3) 有效地实施准时采购法,必须采取哪些方法措施?
(4) 供应商管理库存的策略可以分为哪几个步骤实施?
(5) 联合库存管理的实施策略有哪些?

3. 案例分析

上海宝钢的采购管理

宝钢是中华人民共和国成立以来引进技术最多、装备水平最高的现代化超大型钢铁企业。目前,宝钢的生产产量已超过设计水平,产品质量已达到国际先进水平,利税连年翻番。宝钢在物资管理方面,借鉴国外先进的采购与供应管理思想和经验,突破了我国大型钢铁企业物资管理的模式,全面推行物资集中一贯管理,形成了具有宝钢特色的采购与供应管理方式。

宝钢原物资部和后来的物资贸易公司已做到:统一编制需用计划和采购供应计划,统一采购。具体做法是:由各专业采购部门对分管物资的供应承担最终责任;统一仓储,实行专业总库一级仓储体制;统一配送,完全实行送料到现场;统一物资的现场管理,并与使用单位合作,实行现场物资的动态管理;统一回收,包括余料退库与废旧物资的回收利用。与此相对应,原物资部连续3年推出一系列关键性的改革措施。

1. 坚持送料到现场

作为改革的突破口,从1991年起,宝钢彻底取消二级厂、部到物资管理部门去领料的制度,改由原物资部负责定点、定量、定时、定人送料到现场。供需双方协议,在全公司范围内设605个送料点;根据用户的计划需用量,填发送料单,凭单送料;根据用户使用物资时间送料;固定专人快、准、好地完成送料。

2. 供应站制订计划

申请用料计划完全由原物资部派驻的各地区供应站根据用户需要编制,突破了由用户做申请计划、层层审批核发的老框框。

3. 一级仓储体制

原物资都取消了本部9个地区供应站管理的中间仓库(总面积达9734平方米),实行专业总库直接面向现场的一级仓储体制,即由专业总库直接送料到现场,从而大大缩短和简化了物流流程。由于取消地区中间库,当年就节约库存资金占用额780万元,节约利息支出166.8万元,撤销重复岗位51个,减员112人。

4. 实行现场物资动态管理

这项措施于1993年全面落实,做到各类机旁无多余备料,现场余料回收不超过两天,消除了账外物资,一举压缩流动资金1300万元。与此同时,物资部门同各二级厂、部签订现场资料管理协议书,建立起双方共同参与的现场物资管理网络,聘请厂、部第一线的作业人员为网络的协调人员。物资部门设物资现场管理员,对生产现场使用的各种材料划定区域、挂牌,限定两天的用量。宝钢因此有效地实现了物资的动态跟踪管理,即计划跟踪、管理跟踪、信息跟踪、协调跟踪、服务跟踪,做到既确保供应又促进增产降耗和生产现场整洁文明。至此,宝钢在各类物资的计划编制、采购、仓储、配送以及现场使用和回收等物资管理的主要环节上,以"一竿子插到底"的方式,真正实现了集中的、一贯到底的全过程管理。

(资料来源:中国物流网.经作者整理)

思考题

我们应从宝钢的采购管理中得到什么启示?

提示:

(1)宝钢突破了我国大型钢铁企业物资管理的模式,全面推行物资集中一贯管理,形成了具有宝钢特色的采购与供应管理方式。

(2)宝钢在物资管理方面,借鉴国外先进的采购与供应管理思想和经验,结合企业自身的情况,摸索出了一条适合企业发展的采购之路。

课题六　供应链管理中的生产控制技术

1. 掌握供应链管理环境下的生产计划控制；
2. 了解供应链管理中生产计划的特点；
3. 掌握精益生产体系。

学会供应链管理的模式。

第一部分　引导案例

供应链系统整合

供应链是围绕核心企业，通过对信息流、物流、资金流的控制，从采购原材料开始，制成中间产品以及最终产品，最后由销售网络把产品送到消费者手中的将供应商、制造商、分销商、零售商直到最终用户连成一个整体的功能网链结构模式。

在供应链系统整合上，蒙牛有冷静的思维、独立的信息化建设思想，不跟风，不教条，采用了在快速消费品行业有大型成功应用的双汇计算机软件的解决方案。和数百亿销售规模的双汇集团一样，蒙牛是个发展中、动态变化较快的企业，因此，在信息化建设中要随时考虑对于变化的管理。在发生变化时，必须确保系统能够快速响应，要能够直接从底层对系统进行修改。我们需要对每个子系统都有深入开发和研究的技术团队来支持我们，专门为我们服务，而不是肤浅的和不专业的团队。软件本身是一回事，实施系统和分析需求则是另外一回事。给一个大型企业实施复杂的管理信息系统必须由责任心强的、对系统非常熟悉的、对系统能够进行设计、修改和调整的团队组合来完成，这些人工作了足够的年份，稳定而不会经常跳槽，对系统底层架构非常熟悉，对业务管理也非常熟悉，听了客户的需求就能够立刻明白；能够立即想到在系统中怎么去实现和匹配；能够在问题出现的时候立即找到原因并纠正错误。这是一种能力，是一个团队组合。蒙牛的整个管理是动态变化的，对于增加的需求，需要在几小时或者几天之后就能看到一些新的对应模块在系统中，出现问题能够在1~2小时内解决掉。

(资料来源：中国物流网. 经作者整理)

第二部分 课题学习引导

6.1 供应链管理环境下的生产计划控制

6.1.1 传统的生产计划控制

传统的企业生产计划是以某个企业的物料需求为中心展开的,缺乏和供应商的协调,企业计划的制订没有考虑供应商以及分销商的实际情况,不确定性对库存和服务水平的影响较大,库存控制策略也难以发挥作用。

供应链管理思想对企业管理的最大影响是对现行生产计划与控制模式的挑战,因为企业的经营活动是以顾客需求驱动的、以生产计划与控制活动为中心而展开的,只有通过建立面向供应链管理的生产计划与控制系统,企业才能真正从传统的管理模式转向供应链管理模式。

一个企业的生产计划与库存优化控制不仅要考虑某企业内部的业务流程,更要从供应链的整体出发,进行全面的优化控制,实现信息共享与集成,获得柔性、敏捷的市场响应能力。

传统的生产计划控制模式与供应链管理环境下的生产计划控制模式的差距主要表现在以下几个方面。

1. 决策模式的差异

传统的生产计划决策模式是一种集中式决策,而供应链管理环境下的决策模式是分布式的群体决策过程。基于多代理的供应链系统是立体的网络,各个节点企业具有相同的地位,有本地数据库和领域知识库,在形成供应链时,各节点企业拥有暂时性的监视权和决策权,每个节点企业的生产计划决策都受到其他企业生产计划决策的影响,需要一种协调机制和冲突解决机制。当一个企业的生产计划发生改变时,需要其他企业的计划也作出相应的改变,这样供应链才能获得同步化的响应。

2. 决策信息来源的差异

生产计划的制订要依据一定的决策信息,即基础数据。在传统的生产计划决策模式中,计划决策的信息来自两个方面,一方面是需求信息,另一方面是资源信息。需求信息又来自两个方面,一个是用户订单,另一个是需求预测。通过对这两方面信息的综合,得到制订生产计划所需要的需求信息。资源信息则是指生产计划决策的约束条件。而信息多源化是供应链管理环境下的主要特征,多源信息是供应链环境下生产计划的特点。另外,在供应链环境下,资源信息不仅仅来自企业内部,还来自供应商、分销商和用户。

3. 信息反馈机制的差异

企业的计划能否得到很好的贯彻执行,需要有效的监督控制机制作保证。要进行有效的监督控制,就必须建立一个信息反馈机制。传统的企业生产计划的信息反馈机制是一种链式反馈机制,也就是说,信息反馈是企业内部从一个部门到另一个部门的直线性的传递。由于递阶组织结构的特点,信息的传递一般是从底层向高层信息处理中心反馈,形成与组织结构平行的信息递阶的传递模式。

供应链管理环境下企业信息的传递模式和传统企业的信息传递模式不同。以团队工作为特征的多代理组织模式使供应链具有网络化结构特征,因此,供应链管理模式不是递阶管理,也不是矩阵管理,而是网络化管理。生产计划信息的传递不是沿着企业内部的递阶结构,而是沿着供应链不同的节点方向传递。为了做到供应链的同步化运作,供应链企业之间信息的交互频率也比传统企业信息传递的频率大得多,因此应采用并行化信息传递模式。

4. 计划运行环境的差异

供应链管理的目标是使企业能够适应剧烈多变的市场环境需要。复杂多变的环境,增加了企业生产计划运行的不确定性和动态性因素。供应链管理环境下的生产计划是在不稳定的运行环境下进行的,因此,要求生产计划与控制系统具有更高的柔性和敏捷性,如提前期的柔性、生产批量的柔性等。传统的 MRP Ⅱ 就缺乏柔性,因为它以固定的环境约束变量应付不确定的市场环境,这显然是不行的。而供应链管理环境下的生产计划涉及的多少订单化生产,这种生产模式动态性更强。因此,生产计划与控制要更多地考虑不确定性和动态性因素,使生产计划具有更高的柔性和敏捷性,使企业能对市场变化作出快速反应。

6.1.2 供应链生产计划与控制的核心问题

供应链管理环境下的生产计划与传统生产计划有显著不同,是因为在供应链管理下,与本企业具有战略伙伴关系的其他企业的资源通过物资流、信息流和资金流的紧密合作而成为本企业制造资源的拓展。在制订生产计划的过程中,主要面临以下三个方面的问题。

1. 柔性约束

柔性实际上是对承诺的一种完善。承诺是企业对合作伙伴的保证,只有在此基础上企业间才能具有基本的信任,合作伙伴也因此获得了相对稳定的需求信息。然而,由于承诺的下达在时间上超前于承诺本身付诸实施的时间,因此,尽管承诺方都尽力使承诺与未来的实际情况接近,误差却是难以避免的。柔性的提出为承诺方缓解了这一矛盾,使承诺方有可能修正原有的承诺。可见,承诺与柔性是供应合同签订的关键要素。对生产计划而言,柔性具有多重含义。

(1) 供应链是首尾相通的,企业在确定生产计划时还必须考虑上游企业的利益。在与上游企业的供应合同之中,上游企业表达的含义除了对自身所能承受的需求波动的估计外,还表达了对自身生产能力的权衡。可以认为,上游企业合同中反映的是相对于该下游企业的最优产量。之所以提出"是相对于该下游企业",是因为上游企业可能同时为多家企业提供产品。因此,下游企业在制订生产计划时应该尽量使需求与合同的承诺量接近,以帮助供应企业达到最优产量。

(2) 如果仅仅根据承诺的数量来制订计划是容易的,但是,柔性的存在使这一过程变得复杂了。柔性是双方共同制定的一个合同要素,对需方而言,它代表着对未来变化的预期;而对供方而言,它是对自身所能承受的需求波动的估计。本质上,供应合同使用有限的可预知的需求波动代替了可以预测但不可控制的需求波动。

(3) 下游企业的柔性对企业的计划产量造成的影响在于：企业必须选择一个在已知的需求波动下最为合理的产量。企业的产量不可能覆盖整个需求的变化区域，否则会造成不可避免的库存费用。在库存费用与缺货费用之间取得一个均衡点是确定产量的一个标准。

2. 生产进度

生产进度是企业检查生产计划执行状况的重要依据，也是滚动制订生产计划过程中用于修正原有计划和制订新计划的重要信息。在供应链管理环境下，生产进度属于可共享的信息。这一信息的作用在于以下两点。

(1) 供应链上游企业通过了解对方的生产进度情况实行准时供应。企业的生产计划是在对未来需求做出预测的基础上制订的，它与生产过程的实际进度一般是不同的，生产计划信息不可能实时反映物流的运动状态。供应链企业可以进驻现代网络技术，使实时的生产进度信息能为合作方所共享。上游企业可以通过网络和双方通用的软件了解下游企业真实的需求信息，并准时提供物资。这种情况下，下游企业可以避免不必要的库存，而上游企业则可以灵活主动地安排生产和调拨物资。

(2) 原材料和零部件的供应是企业进行生产的首要条件之一，供应链上游企业修正原有计划时应考虑到下游企业的生产状况。在供应链管理下，企业可以了解到上游企业的生产进度，然后适当调节生产计划，使供应链上的各个环节紧密地衔接在一起。其意义在于可以避免企业与企业之间出现供需脱节的现象，从而保证了供应链上的整体利益。

3. 生产能力

企业完成一份订单不能脱离上游企业的支持，因此，在编制生产计划时要尽可能借助外部资源，故有必要考虑如何利用上游企业的生产能力。任何企业在现有的技术水平和组织条件下都具有一个最大的生产能力，但最大的生产能力并不等于最优生产负荷。在上下游企业间形成稳定的供应关系后，上游企业从自身利益出发，更希望所有与之相关的下游企业在同一时期的总需求与自身的生产能力相匹配。上游企业的这种对生产负荷量的期望可以通过合同、协议等形式反映出来，即上游企业提供给每一个相关下游企业一定的生产能力，并允许一定程度上的浮动。这样，在下游企业编制生产计划时就必须考虑到上游企业的这一能力上的约束。

6.1.3 供应链管理中生产计划的协调机制

供应链的服务跟踪机制提供供应链两方面的协调辅助：信息协调和非信息协调。信息协调主要通过企业之间的生产进度的跟踪与反馈来协调各个企业的生产进度，保证按时完成用户的订单，及时交货；非信息协调主要指完善供应链运作的实物供需条件，采用JIT生产与采购、运输调度等。可见，客户的需求信息(订单)成为贯穿企业生产系统的一条线索，成为生产计划、生产控制、物资供应相互衔接、协调的手段。在供应链管理下，企业间的信息集成从以下三个部门展开。

1. 采购部门与销售部门

采购部门与销售部门是企业间传递需求信息的接口。需求信息总数沿着供应链从下游传至上游，从一个企业的采购部门传向另一个企业的销售部门。在供应链管理下的销售与采购环节,稳定而长期的供应关系是必备的前提,所以可将注意力集中在需求信息的传递上。

企业的销售部门应该对产品交货的全过程负责,即从订单下达到企业开始,直到交货完毕的全过程。然而,当供应链管理下的战略伙伴关系建立以后,销售部门的职能简化了。销售部门在供应链上下游企业间的作用仅仅是一个信息的接口。它负责接收和管理有关下游企业需求的一切信息。除了单纯意义上的订单外,还有下游企业对产品的个性化要求,如质量、规格、交货渠道、交货方式等。这些信息是企业其他部门的工作所必需的。

同销售部门一样,采购部门的职责也得以简化。采购部门原有的工作是保证生产所需的物资供应。它不仅要下达采购订单,还要确保采购的物资能够保质保量并按时入库。在供应链管理下,采购部门的主要工作是将生产计划系统的采购计划转换为需求信息,并以电子订单的形式传达给上游企业。同时,它还要从销售部门获取与所采购的零部件和原材料相关的客户个性化要求,并传达给上游企业。

2. 制造部门

制造部门的任务不仅仅是生产,还包括对采购物资的接收以及按计划对下游企业配套件的供应。制造部门实际上兼具运输服务和仓储管理两项辅助功能。制造部门能够完成如此繁杂的工作,原因在于生产计划部门对上下游企业的信息集成,同时也依赖于战略伙伴关系中的质量保证体系。此外,制造部门还担负着在制造过程中实时收集订单的生产进度信息,并经过分析后提供给生产计划部门。

3. 生产计划部门

在集成化管理中,企业的生产计划部门肩负着大量的工作,集成了来自上下游生产计划部门、企业自身的销售部门和制造部门的信息。生产计划部门的主要功能如下。

(1) 滚动编制生产计划。

来自销售部门的新增订单信息,来自企业制造部门的订单生产进度信息,来自上游企业的外购物资的生产计划信息,以及来自下游企业的需求变动信息,这四部分信息共同构成了企业滚动编制生产计划的信息集成。

(2) 保证对下游企业的产品供应。

下游企业的订单并非一成不变,从订单到达时起,供方和需方的内外环境就一直不断变化着,最终的供应时间实际上是双方不断协调的结果,其协调的工具就是双方不断滚动更新的生产计划。生产计划部门按照最终的协议指示制造部门对下游企业进行供应。这种供应是与下游企业生产计划相匹配的准时供应。由于生产出来的产品不断发往下游企业,故制造部门不会有过多的在制品和成品库存压力。

(3) 保证上游企业对本企业的供应。

这一功能是与上一功能相对应的。生产计划部门在制造部门提供的实时生产进度分析的基础上结合上游企业传来的生产进度分析信息,与上游企业协商确定各批订单的准确供应时间。上游企业将按照约定的时间把物资发送到本企业。采购零部件和原材料的准时供应降低了制造部门的库存压力。

6.1.4 供应链管理中生产控制的内容

1. 生产进度控制

生产进度控制的目的在于依据生产作业计划,检查零部件的投入和出产数量、出产时间和配套性,保证产品能准时装配出厂。供应链环境下的进度控制与传统生产模式的进度控制不同,因为许多产品是协作生产和转包的业务,和传统的企业内部的进度控制相比较而言,其控制的难度更大,必须建立一种有效的跟踪机制来进行生产进度信息的跟踪和反馈。生产进度控制在供应链管理中有重要作用,因此必须研究解决供应链企业之间的信息跟踪机制和快速反应机制。

2. 供应链的生产节奏控制

供应链的同步化计划需要解决供应链企业之间的生产同步化问题。只有各供应链企业之间以及企业内部各部门之间保持步调一致时,供应链的同步化才能实现。供应链形成的准时生产系统,要求上游企业准时为下游企业提供必需的零部件。如果供应链中任何一个企业不能准时交货,都会导致供应链不稳定或中断,导致供应链对用户的响应性下降。因此,严格控制供应链的生产节奏对供应链的敏捷性是十分重要的。

3. 提前期管理

基于时间的竞争是 20 世纪 90 年代一种新的竞争策略,具体到企业的运作层,主要体现为提前期的管理。这是实现 QCR、ECR 策略的重要内容。供应链环境下的生产控制中,提前期管理是实现快速响应用户需求的有效途径。缩小提前期,提高交货期的准时性是保证供应链获得柔性和敏捷性的关键。缺乏对供应商不确定性有效控制是供应链提前期管理中的一大难点,因此,建立有效的供应提前期的管理模式和交货期的设置系统是供应链提前期管理中值得研究的问题。

4. 库存控制和在制品管理

库存在应付需求不确定性时有其积极的作用,但是库存又是一种资源浪费。在供应链管理模式下,实施多级、多点、多方管理库存的策略,对提高供应链环境下的库存管理水平、降低制造成本有着重要意义。这种库存管理模式涉及的部门不仅仅是企业内部。基于 JIT 的供应与采购、供应商管理库存、联合库存管理等是供应链库存管理的新方法,对降低库存都有重要作用。因此,建立供应链管理环境下的库存控制体系和运作模式对提高供应链的库存管理水平有重要作用,是供应链企业生产控制的重要手段。

6.2 精益生产体系

6.2.1 精益生产的产生与推广

20 世纪初,从美国福特汽车公司创立第一条汽车生产流水线以来,大规模的生产流水线一直是现代工业生产的主要特征。大规模生产方式是以标准化、大批量生产来降低生产成本、提高生产效率的。这种方式适应了美国当时的国情,汽车生产流水线的产生,一举把汽车从少数富翁的奢侈品变成了大众化的交通工具,美国汽车工业也由此迅速成长为美国的一大支柱产业,并带动和促进了包括钢铁、玻璃、橡胶、机电以至交通服务业等在内的一大批产业的发展。大规模流水生产在生产技术以及生产管理史上具有极为重要的意义。但是第二次世界大战以后,社会进入了一个市场需求向多样化发展的新阶段,相应地要求工业生产向多品种、小批量的方向发展,故单品种、大批量的流水生产方式的弱点就日渐明显了。为了顺应这样的时代要求,由日本丰田汽车公司首创的精益生产,作为多品种、小批量混合生产条件下的高质量、低消耗进行生产的方式在实践中被摸索并创造出来了。

1950年,日本的丰田考察了美国底特律的福特公司的轿车厂。当时这个厂每天能生产7000辆轿车,比日本丰田公司一年的产量还要多。"二战"后的日本经济萧条,缺少资金和外汇。怎样建立日本的汽车工业呢?是照搬美国的大量生产方式,还是按照日本的国情,另谋出路?丰田选择了后者。日本的社会文化背景与美国是大不相同的,日本的家族观念、服从纪律和团队精神是美国人所没有的,日本没有美国那么多的外籍工人,也没有美国的生活方式所形成的自由主义和个人主义的泛滥。日本的经济和技术基础也与美国相距甚远。日本当时没有可能全面引进美国成套的设备来生产汽车,而且日本当时所期望的生产量仅为美国的几十分之一。"规模经济"法则在这里面临着考验。

丰田进行了一系列的探索和实验,根据日本的国情,提出了解决问题的方法。经过三十多年的努力,日本丰田公司终于形成了完整的丰田生产方式,使日本的汽车工业超过了美国,产量达到了1300万辆,占世界汽车总量的30%以上。丰田生产方式是日本工业竞争战略的重要组成部分,它反映了日本在重复性生产过程中的管理思想。丰田生产方式的指导思想是,通过生产过程整体优化,改进技术,理顺物流,杜绝超量生产,消除无效劳动与浪费,有效利用资源,降低成本,改善质量,达到用最少的投入实现最大产出的目的。

日本企业在国际市场上的成功,引起了西方企业界的浓厚兴趣。西方企业家认为,日本在生产中所采用的方式是其在世界市场上竞争的基础。20世纪80年代以来,西方一些国家很重视对丰田生产方式的研究,并将其应用于生产管理。

6.2.2 精益生产的实质

精益生产是通过系统结构、人员组织、运行方式和市场供求等方面的变革,使生产系统能很快适应用户需求的不断变化,并能使生产过程中一切无用、多余的东西被精简,最终达到包括市场供销在内的生产的各方面最好的结果。与传统的大生产方式不同,精益生产的特色是"多品种"、"小批量"。

精益生产方式既是一种以最大限度地减少企业生产所占用的资源和降低企业管理和运营成本为主要目标的生产方式,又是一种理念、一种文化。实施精益生产方式就是决心追求完美、追求卓越,就是精益求精、尽善尽美,为实现七个零的终极目标而不断努力。精益生产是支撑个人与企业生命的一种精神力量,也是在永无止境的学习过程中获得自我满足的一种境界。

精益生产方式的实质是管理过程,包括人事组织管理的优化,大力精简中间管理层,进行组织扁平化改革,减少非直接生产人员;推行生产均衡化、同步化,实现零库存与柔性生产;推行全生产过程(包括整条供应链)的质量保证体系,实现零不良;减少和降低任何环节上的浪费,实现零浪费;最终实现拉动式准时化生产方式。

通过精益生产方式生产出来的产品品种能尽量满足顾客的要求,而且通过其对各个环节中采用的杜绝一切浪费(人力、物力、时间、空间)的方法与手段满足顾客对价格的要求。

精益生产方式要求消除一切浪费,追求精益求精和不断改善,去掉生产环节中一切无用的东西,每个工人及其岗位的安排原则是必须增值,撤除一切不增值的岗位;精简产品开发设计、生产、管理中一切不产生附加值的工作。其目的是以最优品质、最低成本和最高效率对市场需求作出最迅速的响应。

制造企业是以最大限度地获取利润为企业的基本目标。精益生产是采用灵活的生产组织形式,根据市场需求的变化,及时、快速调整生产,依靠严密细致的管理,力图通过"彻底消除浪费"、防止过量生产来实现企业的利润目标的。因此,精益生产的基本目的是要在一个企业里,同时获得极高的生产率、极佳的产品质量和很大的生产柔性。为实现这一基本目的,精益生产必须能很好地实现以下三个子目标:零库存;高柔性;无缺陷。

6.2.3 精益生产体系的核心支持技术

精益生产体系的核心是消除一切无效劳动和浪费,它把目标确定在尽善尽美上,通过不断地降低成本、提高质量、增强生产灵活性、实现无废品和零库存等手段来确保企业在市场竞争中的优势。同时,精益生产把责任下放到组织结构的各个层次,采用小组工作法,充分调动全体职工的积极性和聪明才智,把缺陷和浪费及时地消灭在每一个岗位。

精益生产体系的基础就是计算机网络支持下的小组工作方式。在此基础上的核心支撑就是准时化生产(JIT 生产)、成组技术(GT)和全面质量管理(TQM)。

1. 准时化生产

所谓准时化生产,就是缩短生产周期、加快资金周转和降低成本,这是实现零库存的主要方法。准时化生产的基本含义是:在需要的时候,按需要的量生产所需的产品。对于企业来说,各种产品的产量必须能够灵活地适应市场需求量的变化,否则,就会由于生产过剩而引起人员、设备、库存费用等一系列的浪费。而避免浪费的手段就是实施准时生产,只在市场需要的时候生产市场需要的产品。所以,准时化生产是实现零库存目标、彻底杜绝浪费的有效手段。它以准时生产为出发点,首先暴露出生产过量的浪费,进而暴露出其他方面的浪费,然后对设备、人员等资源进行调整。如此不断循环,使成本不断降低,计划和控制水平也随之不断简化与提高。

(1)准时生产运作原则的主要体现。

① 反向思维方式。各道工序间以"看板"作为信息的载体,后道工序根据"看板"向前道工序取货,前道工序按"看板"要求只生产后道工序取走的数量工件作为补充,现场操作人员根据"看板"进行生产作业。

② 化大批量为小批量,尽可能单件传送。各道工序之间一般都避免成批生产和成批搬运,要求尽可能做到必要的时间只生产一件,只运送一件,任何工序不准生产额外的数量,宁可中断生产,也绝不积压在制品。

(2)与传统生产管理方式相比,准时化生产管理方式具有的优点。

① 无滞留。由于生产中各工序的操作者都按同步节拍操作,生产进度不是传统方式下以最慢的节奏控制,而是受"拉动"控制,从而使生产速度能保持在平均速度上。当某道工序结束时,整个生产同步进入下道工序,在生产过程中无滞留时间。

② 无积压。生产过程实现同步化,不仅上、下道工序在时间上衔接紧凑,在空间上也减少了在制品的库存与积压,节省了费用与生产空间。

③ 提高了操作者的积极性。由于是按照一个统一的原则对整个生产系统进行管理,故而增加了操作者的集体感。当操作者处于这样一种集体行动中时,就会产生相互激励的精神,从而提高其生产积极性。

④ 有利于生产管理功能的整体优化。准时化生产不仅考虑生产布局的同步化问题,而且考虑整个企业生产的同步化问题。它克服了传统方法中质量管理、设备维修和技术工艺管理相脱节的弊端,形成个人、班组、工序、车间乃至全厂层层配套的管理网络系统。

2. 成组技术

成组技术是实现多品种、小批量、低成本、高柔性以及按顾客订单组织生产的技术手段。成组技术通过不同品种的产品增加生产过程的柔性,适应现代市场需求。通过成组技术加工对象的结构、加工工艺、生产组织等的相似性,形成叠加批量等方式,提高生产过程的规模。其具体形式有成组加工中心、成组生产线、成组流水线等。成组技术是提高生产柔性,实现高柔性目标的有效手段。

3. 全面质量管理

全面质量管理的核心思想是,企业的一切活动都围绕着质量进行。全面质量管理强调包括产品质量、工程质量和工作质量在内的全面质量,要求用优秀的工作质量保障工程质量,即把影响质量的人、机器设备、材料、工艺、检测手段、环境等全部纳入控制范畴,强调用优秀工程质量和工作质量保障产品质量和服务质量,强调全员应用一切可以运用的方法进行质量管理活动,通过全过程质量控制最终使顾客满意。全过程质量控制活动包括从市场调研、产品规划、产品开发、制造、检测到售后服务等整个产品寿命周期全过程;是全员参加,全过程运用一切有效方法,全面控制质量因素,力求全面提高经济效益的质量管理模式。

全面质量管理主要包括以下思想。

(1) 强调用户第一的观点,并将用户的概念扩充到企业内部,即下道工序就是上道工序的用户,不将问题留给用户。

(2) 强调预防为主的观点,在设计和加工过程中消除质量隐患。

(3) 强调定量分析的观点,只有定量化才能获得质量控制的最佳效果。

(4) 强调 PDCA 循环的观点。全面质量管理按计划(Plan)、实施(Do)、检查(Check)、处理(Act)进行循环,即 PDCA 循环。

为了贯彻全面质量管理的思想,就必须有一套行之有效的组织管理机构和全面严格的规章制度。ISO9000 国际质量认证标准为实现全面质量管理提供了十分有效的手段。其目的是最终导致质量管理和质量保证的国际化,使供方能够以最低造价,确保长期、稳定地生产出质量好的产品,使顾客建立起对组织的信任。ISO9000 标准的实施,要求企业建立一套全面的、完整的、详尽的、严格的有关质量管理和质量保障的规章制度和质量保障文件。这些规章制度和文件要求企业从组织机构、人员管理和培训、产品寿命周期质量控制活动都必须适应质量管理的需要,这也是提高企业总体效益和满足柔性要求的重要方法。

6.2.4 精益生产体系的特点

1. 拉动式准时化生产

精益生产以最终用户的需求为生产起点,强调物流平衡,追求零库存,要求上一道工序加工完的零件立即可以进入下一道工序。组织生产线依靠一种称为"看板"的形式,即由"看板"传递下道工序向上道工序需求的信息(看板的形式不限,关键在于能够传递信息)。生产中的节拍可由人工干预、控制,但重在保证生产中的供求平衡。由于采用拉动式生产,生产中的计划与调度实质上是由各个生产单元自己完成,故在形式上不采用集中计划,但在操作过程中生产单元之间的协调则极为必要。

2. 全面质量管理

精益生产强调质量是生产出来而非检验出来的,由生产中的质量管理来保证最终质量,生产过程中对质量的检验与控制在每一道工序都进行。精益生产重在培养每位员工的质量意识,在每一道工序进行时注意质量的检测与控制,保证及时发现质量问题。如果在生产过程中发现质量问题,根据情况,可以立即停止生产,直至解决问题,从而保证不出现对不合格品的无效加工。对于出现的质量问题,一般是组织相关的技术与生产人员作为一个小组,一起协作,尽快解决。

3. 团队工作法

团队工作法是指每位员工在工作中不仅是执行上级的命令,更重要的是积极地参与,起到决策与辅助决策的作用。组织团队的原则并不完全按行政组织来划分,而主要根据业务的关系来划分。团队成员强调一专多能,要求能够比较熟悉团队内其他工作人员的工作,以保证工作协调的顺利进行。团队人员工作业绩的评定受团队内部评价的影响(这与日本独特的人事制度关系较大)。团队工作的基本氛围是信任,以一种长期的监督控制为主,而避免对每一步工作的稽核,以提高工作效率。团队的组织是变动的,针对不同的事物,建立不同的团队,同一个人可能属于不同的团队。

4. 并行工程

并行工程是指在产品的设计开发期间,将概念设计、结构设计、工艺设计、最终需求等结合起来,保证以最快的速度按要求的质量完成。各项工作由与此相关的项目小组完成。进程中小组成员各自安排自身的工作,但可以定期或随时反馈信息,并对出现的问题协调解决;同时,依据适当的信息系统工具,反馈与协调整个项目的进行。精益生产利用现代CIM技术,在产品的研制与开发期间,辅助项目进程的并行化。

6.3 大量定制生产及延迟技术

6.3.1 大量定制生产

1. 大量定制生产的发展

大量定制生产是基于单一品种或少品种基础上的大规模生产,因而能够广泛运用细化分工、流水线和现代管理形成社会化大生产的制造能力。大量定制生产使人们摆脱了分散的手工作坊式的操作,人类进入了机器化时代。细化分工形成了规模效应,生产效率大大提高,使得现代社会的每一个人都可以用很低的价格获得生活资料,提高了生活水平。但是,大批量生产的一个重要缺陷就是它使用户的选择范围减少。

长期以来,为了让用户更为满意,同时保持批量生产带来的低成本和高效率,人们进行了多种尝试,包括细分市场、不断吸收用户反馈信息、设计可调整流水线和运用自动控制技术等。由于存在用户的个体差别,因此用户和企业之间,必须有不间断的迅速的"一对一"的信息交换。网络提供了一个低成本、快速的信息交换渠道,使大批量定制变为可能。这种批量定制并没有牺牲批量生产的低成本和高效率,反而节省了不受欢迎的某些成分所花费的社会成本。大量定制不仅是在制造方面,从设计到组装、运输、付款、维修,每一个环节都存在为用户"量身定做"的需求。

2. 大量定制生产的基本思想

大量定制生产的关键是如何变顾客个性化的产品为标准化的模块。行业性质决定了是否可使用大量生产策略,一般来说,无标准化或标准化程度低的行业不适合大量生产策略。

一般认为,大量定制生产的经济性来自"规模",即提高产量,使每一单位产品所分担的固定成本下降,从而降低单位产品的成本,也就是所说的规模经济。波特认为,规模经济产生于不同的生产方式和更高的效率来进行更大范围的活动的能力,或产生于从更大的销量中分摊无形成本(如广告费用和科研费用)的能力,规模经济必须和生产能力的利用率区分开来。生产能力利用率的提高,是把现有厂房和人员的固定成本分摊到大批量上;而规模经济则意味着满负荷运行活动在较大规模上的效率更高。

采用大量定制方式,需要将企业产品中的各种零部件分类,一类是通用零部件,另一类是定制零部件。大量定制生产的产品优化方向是减少定制零部件数量。这就需要将产品的生产环境分为两部分,一部分是大量生产环节,另一部分是定制环节,而过程优化方向就是减少定制环节数。

3. 大量定制生产的含义

大量定制生产模式,是指对定制的产品和服务进行个别的大量生产。它通过把大量生产和定制生产这两种生产模式的优势有机结合起来,在不牺牲企业经济效益的前提下,了解并满足单个客户的需要。

6.3.2　延迟技术在大量定制生产中的应用

1. 延迟技术的含义

为了能在成本一定和风险降低的基础上快速满足最终消费者的多样化需求,企业往往会在整个生产与供应的流程中将相同程序的制作过程尽可能最大化,以获得规模经济,同时将差异化的按订单生产的制作过程尽可能推迟,我们称这种制造模式为延迟技术。

具体而言,延迟技术是由制造商事先生产中间产品或可模块化的部件,等最终用户对产品的功能、外观、数量等提出具体要求后才完成生产与包装的最后环节。如 IBM 公司事先生产出不同型号的硬盘、键盘等各种电脑配件,在接到订单后再按客户要求进行装配。在很多企业,最终的制造活动被放在离顾客很近的地方进行,如由配送中心或第三方物流中心完成,在时间和地点上都与大规模的中间产品或部件生产相分离,这样企业就能以最快的响应速度来满足顾客的要求。

2. 延迟技术的特点

我们通常将供应链结构划分为推动式和拉动式两种。

推动式供应链企业根据对顾客需求预测进行生产,然后将产成品推向下游经销商,再由经销商逐级推向市场。在推动式的情况下,供应链分销商和零售商处于被动接受的地位,企

业间信息沟通少、协调性差、提前期长、快速响应市场的能力弱、库存量大,且往往会产生供应链中的存货数量逐级放大的效应。但推动式供应链能利用制造和运输的规模效应,为供应链上的企业带来规模经济的好处,还能利用库存来平衡供需之间的不平衡现象。

拉动式供应链模式通常按订单进行生产。由顾客需求来激发最终产品的供给,制造部门可以根据用户的实际需求来生产定制化的产品,从而降低了库存量,缩短了提前期,能更好地满足顾客的个性化需求,可有效地提高服务水平和市场占有率。但拉动式供应链的缺点是生产批量小,作业更换频繁,设备的利用率不高,管理复杂程度高,难以获得规模经济效应。

延迟技术则是上述两种供应链模式的整合,并通过两种模式的结合运用来达到扬长避短的好处。运用延迟技术的生产过程可分为推动阶段和拉动阶段。通过对产品的设计与生产采用标准化、模块化和通用化的技术,产品可以由具有兼容性和统一性的不同模块组合拼装而成。在推动阶段,制造商根据预测,大规模生产半成品或通用化的各种模块,获得大量生产的规模效应。在拉动阶段,产品实现差别化,根据订单需要,将各种模块进行有效的组合,或将通用化的半成品根据要求进行进一步的加工,从而实现定制化的服务。

3. 延迟技术的基本应用

延迟技术策略可以运用到大量定制生产模式中去,从而尽可能解决供应链过程大量定制生产中成本和速度的两大问题,在总成本控制下实现产品多样化,以快捷地满足市场个性化需求的需要。在大量的定制生产模式中,应用延迟技术的关键内容是:在生产制造过程中,利用延迟技术推迟定制和物流活动的时间,采用模块化设计的思想,尽量采用标准化的模块、零部件和标准的生产环节,减少定制零部件、定制模块的数量和定制环节,使之在不同产品需求中,相同程序制作过程尽可能最大化,而体现个性化定制需求或最终需求部分的差异化过程尽可能被延迟。

应用延迟技术的供应链运行的基本思路是:通过对产品构造差异点的分析,将产品构成单元分成不变的通用部分和为差异化的定制部分,应用延迟技术策略延迟产品差异点部分的生产服务,直到获得市场足够的需求信息才向下游移动,进行产品最后的生产、装配和物流,将定制产品的生产问题转化或部分转化为批量生产问题。

4. 延迟技术的竞争优势

延迟技术集成了推动式供应链和拉动式供应链、大规模生产与定制生产的优势,能将供应链的全球资源优化配置与当地化操作结合在一起,整条供应链的原材料采购、存货的存放地点和制造与服务的网络结构可在全球协调的基础上加以考虑,以获得整体的规模经济和范围经济;而产品的差别化制造、营销、配送与售后服务工作则采用当地化的管理模式,充分利用当地资源,满足当地的需求习惯,缩短定制时间,以增强对不同地区、不同顾客的适应能力,为企业带来较大的竞争优势。具体而言,延迟技术的竞争优势主要表现在以下方面。

(1)降低库存与物流成本。

延迟技术在中间产品被生产出来后,就暂停其增值活动,以规格、体积和价值有限的通用半成品形式存放,直到收到用户订单后,才在靠近用户的地点进行下一步的加工活动。相对于产成品运输而言,半成品的体积、重量、规格都要少得多,运输的费用和可能的差错会被减少到最低程度,这就降低了存货与运输成本。

（2）增加了最终产品型号，能更好地满足顾客的差别化需求。

延迟技术的产品采用模块化、标准化的设计方式，在基型基础上发展变型产品，以此扩大了基型产品的适用范围，能用较少品种规格的零部件拼合成顾客需要的多样化的产品，从而以更低的成本提高了顾客满意度，减少了由于供需不一致而损失的销售额。

（3）缩短了交货提前期，提高了快速反应能力。

延迟技术针对市场需求的不断变化，将生产过程分为变与不变两个阶段，并将不变的通用化生产过程最大化，事先生产出基础产品，以不变应万变，一旦接到订单，就在最接近消费者的库存中心、配送中心或第三方物流公司完成产品的差异化生产过程，从而能以最快的速度将定制的产品交付到用户手中，增强了快速反应能力。

（4）降低了不确定性，减小了企业风险。

在采用延迟技术策略的企业中，企业的存货基本上是以原材料和中间产品的形式存在，这种存货占用资金少，适用面广，既能迅速满足顾客的多样化需求，又大幅降低了存货的成本与风险，这就使企业所面临的不确定程度下降，减少了产销不对路带来的存货跌价损失，有利于提高企业效益。

5. 延迟技术的适应范围

延迟技术生产模式虽然有诸多优势，但它并不适用于所有行业和所有企业。有些产品的生产过程决定了它不可能采用延迟技术这种生产模式，还有些产品的特点使得采用延迟技术生产带来的收益不能弥补生产过程复杂化所增加的成本，故也不宜采用延迟技术。一般来说，要采用延迟技术生产模式，生产与制造过程应当具备以下先决条件。

（1）可分离性。制造过程能被分离为中间产品生产阶段和最终产品加工阶段，只有这样才有可能将最终产品的加工成型阶段延迟。

（2）可模块化。产品应能分解为有限的模块，这些模块经组合后能形成多样化的最终产品；或产品由通用化的基础产品构成，基础产品经加工后，能提供给顾客更多的选择范围。

（3）最终加工过程的易执行性。延迟技术将中间产品生产与最终产品生产分离开来，且最终产品的生产可能被放在离顾客很近的地方执行，这就要求最终的加工过程的技术复杂性和加工范围应当有限，易于执行，加工时间短，无须耗费过多的人力。

（4）产品的重量、体积和品种在最终加工中的增加程度大。延迟技术会增加产品的制造成本，除非延迟技术的收益能弥补增加的成本，否则，延迟技术就没有执行的必要。如果产品的重量、体积和品种在最终加工中增加很多，推迟最终的产品加工成型工作能节省大量的运输成本和减少库存产品的成本，简化管理工作，降低物流故障，则有利于延迟技术的进行。

（5）适当的交货提前期。通常来说，过短的提前期不利于采用延迟技术，因为延迟技术要求给最终的生产与加工过程留有一定的时间余地；过长的提前期则无须采用延迟技术。

（6）市场的不确定性高。市场的不确定性高，细分市场多，顾客的需求难以预测，产品的销售量、配置、规格、包装尺寸不能事先确定，这些因素都有利于采用延迟技术来减少市场风险。

6.4 敏捷制造技术

6.4.1 敏捷制造的背景

20世纪90年代,信息技术突飞猛进,信息化的浪潮汹涌而来,许多国家制订了旨在提高自己国家在未来世界中的竞争地位、培养竞争优势的先进制造计划。在这一浪潮中,美国走在了世界的前列,给美国制造业改变生产方式提供了强有力的支持,美国力图凭借这一优势重造其在制造领域的领先地位。在这种背景下,一种面向新世纪的新型生产方式——敏捷制造的设想诞生了。

敏捷制造是在具有创新精神的组织和管理结构、先进制造技术(以信息技术和柔性智能技术为主导)、有技术有知识的管理人员三大类资源支柱支撑下得以实施的,也就是将柔性生产技术、有技术有知识的劳动力与能够促进企业内部和企业之间合作的灵活管理集中在一起,通过所建立的共同基础结构,对迅速改变的市场需求和市场进度作出快速响应。敏捷制造与其他制造方式相比,具有更灵敏、更快捷的反应能力。

敏捷制造的基本思想是通过对企业经营有关的人、技术和其他各方面因素统筹考虑,以虚拟经营方式捕捉市场机遇、增强抗风险能力,从而高效地利用企业内外部资源,获取竞争优势。我国有关专家从1993年起开始对敏捷制造进行跟踪和研究,并取得了很多成果。敏捷制造的优点是:生产更快;成本更低;劳动生产率更高;机器生产率加快;质量提高;生产系统可靠性提高;库存减少。敏捷制造的缺点是实施起来费用高。

6.4.2 敏捷制造的三要素

敏捷制造的目标可概括为:"将柔性生产技术,有技术、有知识的劳动力与能够促进企业内部和企业之间合作的灵活管理(三要素)集成在一起,通过所建立的共同基础结构,对迅速改变的市场需求和市场实际作出快速响应。"从这一目标中可以看出,敏捷制造实际上主要包括三个要素:生产技术;管理技术;人力资源。

1. 敏捷制造的生产技术

敏捷制造是通过将技术、管理和人员三种资源集成为一个协调的、相互关联的系统来实现的。首先,具有高度柔性的生产设备是创建敏捷制造企业的必要条件(但不是充分条件)。所必需的生产技术在设备上的具体体现是:由可改变结构、可量测的模块化制造单元构成的可编程的柔性机床组;"智能"制造过程控制装置;用传感器、采样器、分析仪与智能诊断软件相配合,对制造过程进行闭环监视;等等。

在产品开发和制造过程中,敏捷制造企业能运用计算机能力和制造过程的知识基础,用数字计算方法设计复杂产品,可靠地模拟产品的特性和状态,精确地模拟产品制造过程。各项工作是同时进行的,而不是按顺序进行的。同时开发新产品,编制生产工艺规程,进行产品销售。设计工作不仅属于工程领域,也不只是工程与制造的结合。从用材料制造成品到产品最终报废的整个产品生命周期内,每一个阶段的代表都要参加产品设计。技术在缩短新产品的开发与生产周期上可充分发挥作用。

敏捷制造企业是一种高度集成的组织。信息在制造、工程、市场研究、采购、财务、仓储、销售、研究等部门之间连续地流动,而且还要在敏捷制造企业与其供应厂家之间连续流动。

在敏捷制造系统中,用户和供应厂家在产品设计和开发中都应起到积极作用。每一个产品都可能要使用具有高度交互性的网络。同一家公司的在实际上分散、在组织上分离的人员可以彼此合作,并且可以与其他公司的人员合作。

把企业中分散的各个部门集中在一起,靠的是严密的通用数据交换标准、坚固的"组件"(许多人能够同时使用同一文件的软件)和宽带通信信道(传递需要交换的大量信息)。把所有这些技术综合到现有的企业集成软件和硬件中去,这标志着敏捷制造时代的开始。敏捷制造企业将普遍使用可靠的集成技术,进行可靠的、不中断系统运行的大规模软件的更换,这些都将成为正常现象。

2. 敏捷制造的管理技术

敏捷制造在管理上所提出的创新思想之一是"虚拟公司"。敏捷制造认为,新产品投放市场的速度是当今最重要的竞争优势。推出新产品最快的办法是利用不同公司的资源,使分布在不同公司内的人力资源和物资资源能随意互换,然后把它们综合成单一的靠电子手段联系的经营实体——虚拟公司,以完成特定的任务。也就是说,虚拟公司就像专门完成特定计划的一家公司一样,只要市场机会存在,虚拟公司就存在;该计划完成了,市场机会消失了,虚拟公司就解体了。能够经常形成虚拟公司的能力将成为企业一种强有力的竞争武器。

其次,敏捷制造企业应具有组织上的柔性。由于先进工业产品及服务的激烈竞争环境已经开始形成,越来越多的产品要投入到瞬息万变的世界市场上去参与竞争,故产品的设计、制造、分配、服务将利用分布在世界各地的资源(公司、人才、设备、物料等)来完成。制造公司日益需要满足各个地区的客观条件。这些客观条件不仅反映社会、政治和经济价值,而且还反映人们对环境安全、能源供应能力等问题的关心。在这种环境中,采用传统的纵向集成形式,企图"关起门来"什么都自己做,是注定要失败的。在这种环境下必须采用具有高度柔性的动态组织结构。根据工作任务的不同,有时可以采取内部多功能团队形式,请供应者和用户参加团队;有时可以采用与其他公司合作的形式;有时可以采取虚拟公司形式。只要有效地运用这些手段,就能充分利用公司的资源。

3. 敏捷制造的人力资源

敏捷制造在人力资源上的基本思想是:在动态竞争的环境中,关键的因素是人员。柔性生产技术和柔性管理要使敏捷制造企业的人员能够实现他们自己提出的发明和合理化建议。没有一个一成不变的原则来指导此类企业的运行。唯一可行的长期指导原则,是提供必要的物质资源和组织资源,支持人员的创造性和主动性。

敏捷制造企业中的每一个人都应该认识到柔性可以使企业转变为一种通用工具,这种工具的应用仅仅取决于人们对于使用这种工具进行工作的想象力。大规模生产企业的生产设施是专用的,因此,这类企业是一种专用工具。与此相反,敏捷制造企业是连续发展的制造系统,该系统的能力仅受人员的想象力、创造性和技能的限制,而不受设备限制。敏捷制造企业的特性支配着它在人员管理上所持有的、完全不同于大量生产企业的态度。管理者与雇员之间的敌对关系是不能容忍的,因为这种敌对关系限制了雇员接触有关企业运行状态的信息。信息必须完全公开,管理者与雇员之间必须建立相互信赖的关系。工作场所不仅要完全,而且对在企业的每一个层次上从事脑力创造性活动的人员都要有一定的吸引力。

6.4.3 敏捷制造的特征

敏捷制造是适应未来社会发展的 21 世纪生产模式,其具有以下特征。

1. 产品系列具有相当长的寿命

敏捷制造企业容易消化吸收外单位的经验和技术成果,能随着用户需求和市场的变化而改变生产方式。敏捷制造企业所生产的产品是根据顾客需求重新组合的产品或更新换代的产品,而不是用全新产品来替代旧产品,因此,产品系列的寿命会大大延长。

2. 信息交换迅速准确

敏捷制造企业能够根据市场变化来改进生产,这要求企业不但要从用户、供应商、竞争对手那里获得足够信息,还要保证信息的传递快捷,以便企业能够快速抓住瞬息万变的市场。

3. 以订单组织生产

敏捷制造企业可以通过将一些重新编程、可重新组合、可连续更换的生产系统结合成为一个新型的、信息密集的制造系统,来做到使生产成本与批量无关,即生产 1 万件同一型号的产品和生产 1 万件不同型号的产品所花费的成本相同。因此,敏捷制造企业可以按照订单进行生产。

课题小结

本章分析了供应链管理思想环境下的生产控制与传统的生产计划之间的差距,说明了供应链管理环境下的生产控制计划的调节机制;重点阐述了精益生产体系、大量定制生产延迟技术、敏捷制造等常用生产控制技术。

第三部分 课题实践页

复习思考题

1. 选择题

(1) 在传统的生产计划决策模式中,计划决策的信息来自两个方面,一方面是需求信息,另一方面是(　　)。

　　A. 商品信息　　　B. 仓储信息　　　C. 资源信息　　　D. 生产信息

(2) 准时化生产运作原则的反向思维方式是(　　)工序提前零部件。

　　A. 后道　　　　　B. 后道向前道　　C. 前道向后道　　D. 前道

(3) 延迟制造是由(　　)事先在生产中间产品或可模块化的部件,等最终用户对产品的功能、外观、数量等提出具体要求后才完成生产与包装的最后环节。

　　A. 供货商　　　　B. 零售商　　　　C. 制造商　　　　D. 批发商

(4) 延迟技术作为一种有效地减小企业预估风险的方法,已作为一种哲理应用于

（　　）的建立和运作中。
    A. 生产系统　　　B. 销售系统　　　C. 配送系统　　　D. 物流系统
(5) 在敏捷制造系统中主要包括三个要素：生产技术、（　　）和管理手段。
    A. 产品结构　　　B. 产品设计　　　C. 加工制造　　　D. 人力资源

2. 问答题

(1) 传统生产计划控制模式与供应链管理环境下的生产计划控制模式的差距主要表现在哪些方面？
(2) 敏捷制造的基本要素包括哪些要素？
(3) 要采用延迟制造模式，生产与制造过程应当具备哪些条件？
(4) 敏捷制造具有哪些特征？

美国福特汽车公司的即时制生产

20世纪80年代以来，美国、西欧及其他国家开始学习和应用日本首创的JIT管理方法。福特汽车公司是美国三大汽车制造公司之一，其工厂遍及北美，生产重点在于汽车组装，依赖北美许多供应商供应零配件。

目前福特汽车公司大约有60%的成本是用在采购原材料和零部件上的。在福特汽车公司的全球资源配置中，它主要在加拿大、日本、墨西哥、德国、巴西和其他一些国家进行原材料和零部件的采购。福特汽车公司的全球范围采购已经有很长的历史了，从20世纪70年代开始，它着重于评价全球范围内的供应商，以获得一流的质量、最低的成本和最先进的技术提供者。它的目标是建立一个适于全球制造的汽车生产环境，零部件的设计、制造、采购以及组装都是在全球范围内进行的。福特汽车公司建立了一个日报交货系统应用于它的17个分厂，该系统反映各分厂每天生产原材料大致的需求量。尽管福特汽车公司不要求它位于世界各地的供应商在美国开设仓库，但能否从当地仓库实现JIT供货仍然是福特汽车公司评价选择供应商的关键标准。

福特汽车公司的及时生产，是以最低库存、直接针对市场需求的小批量生产，其生产设计具有迅速转产或转型的灵活性。厂房布局使得机械加工过程组合得很紧凑，这样能够减少材料的移运。另外，由于与零售商达成协议，因此生产计划可以很稳定。公司的及时生产需要即时制系统的支持。福特汽车公司的准时制系统的特点主要有以下几个方面。

1. 厂内系统

福特汽车公司的生产线进料储存量设计为保持全天所需的原材料外加半天的保险库存，除非需要安全库存的关键物品，否则尽量消除大多数非生产线进料库存。大部分原料直接传递到生产线进料地点，消除大宗库存，取消库存用地。通过将物料直接传递到生产线进料地点，而取消了额外的物流管理。同时使用可退换窗口来改进搬运效率。

2. 包装系统

福特汽车公司所用的包装是专门为该公司设计的，并采用可折叠包装以便于回收。福特汽车公司减少可消耗包装的成本及其处理成本,提高包装的保护性以便于搬运;标签及文字记录的位置标准化,使得搬运快捷、准确;同时,优化模型设计,方便运输工具及铲车作用,提高搬运效率,尤其是提高生产线进料处的搬运效率。

3. 运输系统

即时物流需要可靠的运输供应商。福特汽车公司尽量减少运输承运人的数量,谈判合同包括处罚条款。公司还随时检查运输系统的可靠性,必要时采用汽车运输代替铁路运输。在可能的情况下,用即时铁路运输取代常规铁路运输。

4. 向内运输系统

汽车和铁路运输定时到达福特工厂,采用特定的时间、窗口进行递送。福特汽车公司使用转动式拖车卸货,而不采用倾倒和转换式卸货,这样可以消除拖车连成一串的情况,使接货的人力安排更有效,减少了卸货车辆的等待时间。公司还采用循环收取的办法,以便一辆车能从若干个供应者那里收取物料,这样提高了效率。运输公司与福特公司每天通过计算机联网信息系统来联系。另外,福特汽车公司还利用铁路运输来发展即时性业务。

5. 供应商

供货方均以年度合同方式向福特公司供货。供货方掌握20天的关于福特公司每日生产需求的连续报表,以便使供货计划由每天物资需求系统来连接。每天晚上,物资需求系统将次日物资需求信息传递给运输公司。供应商必须随时将物资准备好以便装车。运输采用特定的集装箱、用指定的托盘并在特定的时间、窗口进行。承运人要在特定的时间和窗口提取物资,货物往往在当日或连夜运送。

福特汽车公司与供应商保持紧密合作,并在适当的时候为供应商提供一定的技术培训,这与不同地区以及公司的不同需求有关。一般而言,发达地区的供应商需要的技术支持比不发达地区供应商的少。不少国外供应商都与福特汽车公司在工程、合作设计等方面保持着良好的合作关系,因此,对于很多关键部件,福特汽车公司都有当地供应商相关职员提供的有力技术支持,与全球供应商之间的技术交流困难也因此而得到缓和。福特汽车公司要求其供应商在生产计划变化的时候能迅速反应。

6. 即时协调

从福特汽车公司的成功经验来看,即时管理协调员是确保系统正常运行的关键。当供应商或承运人或福特厂家未能按计划运作时,即时管理协调员就会对系统进行调整;供应商或承运人方违约时,即时管理协调员要追究其责任。此外,福特公司与供应商及承运人三方按计划运作,建立伙伴关系,履行各自的承诺。福特公司对可靠的服务按时支付费用,并帮助培训。

(资料来源:中国物流网.经作者整理)

> **思考题**
>
> 福特汽车公司如何应对危机,怎样使之符合即时制生产的要求?

课题七　供应链合作伙伴关系管理

学习目标

1. 掌握供应链合作伙伴关系的概念、特点和类型；
2. 能够用所学知识对构建供应链合作伙伴关系进行分析；
3. 能够准确地描述供应链合作伙伴的选择原则、步骤和方法。

技能目标

学会科学分析供应链合作伙伴关系。

第一部分　引导案例

超市供应链管理案例分析

随着我国超市市场对外资的全面开放，超市业在我国市场的竞争也日益激烈，超市供应链管理继而成为人们关注的问题。对于超市业的发展，人们首先将目光投向了超市经营企业，在理论上和实践上对超市企业的经营与供应链管理着手开始研究、实践。迄今为止，中国的超市经营企业，特别是像华联、大润发、王府井这样的知名企业，从超市选址、配送中心的设计、库存的合理控制，到采购供应物流的整合，不论是在理论上还是实践上都有了一定的成果。

作为超市经营企业的物品供应方（即零售物品供应商），特别是国内本土的零售物品供应商的供应链管理仍然成为供应链的薄弱环节。超市市场的竞争，最直接的表现就是价格竞争；而价格竞争最直接的受害者就是零售物品供应商。面对激烈竞争下的超市物品被迫降价的情况，零售物品供应商只有通过整合优化自身的供应链，降低运营成本，才能保有利润空间。

例如联华超市，基于对国内供应市场的了解和掌控，逐步形成了独具特色的本土化供应链：一是建立并依托生产基地，由原来流通领域中的多个环节转向"产销直接对接"；二是实行订单招标，由原来商品"产后采购"逐步向"产前招标订购"转变；三是突破传统的商业经营体制，由"单一的零售经营"向"产加销一体化"转变。

联华在当地政府的支持下，先后建立了肉制品、蔬菜、水果、鸡蛋、水产等生产供应基地。这一经营方式使流通成本下降了15%～30%。凭借着大型零售企业在购买力方面的优势以及与供应市场的良好沟通，联华能够拿到"品质价格比"高的产品。同时联华形成了自己的二级采购体系：一些通用的大品牌商品由一部采购，地方产品的采购和配送则由二部根据当地市场需求在当地实现。在采购一些大宗商品时，采取"订单采购"的形式。

（资料来源：中国物流网．经作者整理）

第二部分　课题学习引导

7.1　供应链合作伙伴关系概述

供应链合作伙伴关系是在集成化供应链管理环境下形成的供应链中为了特定的目标和利益的企业之间的关系。其形成的原因通常是为了降低供应链总成本、降低总的库存水平、加强信息共享、改善相互之间的交流、保持合作伙伴相互之间运作的一贯性、产生更大的竞争优势，以实现供应链节点企业的财务状况、质量、产量、交货期、用户满意度和业绩的改善和提高。显然，合作伙伴关系强调彼此的合作和信任。

7.1.1　供应链合作伙伴关系的概念

供应链合作伙伴关系可以定义为供应商与制造商之间、制造商与销售商之间在一定时期内的共享信息、共担风险、共同获利的协作关系。供应链合作伙伴关系，也就是供应商、制造商与经销商之间的关系，或者称为卖主或供应商与买主的关系。

传统的供应关系已不再适应激烈的全球竞争和产品需求日新月异的环境，为了实现低成本、高质量、柔性生产、快速反应的目标，企业的业务重构就必须包括对供应商的评价、选择。合作伙伴的评价、选择对于企业来说是多目标的，包含许多可见和不可见的多层次因素。合作伙伴的评价、选择是供应链合作的关系运行的基础。合作伙伴选择的方法包括直观判断法、招标法、协商选择法、采购成本比较法、成本法等。层次分析法和神经网络算法也是可用来选择合作伙伴的方法。目前合作伙伴关系中存在一些问题，如企业结构、企业文化、企业的兼容性等。

实施供应链合作伙伴关系就意味着新产品技术的共同开发、数据和信息的交换、市场机会共享和风险共担。供应商所提供的各种生产要素(原材料、能源、机器设备、零部件、工具、技术和劳务服务等)的数量、价格，直接影响制造企业生产过程的组织、成本的高低和产品质量的优劣。在供应链合作伙伴关系环境下，制造商选择供应商时，不再只是考虑价格，而是更注重选择能在优质服务、技术革新、产品设计等方面进行良好合作的供应商。因此，制造商与供应商的合作关系应着眼于以下几个方面。

（1）让供应商了解制造商的生产程序和生产能力，使供应商能够清楚地知道制造商所需产品或原材料的期限、质量和数量。

（2）制造商提供自己的经营计划、经营策略及其相应的措施，以使供应商明确制造商的希望，从而使供应商能随时达到制造商要求的目标。

（3）制造商与供应商要明确双方的责任，并各自向对方负责，使双方明确共同的利益所在，并为此而团结一致，以达到双赢的目的。

供应链合作伙伴关系发展的主要特征就是从以产品流动为核心转向以集成/合作为核心。在集成/合作逻辑思想的指导下,供应商和制造商把他们相互的需求和技术集成在一起,以实现为制造商提供最有用产品的共同目标。因此,供应商与制造商的交换不仅仅是物质上的交换,还包括一系列可见和不可见的服务。

7.1.2　供应链合作伙伴关系的特点

在供应链管理环境下建立合作伙伴关系的目的是实现供应链节点企业的双赢,其核心思想是充分利用外部现有资源和服务。合作伙伴关系具有以下几个特点。

（1）高度的信任机制。

供应链合作伙伴之间信任关系的建立可以避免供应链管理中的冲突,降低合作伙伴之间的交易成本。在供应链节点各个企业的组织结构、文化背景等方面都存在着较大差异的情况下,信任关系的建立,可以大大降低合作伙伴之间的协调工作量,从而有利于形成稳定的供应链合作关系,使供应链管理总成本最小。在供应链合作伙伴关系建立的实质阶段,需要进行期望和需求分析,相互之间需要紧密合作,加强信息共享,进行技术交流和提供设计支持。在实施阶段,相互之间的信任更为重要。

（2）双方有效的信息共享、信息交换。

供应链各合作伙伴之间大量借助 Internet/EDI 技术,构建供应链管理信息系统,使各合作伙伴之间能共享信息。制造商让供应商了解制造企业的生产程序和生产能力,供应商从而能够清楚地知道制造商所需产品或原材料的时间、质量和数量;此外,各合作伙伴之间相互沟通各自所获取的最新的市场信息,共同了解顾客的需求变化,以调整各自的生产和经营计划,达到双赢或多赢的效果。

（3）供应方直接参与购买方的产品研发,共同解决问题和分歧,而不是寻求新的伙伴。

（4）长期而稳定的购供应合同。

7.1.3　供应链合作伙伴的类型

1. 按照联合的职能分类

美国学者劳兰基(P. Lorange)把供应链战略联盟分为资源补缺型、市场营销型和联合研制型三种。他把研发、制造等视为上游活动,而把市场营销等视为下游活功。

（1）联合研制型供应链战略联盟。

为了研究开发某种新产品,联盟各方根据各自的优势,分别提供诸如资金、设备、技术、人才等要素,充分利用联盟的综合优势,联合开发新产品,从而提高了技术研究成功的可能性并加快了开发速度,并在研制成功后,实现技术共享的目的。

联合研制型供应链战略联盟中的成员多为风险型企业,这类联盟在微电子、生物工程、新材料等产业较为常见,其具体又可细分为知识联盟和产品联盟。两者各有不同的特点。第一,知识联盟的中心目标是学习和创造知识,以提高核心能力;产品联盟则以产品生产为中心,合作的目的在于填补产品空白、降低资金的投入风险和项目的开发风险,以实现产品生产的技术经济要求,而学习所扮演的角色微不足道。第二,知识联盟比产品联盟更为紧密,企业之间为了学习、创造和加强专业能力,相关人员必须一起紧密工作;而知识联盟追求的是互相学习交叉知识。第三,知识联盟的参与者更为广泛。产品联盟通常是在竞争者或潜在的竞争者之间形成的,而知识联盟能够在任何组织之间形成,只要该组织有利于提高参与者的专业能力。第四,知识联盟比产品联盟具有更大的发展潜能。产品联盟可以帮助企业抓住商机、保存实力;而知识联盟能够帮助企业扩展和改善其核心能力。

（2）市场营销型供应链战略联盟。

市场营销型供应链战略联盟多流行于汽车、食品和服务业等领域,重点在于互相利用各自供应链体系中的下游环节。其目的在于提高市场营销的效率和市场控制的能力。此类联盟是抢占市场的有效手段,能够较好地适应多样化的市场需求;但其不足之处在于这类联盟是以降低环境的不确定性为目的,而不是致力于提高联盟各成员的核心能力,因而不能带来持久的竞争力。

（3）资源补缺型供应链战略联盟。

即企业以上游活动与对方的下游活动结成的供应链战略联盟。具体而言,此类联盟又可分为两种情形。一种情形是拥有独特技术的企业,为了接近海外市场或利用对方的销售网络而结成的联盟。这类联盟在取得资源互补、风险共担、规模经济及范围经济等优势的同时,往往忽视自身核心能力的提高。另一种情形是企业与用户的联合型供应链战略联盟。通过这种方式,企业将生产与消费、供给与需求直接联系起来。如世界机器人的最大生产厂商日本法那库公司与世界机器人最大用户美国通用汽车公司于1982年在美共同创办的通用法那库机器人开发公司即属于此类。

2. 按照所有权分类

供应链战略联盟按所有权的关系可分为对等占有型和契约型两种。

（1）对等占有型供应链战略联盟。

对等占有型供应链战略联盟是指合资生产和经营的项目分属联盟成员的局部功能,双方母公司各拥有50%的股权,以保持相对独立性。在对等占有型供应链战略联盟中,各成员为巩固良好的合作关系,长期地相互持有对方少量的股份。与合资、合作或兼并不同的是,这种方式不涉及设备和人员等要素的合并。这类联盟中有时也可以采取单向的、少量投资于其他公司的情况,目的在于与这些公司建立良好的合作关系。

（2）契约型供应链战略联盟。

契约型供应链战略联盟又称虚拟公司,是由一些独立的企业在自愿的基础上,为了实现某一特定的目标而突破企业界限,在广阔范围内联合包括产品设计、工艺技术、生产制造、经营销售等方面优势的诸多企业所形成的松散联合体。它是依靠信息技术而结成的企业间的临时网络,是一种机动灵活的新型企业组合方式。此类联盟常见的形式包括技术交流协议、合作研究并发协议、生产营销协议和产业协调协议,其中以联合研究开发和联合市场行动最为普遍。

虚拟公司实际上是寻求各生产经营环节、各生产要素优化组合的一种形式。由于它不是固定组织,因而大大节省了组织成本。虚拟公司作为一种新型组织形式,具有很高的要求。它既要求管理者具有较强的协作精神,又要求管理者具有较高的系统协调能力和综合能力,要求合作者之间建立互相信任的关系,要求有先进的信息技术手段,以及各生产经营环节都能高效率地运行。虚拟公司主张为顺应空前激烈的竞争形势,把握市场机遇,利用当今发达的网络技术,实现由不同企业为某一特定任务组成灵活的联合企业。

7.1.4 供应链合作伙伴关系与传统供应商关系的区别

在新的竞争环境下,供应链合作伙伴关系研究强调直接的、长期的合作,强调共同努力实现共有的计划和解决共同问题,强调相互之间的信任与合作。这与传统的供应商关系模式有着很大的区别(参见表 7-1)。

表 7-1 供应链合作伙伴关系与传统供应商关系的区别

对照项目	传统供应商关系	供应链合作伙伴关系
相互交换的主体	物料	物料、服务、技术等核心资源
供应商选择标准	强调价格	多标准并行考虑(交货的质量和可靠性等)
稳定性	变化频繁	长期、稳定、互信
合同性质	单一	开放合同(长期)
供应批量	小	大
供应商数量	大量	少(少而精,可以长期紧密的合作)
供应商规模	小	大
供应商的定位	当地	国内和国外
信息交流	信息专有	信息共享
质量控制	输入检查控制	质量保证(供应商对产品质量负全部责任)
选择范围	投标评估	广泛评估可增值的供应商

7.2 供应链合作伙伴关系构建分析

7.2.1 建立供应链合作伙伴关系的意义

供应链合作伙伴关系的建立,将使合作各方都受益。这具体表现在良好的供应链合作伙伴关系可以降低供应链成本、降低库存水平、增强信息共享、保持战略伙伴相互之间操作的一致性、改善相互之间的交流状况等方面,并最终创造更大的竞争优势。

1. 减少供应链上的不确定因素,降低库存

如果供应链上各企业之间缺乏合作,其需求的不确定性将向供应链上游方向逐级放大,使得预测准确性降低,生产计划精确度减小,原材料供应量大大超出实际需求量。这种供需的不平衡,随着生产的进行就转化为不必要的原材料库存、在制品和成品库存,或是可能因为超越少产能力的限制而导致不能准确供货。

生产制造型企业的库存大致分为三类:第一类是在制品库存,包括车间在制品、半成品和毛坯;第二类是外购物料库存,包括原材料、标准件和零配件;第三类是成品库存,它是企业生产的最终产品库存。形成第一类库存的主要原因是企业内部的生产与控制系统的不足造成的,形成第二类和第三类库存的主要原因就是由于供应链上各企业之间的合作存在缺陷而造成的。

对于企业内部的生产控制系统,由于 MRP、JIT 等先进管理方法的应用,其本身的精确度已经相当高。因此,往往是企业间的不确定性因素远大于生产控制系统本身的不确定性因素,并且影响生产控制系统的调节和校正。因此,企业间的合作就显得非常重要。

通过合作,企业间能使许多不确定性因素变得明确起来。一般而言,以下两个因素对库

存很重要。

（1）需求信息。

战略合作伙伴关系意味着一个企业有着多个稳定的合作伙伴,下游企业可以在发出订单之前为上游企业提供其具体的需求计划。有了较为明确的需求信息,上游企业所面对的需求就是将原来的订单和预测进化成为订单、具有战略合作伙伴关系的企业总需求计划以及对没有战略合作伙伴关系的企业的需求预测,上游企业就能够减少为了吸收需求波动而设置的第三类库存,制订更精确的生产计划。

（2）供应信息。

战略合作伙伴关系的建立实际上表明企业间的互相信任,从产品设计上的合作开始到产品的质量免检都是这种合作关系的特征。下游企业可以获取上游供应企业综合的、稳定的生产计划和作业状态,了解上游企业的信息。这样无论上游企业能否按要求供货,需求企业都能预先得到相关信息以采取相应的对策。第二类库存将因供应方生产信息透明度的提高而降低。

2. 快速响应市场

制造商通过与供应商建立合作伙伴关系,可以充分利用供应商的专长。企业可将大量自己不擅长的零配件等的设计和生产任务通过外包分给擅长于此的企业来完成,自己则集中力量培育自身的核心竞争力。这样既不必实施昂贵而风险巨大的垂直集成,又能充分发挥各方的优势,并能迅速开展新产品的设计和制造,从而使新产品响应市场的时间明显缩短。

当今消费市场需求瞬息万变,不仅是制造商,供应商、分销商、零售商也都必须对这些变化作出及时快速的反应,才有可能立足市场,获取竞争优势。企业与企业之间的竞争已转变为供应链和供应链之间的竞争,而供应链的竞争力来自于供应链各节点企业的紧密合作。这种合作拆除了企业的围墙,将各个企业独立的信息化孤岛连接在一起,实现了供应链无缝连接,使整条供应链像单个企业一样运作,同时又不失去每个企业的核心优势。

这是传统意义上的供应链所无法比拟的。传统意义上的供应链正是因为链上各节点企业间的信息不畅通,企业之间合作与沟通非常少,信息波动扭曲放大,或者企业为了自身利益而不惜牺牲整条供应链物流的速度,使得供应链企业整体上对变化的需求反应迟缓。例如,某种商品突然流行起来,并在商店脱销,补货订单到达零售上的配送中心以后,配送中心并未采取更多的行动,而是在此商品量降到最低库存水平时才向制造商发出订单。接下来,制造商在其配送中心的库存降低到订货点时订货,然后生产计划部门才开始计划新的生产。整条供应链上的企业都将自身库存保持最小作为目标,而不是通过合作,适时地将货物送到用户手中,从而造成销售机会的丧失。

3. 加强企业的核心竞争力

目前,国际上越来越多的产业成为或正在成为全球性产业,而且这一重要的结构性变化似乎越来越普遍,这反映了经济全球化的趋势。经济全球化使许多发达国家企业出于成本和利润的考虑,不再追求完整地占领一个产业,而是根据自身的核心竞争力抢占某个产业中的高技术和高附加值的生产经营环节,同时把其余环节留给其他企业。

供应链是围绕核心企业所形成的核心企业与供应商、供应商的供应商等一切前向关系,以及与用户、用户的用户等一切后向关系。供应链的概念已完全不同于传统的供求关系的定义,它把供求双方以及链中各节点企业看成一个整体,从全局的角度考虑企业及产品的竞争力。这样的整体必然是实力相当的强强联合,是具有各自核心竞争力的企业之间的联合。企业的核心竞争力的关键在于企业竞争力的独特性,这种独特性不易被竞争对手模仿,并具有较大的领先性、超前性,从而给企业带来持续的竞争优势。正因为企业日趋重视自身的核心竞争力,强调企业自身的特点,所以企业的非核心竞争力业务必然要靠其他在此业务上具有核心竞争力的企业来承担。各自具有优势的企业在共同的目标下联合起来,以协作共享信息、降低整体成本并共担风险、分享利益。显然,离开企业的核心竞争力谈供应链管理,就如同不打地基而想建大厦一样;而只强调企业的核心竞争力,却没有以战略合作伙伴关系为基础的供应链管理这一新的管理模式与之呼应,也发挥不了企业的核心优势,获得有利的竞争地位。

4. 增加用户满意度

用户满意度的增加主要有以下三方面的原因。

(1) 产品设计。

合作伙伴关系不仅仅存在于供应商和制造商之间,也存在于制造商和分销商之间。分销商更贴近用户,更易于掌握用户的喜好,从而能在新产品的需求方面提出更为恰当的建议,使产品的设计能做到以用户需求来拉动,而不是传统地将产品推向用户。供应商的合作也能使制造商在产品的设计之初就充分考虑用户的需求,从而生产出更符合用户习惯的产品。

(2) 产品制造过程。

供应质量的提高使得制造商可以在正确的时间、恰当的地点获得正确数量的高质量的零配件,从而使得最终产品质量也大为提高,同时大幅度缩短生产期。

(3) 售后服务。

产品的质量总是有一定的缺陷,同时,用户的喜好也是千差万别,因而产品的设计也不可能完全符合所有用户的要求。所以,用户的不满意状况总是存在的。问题解决的关键在于当用户不满意时,分销商、制造商和供应商能齐心协力来解决出现的问题,而不是互相推卸责任。

当合作伙伴关系建立以后,对供应商而言,制造商也许会向供应商进行投资,以帮助其更新生产和配送设备,加大对技术改造的投入,提高物流质量,同时制造商往往会向供应商提出持续降低其供应价格的要求。虽然这种要求无疑给供应商带来了相当大的压力,但是制造商的投资以及逐渐增大的市场份额和稳定的市场需求使得供应商能够改进技术,实现规模效应,从而降低价格。另外,一旦合同有了保证,供应商将会把更多的注意力放在企业的长远战略发展上去,而不至于仅仅为了企业的生存做一时打算。

7.2.2 供应链合作伙伴关系的风险

供应链合作伙伴关系也存在着一定的风险,具体表现在以下方面。

一是过分地依赖于某一个或一些供应商将是很危险的。某一新产品能否比其竞争对手早一些上市,对于企业来说十分重要。这需要全部合作伙伴的努力,发挥出整条供应链的最高效率。但是当制造商将某一关键技术或部件外包给某一特定的供应商,而该供应商又无法按期完成任务时,整个企业就将面临灾难:产品比竞争对手晚上市,意味着几乎无市场份额可言。因此,对关键技术或关键零部件供应商的选择应更为慎重,而且在其后的时间内,应加强双方的交流与沟通,加大合作力度,做到防患于未然。

二是随着大量部件的外包以及供应商数目的减少,制造商对供应商的影响力减少而依赖性增强,此时供应商的"机会主义"的行为对制造商带来损害的可能性就很难避免。因此,制造商在选择合作伙伴之初,就应将合作可能产生的好处尽可能明确地告诉合作伙伴,以使供应商明白从长远看最大化群体利益的同时也将最大化自身的利益,故而损人利己的行为也将被利人利己的行为所取代。

三是随着大量部件的外包,有可能使企业的核心竞争优势丧失。制造商与供应商建立了联盟后,一些自己不擅长的零部件的生产被外包出去,这样既分散了风险,保证了最终产品的质量,又加快了产品的上市速度。因此,制造商将进一步加大外包力度。但是,长期这样做的结果是,企业如果不能明确自己的核心竞争优势,而把它们也外包出去,则最终将被架空。如果供应商的势力过大,则有时会从内部夺取制造商的市场。

7.2.3 供应链合作伙伴关系的制约条件

虽然供应链具有动态和复杂性的特点,同时影响供应链间合作的条件也常因合作双方所处的独特环境而不同,但在众多供应链企业中,仍有一些共同条件影响着合作伙伴关系的建立。

1. 合作企业间的冲突

合作企业间的冲突是指其中任何一方的经营行为、经营目标阻碍了另一方战略目标实现的程度。通过对存在冲突的企业进行研究发现,相互间紧张的关系和重重矛盾是阻碍合作双方建立团队、进行建设性对话的主要原因。例如,美国许多大型零售商的供应商就曾抱怨一些零售商提出的苛刻的采购目标,阻碍了供应商利润目标的实现,导致两者长期目标的冲突,使得供应商不愿和这些大型零售商建立长期的战略合作伙伴关系。

2. 企业间的相互依赖程度

由于资源的有限性和客户需求的多样性,企业为了更有效地运作,就必须寻求相互间的协作,因而逐渐形成了对彼此的依赖。具体地说,就是供应商、制造商、分销商和零售商对彼此的技术、信息和知识的依赖。在不同的合作关系中,彼此间的依赖程度也不同,可分为对称性依赖和非对称性依赖。所谓非对称性依赖,是指其中一方实力强大,而另一方非常弱小,彼此之间的依赖呈现不对称性。研究表明,合作关系越对称,合作各方对彼此的依赖性越强,越容易建立长期的战略合作伙伴关系,也越容易提高合作的绩效。而在非对称依赖的合作关系中,则很难建立合作伙伴关系。

3. 合作双方的组织相容性

研究表明,合作的企业在声誉、稳定性、战略导向、管理控制系统和目标方面的不相容性将不利于建立战略合作伙伴关系,因为这些方面的不相融合意味着合作双方会存在很多冲突,而这些方面又不会在短期内得到改变,所以就会阻碍合作伙伴关系的建立。因此,合作双方组织和文化的相容性对合作关系的建立有着重大影响。

4. 企业间的相互信任

企业间的相互信任,是指合作双方相信彼此在没有约束监管的情况下,不会采取利己的机会主义行为,并且在做任何事情之前都会考虑给对方带来的影响。企业间的相互信任不仅节约了监督成本和交易成本,提高了交易效率,更好地满足了客户需求,而且有利于合作关系从操作层面向战略层面过渡。战略合作伙伴关系是建立在相互高度信任之上的,而相互猜疑往往是合作关系破裂的主要原因。

5. 企业的信用

信守承诺是合作双方保持长期合作关系,以及为了双方共同目标的实现而不断投资的关键。为了建立战略合作伙伴关系和取得长期利益,企业家往往需要牺牲短期利益。遵守承诺表明了合作方通过进行风险性投资而建立战略合作伙伴关系的诚意,同时也表明了战略合作关系对合作伙伴的重要性。而一次的失信会使合作双方对未来失去信心,对战略合作伙伴关系的建立造成负面影响。

6. 企业高层管理者远景目标的一致性

企业高层管理者的远景目标对形成企业价值观和确定合作导向起着重要的作用。如果合作双方高层管理者远景目标一致或偏差不大,则高层管理者就会积极促进合作伙伴关系的建立,不断进行高层间的建设性对话;反之,高层管理者就只会满足于传统的操作层面的合作关系。因此,高层管理者必须采取新的领导方法来培养与合作伙伴进行战略合作的能力,并充分理解和利用合作所带来的市场机遇,建立与合作伙伴一致的远景目标。

由上述可知,对称性的相互依赖,彼此间的信任,遵守诺言,组织内容的相容性,高层管理者一致的远景目标和企业间少量的冲突是建立战略合作伙伴关系的关键因素。只有将这些因素很好地结合在一起,才可能建立长期的战略合作关系。但是,实际上在真正成功的战略合作伙伴关系中并不一定都存在这些因素,只是其中的几种因素推动了战略合作伙伴关系的建立和发展。这些因素在不同行业、不同的战略合作阶段对战略联盟的影响也不同。因此,供应链企业要在建立战略合作伙伴关系的过程中,认识到影响战略联盟建立的关键因素,并为之创造有利的条件,促进战略联盟的建立与发展。

7.3 供应链合作伙伴关系的选择

7.3.1 合作伙伴选择的影响因素

1. 质量因素

从古至今,产品质量都是商家最关心的问题之一。质量是企业的生命,没有质量其他一切条件都是没有意义的。质量因素包括产品合格率、样品质量、质量管理情况、质量体系认证情况、质量评估等。

2. 价格与成本因素

有史以来价格和成本就是商务谈判的重点,价格与成本问题是直接关系到企业利润的大问题。价格与成本因素包括产品价格、数量折扣、运输费用、机会成本、交易成本、研发成本等。

3. 交货因素

交货问题的处理状况直接关系企业乃至整条供应链的能否正常运转。交货因素包括交货及时性、交货的准确性、样品的及时性、接受紧急订货的能力等。

4. 服务因素

在当今这个买方市场时代,服务的作用日益突显,其水平的高低往往关系企业的形象甚至生存问题。服务因素包括服务标准(包括运输、包装、安装调试、售后服务等)、交流反馈能力、服务改善能力、服务态度、服务的响应速度、顾客的满意度等。

5. 技术因素

高、精、尖的技术是企业生存的利器,过硬的技术常常被列为企业的核心竞争力。技术因素包括技术研发能力与速度、当前技术水平、技术优势、技术保密度等。

7.3.2 合作伙伴选择的原则

1. 核心能力原则

核心能力原则即要求参加供应链的合作伙伴必须具有核心能力,并能为供应链贡献自己的核心能力,且这一核心能力也正是供应链所确实需要的,从而避免重复投资。

2. 总成本核算原则

总成本核算原则即实现供应链总成本最小化,以实现多赢的战略目标,要求合作伙伴之间具有良好的信任关系,连接成本较小。

3. 敏捷性原则

供应链管理的一个主要目标就是把握快速变化的市场机会,因此要求各个伙伴企业具有较高的敏捷性,要求对来自供应链核心企业或其他伙伴企业的服务请求具有一定的快速反应能力。

4. 风险最小化原则

供应链运营具有一定的风险性(如市场风险依旧存在),只不过在各合作伙伴之间得到了重新分配。因为伙伴企业面临不同的组织结构、技术标准、企业文化和管理观念,所以必须认真考虑风险问题,尽量回避或减少供应链整体运行风险。

违反上述原则将会极大地影响供应链的效率。违反核心能力原则和总成本核算原则,将难以满足供应链"外部经济性"的要求;违反敏捷性原则,则不能保证快速迎合市场机遇的目的;而忽视风险最小化原则,将会为供应链的运营埋下巨大的隐患。因此,在选择供应链合作伙伴时,必须全面认真地考虑以上四个基本原则。

需要注意的是,上述四个原则只是供应链合作伙伴选择的一般性原则或基本原则。由于每条供应链的具体问题不同,同时供应链核心企业具体目标也存在差异,故在选择合作伙伴时可能并不只限于以上四条基本原则,还要考虑很多其他方面的因素。

7.3.3 供应链合作伙伴选择的步骤

对供应链合作伙伴的选择,应当是分步骤地、综合地考虑多种因素的综合评价过程。合作伙伴的综合评价选择可以归纳为以下 8 个步骤,企业必须确定各个步骤的开始时间;同时,每一个步骤对企业来说都是动态的,并且每一个步骤对于企业来说都是一次改善业务的过程。

步骤1:分析市场需求和竞争环境,考察合作伙伴关系建立的必要性。

市场需求是企业一切活动的驱动源。分析市场需求的目的在于找到针对哪些产品市场开发供应链合作关系才有效,必须知道现在的产品需求是什么,产品的类型和特征是什么,确定用户的需求,从而确认建立供应链合作关系的必要性。如果已建立供应链合作关系,则可根据需求的变化确认供应链合作关系变化的必要性,从而确认合作伙伴评价选择的必要性;同时,还应分析现有合作伙伴的现状,分析、总结企业存在的问题。

步骤2:确立合作伙伴选择目标。

企业必须明确需要什么样的合作伙伴、合作伙伴评价程序如何实施、信息流程如何运作、谁负责等问题,必须建立实质性的和实际的目标,其中降低成本是主要目标之一。合作伙伴的评价、选择不仅仅只是一个简单的评价、选择过程,它本身也是企业自身和企业与企业之间的一次业务流程重构过程,实施得好,它本身就可带来一系列的利益。

步骤3:制定合作伙伴评价标准。

合作伙伴的综合评价指标体系是企业对合作伙伴进行综合评价的依据和标准,它既是反映企业本身和环境所构成的复杂系统不同属性的指标,也是按隶属关系、层次结构有序组成的集合。企业应根据系统全面性、简明科学性、稳定可比性、灵活可操作性的原则,建立集成化供应链管理环境下合作伙伴的综合评价指标体系。不同行业、企业、产品需求或不同环境下的合作伙伴应是不一样的,但不外乎都涉及合作伙伴的业绩、设备管理、人力资源开发、质量控制、成本控制、技术开发、用户满意度、交货协议等可能影响供应链合作关系的因素。

步骤4:建立评价组织。

企业必须建立一个小组,以控制和实施合作伙伴评价。组员以来自采购、质量、生产、工程等与供应链合作关系密切的部门为主。组员必须有团队合作精神,并具有一定的专业技能。评价小组必须同时得到制造商企业和合作伙伴企业最高领导层的支持。

步骤5:合作伙伴组织。

一旦企业决定进行合作伙伴评价,评价小组就必须与初步选定的合作伙伴取得联系,以确认他们是否愿意与企业建立供应链合作伙伴关系,并尽可能早地让合作伙伴参与到评价设计的过程中来。

步骤6:评价合作伙伴。

评价合作伙伴的一个主要工作是调查、收集有关合作伙伴的生产运作等各方面的信息。在收集合作伙伴信息的基础上,确定和应用一定的工具和技术方法,进行合作伙伴评价。

步骤7:决定合作伙伴。

根据评价结果确定合作伙伴,如果选择成功,则可开始实施供应链合作伙伴关系;如果没有合适的合作伙伴可选,则返回步骤2重新开始评价选择。

步骤8:实施供应链合作伙伴关系。

在实施供应链合作伙伴关系的过程中,市场需求将不断变化,企业可以根据实际情况的需要及时修改合作伙伴评价标准,或重新开始合作伙伴的评价选择。在重新选择合作伙伴的时候,应给予旧合作伙伴以足够的时间适应变化。

7.3.4 合作伙伴选择的方法综述

选择合作伙伴,是对企业输入物资的适当品质、适当期限、适当数量与适当价格的总体进行选择的起点与归宿。选择合作伙伴的方法较多,一般要根据供应零部件和供应商单位的多少、对供应商的了解程度以及对物资需要的时间是否紧迫等要求来确定。表 7-2 列出了目前国内外较常用的合作伙伴的选择方法。

表 7-2 合作伙伴选择方法

名 称	方 法	特 点
直观判断法	根据征询和调查所得的资料并结合个人的分析判断,对合作伙伴进行分析、评价、倾听和采纳有经验的采购人员意见,或者直接由采购人员凭经验做出判断	常用于选择企业非主要原材料的合作伙伴
招标法	由企业提出招标条件,各招标伙伴进行竞标,然后由企业决标,与提出最有利条件的合作伙伴签订合同或协议。招标法可以是公开招标,也可以是指定竞级招标。公开招标对投标者的资格不予限制,指定竞级招标则由企业预先选择若干个可能的合作对象,再进行竞标和决标	适合订购数量大、合作伙伴竞争激烈时的情况。招标方法竞争性强,企业能在更广泛的范围内选择适当的合作伙伴,以获得供应条件有利的、便宜而适用的物资。但招标手续较为繁琐,时间长,不能适应紧急订购的需要;订购机动性差,有时订购者对投标者了解不够,双方未能充分协商,造成货不对路或不能按时到货
协商选择法	由企业先选出供应条件较为有利的几个合作伙伴,同他们分别进行协商,再确定适当的合作伙伴	适合供货方较多、企业难以抉择时。由于供需双方能充分协商,在物资质量、交货日期和售后服务等方面较有保证。但由于选择的范围有限,不一定能得到价格最合理、供应条件最有利的供应来源。当采购时间紧迫、投标单位少、竞争程度小、订购物资规格和技术条件复杂时,协商选择法比招标法更为适合
采购成本比较法	采购成本比较法是通过计算分析针对各个不同合作伙伴的采购成本,一般包括售价、采购费用、运输费用等各项支出总和,从中选择采购成本较低的合作伙伴	适合对质量和交货期都能满足要求的合作伙伴
成本分析法	通过计算合作伙伴的总成本来选择合作伙伴	用于分析企业因采购活动而产生的直接成本和间接成本的大小
层次分析法	根据具有阶梯结构的目标、子目标(准则)、约束条件、部门等来评价方案,采用两两比较的方法确定判断矩阵,然后把判断矩阵中最大特征相对应的特征向量的分量作为相应的系数,最后综合给出各方案的权重(优先程度)	可能性高,误差小,不足之处是遇到因素众多、规模较大的问题时,该方法容易出现问题,如判断矩阵难以满足一致性要求,往往难于进一步对其分组
神经网络算法	模拟人脑的某些智能行为,如知觉、灵感和形象思维等,具有自学习、自适应和非线性动态处理等特征,建立更加接近于人类思维模式的定性与定量模式的学习,获得评价专家的知识、经验、主观判断及对目标重要性的倾向	当对合作伙伴作出综合评价时,该方法可再现评价专家的经验、知识和直觉思维,从而实现了定性分析与定量分析的有效结合,也可以较好地保证合作伙伴综合评价结果的客观性

7.3.5 目前合作伙伴关系存在的问题

合作伙伴的选择是供应链战略合作伙伴关系运行的基础。良好的供应链合作伙伴关系是企业最高管理层支持和协商的结果,没有企业最高管理层的支持往往是不成功的。企业之间要保持良好的沟通,建立相互信任的关系。

一般而言,目前供应链合作伙伴关系存在的主要问题有以下几点。

1. 企业的结构

企业的结构决定着供应链合作伙伴关系中的信息传递速度和响应能力。

2. 企业的文化

企业的文化作为企业价值观的体现,反映了企业对供应链合作伙伴关系的态度,决定着企业处理问题的风格。

3. 企业的兼容性

兼容是一个成功的合作关系所必须具备的重要条件之一,兼容及解决分歧和矛盾的能力是保证合作双方良好关系的基石。寻找一个兼容的合作伙伴的最好办法就是在已经与自己存在业务联系的客户中选择。兼容性主要考虑企业在规模与能力上的兼容、现存的联盟网络、以往合作的记录、企业战略、企业文化、企业组织管理和时间、生产、市场销售与分配、财务、安全、健康与环境策略等。

4. 企业的能力

潜在的合作伙伴的能力是非常重要的影响因素。合作者必须有能力与企业合作,合作才有价值,合作才有基础。对此,应主要考虑合作伙伴的活跃程度、市场实力、技术水平、生产能力、销售网络、市场主导地位等。大部分企业都要求其合作伙伴具有能够对合作关系投入互补性资源的能力,从而能够帮助企业克服自己的弱点,进而实现自己的商业目标。因此,对合作企业能力的评价是综合的,应该由管理人员、财务、法律和税务等专家共同评定。

5. 企业的投入

合作伙伴必须有投入时间、精力和资源的意识,才能共同应对多变的市场条件。对此,应主要考虑合作关系的业务是否属于合作伙伴的核心产品范围或核心业务范围,以及确定合作伙伴退出合作关系的难度。

课题小结

供应链合作伙伴关系指供应商与制造商之间、制造商与销售商之间在一定时期内的共享信息、共担风险、共同获利的协作关系。建立这样一种合作伙伴关系的目的是为了降低供应链总成本、降低总的库存水平、加强信息共享、改善相互之间的交流、保持战略伙伴相互之间运作的一贯性、产生更强大的竞争优势,以实现供应链节点企业的财务状况、质量、产量、交货期、用户满意度和业绩的改善和提高。这种战略合作伙伴关系强调彼此之间的合作和信任,最终达到节点企业双赢或多赢的目的。

在新的竞争环境下,供应链合作伙伴关系强调长期的战略协作,强调共同努力实现共有的计划和解决共同问题,强调相互之间的信任与合作。

第三部分 课题实践页

复习思考题

1. 选择题

   (1) 供应链合作伙伴关系是供应商与制造商之间、制造商与销售商之间在一定时期内的共享信息、共担风险、共同获利的（　　）。

   A. 同盟关系　　B. 协作关系　　C. 共赢关系　　D. 对等关系

   (2) 美国学者劳兰基(P. Lorange)把供应链战略联盟分为（　　）、市场营销型和联合研制型三种。

   A. 资源补缺型　　B. 对等占有型　　C. 契约型　　D. 虚拟型

   (3) 用户满意度的增加主要有产品设计、产品制造过程和（　　）方面的原因。

   A. 分销商　　B. 产品质量　　C. 生产技术　　D. 售后服务

   (4) 供应链合作伙伴关系的制约条件有（　　）。

   A. 合作企业间的冲突　　　　B. 企业间的相互依赖程度

   C. 合作双方的组织相容性　　D. 以上均是

   (5) 由企业先选出供应条件较为有利的几个合作伙伴，同他们分别进行协商，再确定适当的合作伙伴的方法是（　　）。

   A. 直观判断法　　B. 招标法　　C. 协商选择法　　D. 层次分析法

2. 问答题

   (1) 什么是供应链合作伙伴关系？为什么要建立供应链合作伙伴关系？

   (2) 供应链合作伙伴关系与传统的供应商关系的区别主要体现在哪些方面？

   (3) 供应链合作伙伴关系的意义是什么？

   (4) 选择供应链合作伙伴存在什么风险？

   (5) 合作伙伴的综合评价可分为哪几个步骤？

   (6) 评价供应链合作伙伴的主要方法有哪些？各种方法的主要特点是什么？

3. 案例分析

宝钢集团的供应链合作关系管理

宝钢集团有限公司（以下简称宝钢）是以宝山钢铁(集团)公司为主体，联合重组上海冶金控股(集团)公司和上海梅山(集团)公司，于1998年11月17日成立的特大型钢铁联合企业。宝钢是中国最具竞争力的钢铁企业，年产钢能力约为2000万吨，赢利水平居世界领先地位，产品畅销国内外市场。2007年7月，美国《财富》杂志公布的世界500强企业的最新排名中，宝钢以2006年销售收入226.634亿美元居第307位，在进入500强的钢铁企业中居第6位。这是宝钢连续4年跻身世界500强。《世界钢铁业指南》评定宝钢股份在世界钢铁行业的综合竞争力为前3名,认为是未来最具发展潜力的钢铁企业。在宝钢的辉煌中,其供应链合作关系管理也折射着宝钢创新管理的光芒。

1. 宝钢集团概况

宝钢专业生产高技术含量、高附加值的钢铁产品。在汽车用钢,造船用钢,油、气开采和输送用钢,食品、饮料等包装用钢,金属制品用钢,不锈钢,特种材料用钢以及高等级建筑用钢等领域,在成为中国市场主要钢材供应商的同时,产品出口日本、韩国、欧美四十多个国家和地区,并保持着世界先进的技术水平。

宝钢采用国际先进的质量管理,主要产品均获得国际权威机构认可。通过 BSI 英国标准协会 ISO9001 认证和复审,获美国 API 会标、日本 JIS 认可证书,通过了通用、福特、克莱斯勒世界三大著名汽车厂的 QS9000 贯标认证,得到中国、法国、美国、英国、挪威、意大利等国的船级社认可。宝钢实施的国际化经营战略,已形成了近20个境外和国内贸易公司组成的全球营销网络,与国际钢铁巨头合资合作,广泛建立战略合作联盟,实现优势互补,共同发展。

在新一轮的发展战略规划中,宝钢将更好、更好地实施新一轮跨越式发展战略发展战略:到2012年,宝钢的钢铁产能将达到5000万吨以上,销售收入大幅提升;建成目标市场品种、规格齐全、产品系列配套、以精品钢材为核心的钢铁生产基地,提升战略产品的综合竞争力,在规模和产品上保持国内"领头羊"地位;努力开拓新的成长空间,提升公司在国内、国际市场上的控制力、产业链影响力和行业带动力。

2. 对上游供应商关系的管理

宝钢主要依靠上游的原料供应生产高技术含量和高附加值的钢铁产品。

对国外供应商,宝钢集团注重建立长期合作关系。如2007年2月,宝钢资源公司与澳大利亚弗太斯特金属集团有限公司(FMG)签订了为期10年的铁矿石合作协议,随着FMG产量的不断增加,该公司每年将向宝钢提供2000万吨的铁矿石。2008年5月28日,首船装载FMG铁矿石的衡山号轮顺利抵达宝钢马迹山港。FMG首船矿到港仪式的开幕,标志着FMG从此开始成为宝钢重要的铁矿石供应商。宝钢认为,上下游产业链是唇齿相依、互相依赖的共同体,宝钢和FMG将积极探索互惠共赢、面向未来的合作方式,并不断拓展合作领域,共同抵御市场风险,谋求更大发展。从中不难看出宝钢正是以诚信来与国外供应商建立合作伙伴关系的。

对国内供应商,宝钢诚信合作,每年都举行由会员单位高层领导参与的供应商联合会年度会议,评选优秀的供应商,对供应商关系实施制度化关系。宝钢按供应商所供物资的重要程度、历史供货能力和业绩以及与宝钢的相互依存关系和供应商知名度等,分别按长期战略合作、一般合作、简单供需来划分合作关系类型,并从这三个层次建立相应的合作关系。战略伙伴关系供应商占供应商总数的8%,一般合作关系占32%,简单供需关系占60%。通过实施末位淘汰、供应商评审、取消中间供应商和代理采购等管理方式,来调整宝钢的供应商关系结构(压缩、降级或新增供应商)。

对合作关系制度化管理包括:制定供应商选择标准;建立供应商档案,将其基本情况、供应实绩、评审记录等输入计算机;实行动态管理。对供应商评审的量化内容包括业务量、质量、价格、合同履行、服务、生产制造能力、创新能力等。将这些方面量化打分,按四个等级

(A、B、C、D)评定,作为供应商资格保留、取消和升降层次的主要依据。每年度集中评审,然后在供应商联合会中公布评审结果,其中,A类供应商多为战略合作伙伴关系(协同型合作关系),D类则属于末位自动淘汰范围。

3. 对下游投资者的关系管理

自宝钢股份上市以来,始终秉承真诚沟通、互动双赢原则。通过投资者热线、投资者调研接待、网上业绩发布会、分析师交流会等多种方式,加强与投资者的沟通,促进投资者对公司的了解和认同,使公司价值最大化。同时,宝钢积极采纳投资者的合理化意见,改善公司的经营管理和治理结构,提高公司核心竞争力,实现股东价值最大化。宝钢股份与投资者之间良好的沟通关系,满足了广大投资者的理解和支持,对其资本市场的可持续发展起到了良好的助推作用。2007年8月,由《中国证券报》联合主办的年度中国投资者关系管理评选活动中,宝钢股份荣获2006年度中国最佳投资者关系管理百强奖。2007年度荣获中国质量协会"全国用户满意服务企业"称号。对下游投资者的关系管理,极大提升了宝钢的社会信誉。

4. 重视世界供应链中自身信用关系的管理

宝钢也是世界供应链中的最佳供应商之一。宝钢的战略目标是成为世界一流的跨国公司,在2010年前钢铁主业综合竞争力进入世界前3名。为了实现集团的战略目标,宝钢积极开拓国际市场,与国际钢铁巨头合资合作,广泛建立战略合作联盟,实现优势互补,共同发展。2005年8月,宝钢首次与韩国和日本合作,为这两国提供宽厚板产品供应,为宝钢开拓宽厚板海外市场打下了基础。2006年,宝钢特殊钢分公司成为西门子发电集团不锈叶片钢材料供应商。目前,宝钢已成为四十多个国家和地区的供应商。在世界级的供应链上,宝钢作为供应商非常重视自身信用关系的管理。比如,宝钢在首次接到韩国和日本宽厚板产品出口订单合同后,为保证订单的时间和质量,宝钢组织分公司制造部、销售部、厚板厂等有关部门进行了合理的资源调配,及时编排了轧制计划,同时积极组织船级社认证,快速实现了批量生产。由于长期以来重视自身在世界级供应链中信用关系的管理,宝钢的世界级信用等级稳健提升。2004年12月底,标准普尔评级公司宣布将宝钢集团公司和宝钢股份长期信用等级从"BBB+"提升至"A-"。评级结果的提升肯定了宝钢集团稳健经营、快速发展的能力。

[资料来源:根据宝钢集团网站(http://www.baosteel.com)相关信息资料、因特网相关资料整理而成]

思考题

1. 简述合作伙伴关系的含义。
2. 宝钢与供应商的合作伙伴关系给双方带来了哪些好处?
3. 在维护合作伙伴关系中应该注意处理好哪些问题?

课题八　供应链管理中的现代物流

 学习目标

1. 了解物流管理与供应链管理的关系；
2. 掌握供应链环境下物流管理的目标和特征；
3. 了解供应链环境下的物流管理策略的内容；
4. 掌握供应链集成商第四方物流的功能和运作模式。

 技能目标

学会供应链管理体系下企业物流管理的策略。

第一部分　引导案例

揭开戴尔供应链的秘密

杰克·韦尔奇曾说："如果你在供应链运作上不具备竞争优势，就干脆不要竞争。"英国管理学者克里斯多夫更进一步强调供应链的重要性，他说："市场上只有供应链而没有企业，21世纪的竞争不是企业和企业之间的竞争，而是供应链和供应链之间的竞争。"

2005年11月底，权威市场调研公司AMR发布了"供应链25强"，AMR把供应链称为"捕食者的刀锋"，名列榜首的正是戴尔公司。

无论是竞争对手还是戴尔自己都把取得成功的很大一部分原因归结为有一条令人羡慕不已的供应链。

虽然很多企业甚至包括竞争对手都在学习戴尔的供应链，戴尔人却感觉似乎还没有人能真正学到。戴尔供应链的奥妙到底在什么地方？它能够给其他的企业什么启发呢？

要理解戴尔的供应链，首先要理解其"虚拟整合"的思想。戴尔中国客户中心总经理李元均首先并没有提到"直接模式"这个"戴尔的灵魂"，而是提到另外一个重要的经营思想：专注于自己最擅长的领域，把不擅长的环节给行业中做得最好的人去做，然后通过采购把最具性价比的产品买回来，自己做最后的整合。

李元均说，戴尔也可以自己搞一个CPU车间，搞一个主板车间，搞一个软件车间——以戴尔今天的实力，完全可以自己来做。但戴尔的做法和这种传统思维正相反。

供应商从提供零件的角度看就相当于戴尔的一个车间。李元均说，如果供应商提供的每一个零件的性价比都是有竞争力的，那么最后戴尔组装好的整个产品就是有竞争力的。

但要达到这样的目标,戴尔的实施手段是什么?戴尔的目光已经越过了企业的四面围墙,把供应商看成了自己的车间。但是工厂的零件车间就在组装车间的隔壁,戴尔的供应商却分布在世界各地,如何管理?到这里,戴尔供应链中另外一个很重要的概念就出来了——"交易引擎"。

现在就要谈到戴尔最有特色的"直接模式"了——戴尔完全是按订单生产,客户打电话来或者从网上下订单之后,戴尔才按需求生产。这种生产和销售方式使得戴尔可以按照顾客实际需求的变动不断地调整自己的物料需求,并通过信息系统和供应商共享这些信息。李元均认为,这是戴尔供应链最精妙的地方。

(资料来源:中国物流网.经作者整理)

第二部分 课题学习引导

8.1 物流管理概述

物流产业作为以物流活动为基本共同点的企业集合体,是国民经济的基础性产业,并在特定条件下成为国民经济的支柱性产业。在物流的实践中人们发现,物流环节确实存在着很大的利润空间,通过正确的运作和管理物流,可以大大地降低企业的生产和流通成本,给企业带来很大的利润和经济效益,同时对资源的节约和社会的可持续发展起到巨大的作用。

物流系统是指在一定的时间和空间里,由所需位移的物资、包装设备、装卸搬运机械、运输工具、仓储设施、人员和通信联系等相互制约的动态要素所构成的具有特定功能的有机整体。物流战略是指为寻求物流的可持续发展,就物流发展目标以及达成目标的途径与手段而制定的长远性、全局性的规划与谋略。

企业物流管理作为企业管理的一个分支,是对企业内部的物流活动(如物资的采购、运输、配送、储备等)进行计划、组织、指挥、协调、控制和监督的活动。通过使物流功能达到最佳组合,在保证物流服务水平的前提下,实现物流成本的最低化,这是现代企业物流管理的根本任务所在。

8.1.1 物流管理的内涵

物流管理是为了以最低的物流成本达到客户所满意的服务水平,在社会再生产过程中,根据物质资料实体流动的规律,应用管理的基本原理和科学方法,对物流活动进行计划、组织、指挥、协调、控制和监督,使各项物流活动实现最佳的协调与配合,以降低物流成本,提高物流效率和经济效益。

1. 物流管理的内容和范围

物流管理包括以下几个方面的内容:

(1)对物流活动诸要素的管理,即对采购、包装、运输、仓储、装卸、搬运和配送等环节的管理;

（2）对物流系统诸要素的管理，即对其中人、财、物、设备、方法和信息等六大要素的管理；

（3）对物流活动中具体职能的管理，主要包括对物流计划、质量、技术、经济等职能的管理。

物流管理的范围包括物流战略管理、物流系统设计与运营管理、物流作业管理等。

2．物流管理的目标

物流管理的目标主要包括快速反应、最小变异、最低库存、整合运输、产品质量以及生命周期支持等。

（1）快速反应。

快速反应关系企业能否及时满足客户的服务需求的能力。信息技术提高了在尽可能最短的时间内完成物流作业并尽快交付所需存货的能力。快速反应的能力把物流作业的重点从根据预测和对存货储备的预期，转移到从装运和装运方式对客户需求作出迅速反应上来。

（2）最小变异。

最小变异就是尽可能控制任何会破坏物流系统表现的、意想不到的事件。这些事件包括客户收到订货的时间被延迟、制造中发生意想不到的损坏、货物交付到不正确的地点等。传统解决变异的方法是建立安全储备存货或使用高成本的溢价运输。信息技术的使用使积极的物流控制成为可能。

（3）最低库存。

最低库存的目标是减少资产负担和提高相关的周转速度。存货可用性的高周转率意味着分布在存货上的资金得到了有效的利用。因此，保持最低库存就是要把存货减少到与客户服务目标相一致的最低水平。

（4）整合运输。

最重要的物流成本之一是运输。一般来说，运输规模越大及需要运输的距离越长，每单位的运输成本就越低。这就需要有创新的规划，把小批量的装运聚集成集中的、具有较大批量的整合运输。

（5）产品质量。

由于物流作业必须在任何时间、跨越广阔的地域来进行，故而对产品质量的要求被强化，因为绝大多数物流作业是在监督者的视野之外进行的。由于不正确的装运或运输中的损坏导致重做客户订货所花的费用，远比第一次就正确地操作运行所花费的费用多。因此，物流是发展和维持全面质量管理不断改善的主要组成部分。

（6）生命周期支持。

某些对产品生命周期有严格需求的行业，回收已流向客户的超值存货将构成物流作业成本的重要部分。如果不仔细审视逆向的物流需求，就无法制定良好的物流策略。因而，产品生命周期支持也是物流管理设计的重要目标之一。

实施物流管理的目的就是要在尽可能最低的总成本条件下实现既定的客户服务水平，即寻求服务优势和成本优势的一种动态平衡，并由此创造企业在竞争中的战略优势。根据这个目标，物流管理要解决的基本问题，简单地说，就是把合适的产品以合适的数量和合适的价格在合适的时间和合适的地点提供给客户。

现代物流管理已具备的反应快速化、功能集成化、服务系列化、作业规范化、目标系统化、手段现代化、信息电子化的特征,把原本功能分散的各个环节作为一个系统来组织并进行一体化管理,从而达到系统最优化。整体成本最小而效益最大,这就是物流管理的目的及根本意义所在,也是物流管理的内涵。

8.1.2 物流管理的发展历程

国际上物流管理的发展经历了三个阶段。

1. 第一阶段:运输管理阶段,又称职能管理阶段(20世纪60—70年代)

物流管理起源于第二次世界大战中军队输送物资装备所发展出来的储运模式和技术。在战后这些技术被广泛应用于工业界,并极大地提高了企业的运作效率,为企业赢得了更多客户。当时的物流管理主要针对企业的配送部分,即在成品生产出来后,如何快速而高效地经过配送中心把产品送达客户,并尽可能维持最低的库存量。现在的美国物流管理协会那时的名称是实物配送管理协会,而现在的加拿大供应链与物流管理协会当时则叫做加拿大实物配送管理协会。在这个初级阶段,物流管理只是在既定数量的成品生产出来后,被动地去迎合客户需求,将产品运到客户指定的地点,并在运输的领域内去实现资源最优化使用,合理设置各配送中心的库存量。准确地说,在这个阶段物流管理并未真正出现,有的只是运输管理、仓储管理、库存管理;物流经理的职位当时也不存在,有的只是运输经理或仓库经理。

2. 第二阶段:物流管理阶段,又称内部一体化阶段(20世纪80年代)

现代意义上的物流管理出现在20世纪80年代。人们发现利用跨职能的流程管理的方式去观察、分析和解决企业经营中的问题非常有效。通过分析物料从原材料运到工厂,流经生产线上每一个工作站,产出成品,再运送到配送中心,最后交付给客户的整个流通过程,企业可以消除很多看似高效率却实际上降低了整体效率的局部优化行为。因为每个职能部门都想尽可能地利用其产能,没有留下任何富余,一旦需求增加,则处处成为瓶颈,导致整个流程的中断。例如运输部作为一个独立的职能部门,总是想方设法降低其运输成本,这本身是一件天经地义的事,但若其因此而将一笔需加快的订单交付海运而不是空运,则虽然省下了运费,却失去了客户,导致整体的失利。所以传统的垂直职能管理已不适应现代大规模工业化生产,而横向的物流管理却可以综合管理每一个流程上的不同职能,以取得整体最优化的协同作用。

3. 第三阶段:供应链管理阶段,又称外部一体化阶段(20世纪90年代)

20世纪90年代随着全球一体化的进程,企业分工越来越细化。各大生产企业纷纷外包零部件生产,把低技术、劳动密集型的零部件转移到人工最廉价的国家去生产。以美国的通用、福特、戴姆勒-克莱斯勒三大车厂为例,一辆车上的几千个零部件可能产自十几个不同的国家,几百个不同的供应商。这样一种生产模式给物流管理提出了新课题:如何在维持最低库存量的前提下,保证所有零部件能够按时、按质、按量并以最低的成本供应给装配厂,并将成品车运送到每一个分销商。

这已经远远超出了一个企业的管理范围,它要求与各级供应商、分销商建立紧密的合作伙伴关系,共享信息,精确配合,集成跨企业供应链上的关键商业流程,这样才能保证整个流程的畅通。只有实施有效的供应链管理,方可达到同一供应链上企业间协同作用的最大化。

市场竞争已从企业与企业之间的竞争转化为供应链与供应链之间的竞争。

在这样的背景下,加拿大物流管理协会于是2000年改名为加拿大供应链与物流管理协会,以反映行业的变化与发展。美国物流管理协会曾试图扩大物流管理概念的外延来表达供应链管理的理念,最后因多方反对,不得不修订物流管理概念,承认物流管理是供应链管理的一部分。

8.1.3 物流管理的基本内容

物流管理主要包括三个方面的内容:对物流活动诸要素的管理,包括对采购、包装、装卸搬运、运输、储存、流通加工、选址等环节的管理;对物流系统诸要素的管理,包括对其中人、财、物、设备、方法和信息等六大要素的管理;对物流活动中具体职能的管理,主要包括对物流计划、质量、技术、经济等职能的管理。

下面重点介绍物流包含的活动及它们与物流管理的关系。

1. 采购

采购是指企业向供应商获取商品或服务的一种商业(交易)行为。把采购归入物流是因为企业经营活动所需要的物品绝大部分是通过采购获得的,而运输成本与生产所需的原材料、零部件的地理位置(距离)有关,采购的数量和种类与运输成本、储存成本也有关系。

2. 包装

包装是指为了在流通过程中保护产品、方便储运、促进销售,按一定技术方法而采用的容器、材料和辅助物等的总体名称。包装可分为两种,即商品包装和工业包装。商品包装的目的是便于消费者购买,也有利于在消费地点按单位把商品分开销售,并能显示商品特点,吸引购买者的注意和引起他们的喜爱,以扩大商品的销售。工业包装的作用是按单位分开产品,便于运输,并保护在途货物。运输方式的选择将影响包装要求。

3. 装卸搬运

任何商品,不管它处于什么状态,当要对它进行包装、入库、运输、储存保管、配送或流通加工时,都需要搬运作业。装卸搬运是物流各环节的结合部,是连接储运的纽带,它贯穿于物流的全过程。因此,装卸搬运是指在同一地域范围内,以改变物品的存放状态和空间位置为主要内容的作业活动。具体来说,它是对物品进行垂直或水平位移及改变其空间位置或支撑方式的一项作业活动。

4. 运输

运输是物流系统中非常重要的一部分,它是指使物品发生场所、空间位置移动的物流活动。运输的任务是将物品进行较长距离的空间移动。运输不改变物品的实物形态,也不增加其数量,但它解决了物品在生产地点和需要地点之间的空间距离而带来的供销矛盾,创造了商品的空间效用,满足了社会需要。因此,运输是物流的中心环节,在某些场合中,甚至把运输作为整个物流的代名词。

5. 储存

储存是指在社会总生产过程中暂时处于停滞状态的那一部分物品。通过对储存物品的保管、保养,克服产品生产与消费在时间上的差异,创造物品的时间效用,能保证流通和生产的顺利进行。储存包括两个既独立又有联系的活动：存货管理与仓储。储存又可分为生产储存和商品储存。前者是指在生产过程中，原材料、半成品、燃料、工具和设备等在直接进入生产过程之前或在两道工序之间所停留的时间。后者是指商品在流通过程中，产品从生产领域生产出来之后，到进入消费领域之前在流通领域停留的时间。

6. 流通加工

流通加工是指商品在流通过程中，根据用户要求，改变或部分改变商品的形态或包装形式的一种生产性辅助加工活动。流通加工的内容主要包括装袋、定量化小包装、挂牌子、贴标签、配货、挑选、混装、刷标记、商品检验等。生产厂的外延流通加工，是指成品在流通过程中，根据客户要求对商品进行的加工。

7. 选址

物流另一个重要领域是企业、仓库和配送点（或配送中心）的选址。它们的位置改变会改变企业和市场、企业和供应商之间的时间和位置关系。这种改变将影响运输的服务与价格、客户服务、存货要求和其他方面。一般来说，企业的位置不易改变，而配送点与仓库的位置可随市场变化进行调整。运输成本是决定选址的重要因素。

8. 配送

配送是指按照用户的订货要求，在物流节点进行分货、配货、装卸、运送、交货、验收等一系列的物流活动。配送离不开运输，人们通常把面向城市内和区域范围内的运输称为配送。总之，配送的目的是要做到收、发货经济，运输过程更加完善，保持合理库存，为客户提供方便，降低缺货危险，减少订发货费用。

9. 物流信息

物流信息是指与物流活动相关的信息，它包括能反映物流各种活动内容的知识、资料、消息、情报、图像、数据、文件等。物流信息主要来源于两个方面：一是直接来自物流活动本身，如商品数量、质量、作业管理等相关的物流信息；二是来自与物流相关的商品交易活动和市场，如商品预测、订货、发货和货款支付等相关的商流信息。

8.1.4 现代物流管理的特征

随着物流管理和物流活动现代化程度的不断提高，现代物流管理在不同的时期也会有不同的内涵，其特征可以概括为以下几个方面。

1. 现代物流管理以实现顾客满意为第一目标

现代物流管理把客户服务放在首位。当前企业重视物流的发展，一方面是想通过物流降低成本，另一方面也是想通过合理化的物流管理为客户提供更满意的服务。所以，物流管理在进行设计时要基于企业经营战略基础，并从顾客服务目标的设定开始，进而通过顾客服务的个性化战略体现出竞争优势。

2. 现代物流管理以企业整体最优为目的

现代物流管理以整体最优为目的。其所要实现的低成本不是指单项物流活动成本最低，而是强调整个物流系统所有活动的成本最优；并且实现的不是单个企业的效益最优化，而是要使供应链上各节点企业都受益。

3. 现代物流管理注重整个流通渠道的商品运动

现代物流管理的对象是整个流通渠道的商品流动。传统物流被人们认为是从生产者到消费者阶段商品的流动,物流管理的主要对象也被认为是"销售物流"和"企业内物流",其实现代物流管理的范围不仅包括销售物流和企业内物流,还包括供应物流、回收物流以及废弃品物流。

4. 现代物流管理既重视效率更重视效果

现代物流管理的原则是效率与效果并重。现代物流管理与传统物流管理相比,变化体现为:在物流运作上,从原来重视物流的机械、设备等硬件要素转向重视信息、管理方法等软件要素;在物流活动范围方面,从以前只重视运输、储存为主的活动转向重视物流整个系统;从管理面来看,现代物流从原来的操作层转向策略层,进而向战略层发展。

5. 现代物流管理是对商品运动的全过程管理

现代物流管理是一体化的管理,是把从供应链开始到最终顾客为止的整个流通阶段所发生的商品运动作为一个整体来看待的,因此这对管理活动本身提出了相当高的要求。

6. 现代物流管理重视以信息为中心

现代物流管理更强调以信息管理为中心。要实现物流管理的整体最优,各个部分、各个企业间及时准确的信息传递和沟通是至关重要的,这样才能保证生产、销售等部门在运作时考虑到其他部门的需要,才能使供应商、批发商、零售商等有关联的企业形成一个统一的整体,强化企业间的关系。

8.1.5 物流管理的关键环节

1. 制订物流管理计划

制订物流管理计划的程序包括:(1)确定目标;(2)考虑限制约束条件;(3)确定衡量标准;(4)选择分析技术;(5)制订工作计划。

2. 控制物流成本

控制物流成本包括:(1)加强库存管理,合理控制存货;(2)实行全过程供应链管理、提高物流服务水平;(3)通过合理的配送来降低物流成本;(4)利用物流外包来降低物流成本。

3. 构筑物流信息系统

所谓物流信息系统,是由人员、计算机硬件、软件、网络通信设备及其他办公设备组成的人机交互系统,其主要功能是进行物流信息的收集、存储、传输、加工整理、维护和输出,为物流管理者及其他物流信息系统组织管理人员提供战略、战术及运作决策的支持,以达到组织的战略竞优,提高物流运作的效率与效益。物流系统包括运输系统、储存保管系统、装卸搬运、流通加工系统、物流信息系统等方面,其中物流信息系统是高层次的活动,是物流系统中最重要的方面之一,涉及运作体制、标准化、电子化及自动化等方面的问题。

4. 构建物流管理信息系统

现代物流管理信息系统以国际先进物流理论为指导,从业务流程整合入手,采用 Internet、Intranet、大型分布式数据库技术以及条形码技术、GIS 和 GPS 等现代电子信息技术,实现信息采集和识别的自动化。一般来说,物流管理信息系统包括:运输设备管理信息系统;客户管理信息系统;货物报关管理信息系统;运输(配送)管理信息系统;仓储管理信息系统;等等。

5. 发展物流质量指标体系

由于物流质量是衡量物流系统的重要方面,所以发展物流质量指标体系对于控制和管理物流系统来说至关重要。物流质量指标体系以最终目的为中心,是围绕最终目标发展出来的、一定的、衡量物流质量的指标,主要有服务水平指标、满足程度指标、交货水平指标、交货期质量指标、商品完好率指标、物流吨费用指标等。

戴尔公司的供应链管理模式及对我国物流管理的启示

当个人电脑销售模式以间接渠道为主时,苹果、IBM、康柏、惠普等众多著名公司都是利用经销商、零售商将自己的产品间接地投放到市场上。戴尔公司却由创立开始就采用了截然不同的经营理念:绕过中间的销售商,以更低廉的价格直接提供产品给顾客。

1. 戴尔公司的供应链管理模式

戴尔公司直销模型侧重于缩短订单的执行时间以及减少库存。前者保证戴尔公司以最快的速度提供顾客所需的产品,从而显著提高了顾客的满意度和忠诚度;后者则有效地降低了公司的成本,从而显著提升了公司的赢利水平和竞争力。简而言之,戴尔公司直销模型具有如下几个特点。

(1) 机动灵活、成本低廉的配送系统。据康柏公司的一项调查显示,在传统的间接销售模式下,通过分销商和零售商配送产品所产生的渠道费用通常为销售收入的13.5%~15.5%;而在戴尔公司的直销模式下,由于中间环节的省略,这一费用被显著降低到仅为2%。与此同时,戴尔公司在产品配送方面具有了极大的自主权和自由度,简约的直销模型有效地缩短了信息和产品在整条供应链上传送所需的时间。1994年,戴尔公司的库存需要保持35天销售所需的产品;进入2000年,戴尔公司只需要保持5天销售所需的产品就可以应付任何市场变化。迅速的反应能力使得戴尔公司在产品生命周期不断缩短的计算机市场上占尽先机。

(2) 直接客户关系。在传统的间接销售模式下,计算机生产商无法保证零售商和分销商会优先处理客户对其产品的投诉或者服务要求。而在戴尔公司的直销模式下,公司与客户直接发生销售和售后服务关系,中间环节的省略显著降低了客户信息传送的时间,同时有效减少了信息的损耗。由于省略了零售商的环节,客户的售后服务要求通过电话热线直接传送到戴尔公司,后者则聘请了数以千计的技术支持人员24小时接听电话,以保证90%的问题可以当场在通话过程中解决,从而极大缩短了售后服务所需的时间和费用。美国《计算机世界》的用户调查显示,戴尔公司客户的满意度排名第一。这进一步显示了直销模式可以在降低企业经营成本的同时显著提高对客户的服务水平。

2. 接单后生产(Build-to-order)及准时化

在传统管理方式下,生产很大程度上依赖需求预测,订单的模式多为"公司A在两个星期内需要5000台计算机"。然而,在戴尔的直销模型下,客户与公司直接发生销售关系,这使得客户在确定产品类型和数量上具有极大的自由度。这种情况下,订单的模式就成为"明天早上7点钟运送28台A型计算机到公司B仓库C的D门"。为了能够满足客户日趋个性化、多样化的要求,戴尔采用了接单后生产(Build-to-order)及准时化(Just-in-time)的生产方式,其装配车间不设置任何仓储空间,原配件由供应商直接运送到装配线上,生产出来的产品直接运送给指定客户,原配件和成品均实行零库存制。这一先进的生产管理方式极大程度地降低了库存成本,同时有效提高了客户的满意度和忠诚度。

3. 产品和服务定位于特定的客户群体

在直销模型下,客户通过网页、热线电话或者邮件直接向戴尔公司订货。这就决定了戴尔公司的产品和服务并非定位于整个计算机用户市场。初次使用计算机的用户通常需要在零售商的销售地点实际接触到计算机才会确定购买,只有具备足够计算机知识的用户才会选择以直销模式订货,因为他们更加重视产品的性能价格比,更加需要自由确定计算机的设置(如硬盘的大小、处理其运算能力的高低等等)。随着计算机技术的不断推广,熟练用户的比重不断攀升,戴尔的直销模型必将有更大的用武之地。

(资料来源:http://www.mba.org.cn,经作者整理)

8.2 物流管理与供应链管理的关系

物流管理作为现代供应链管理思想的起源,同时也是供应链管理的一个重要组成部分。对物流的研究必须是在供应链的框架下进行。因此,了解物流管理与供应链管理的关系,对于理解供应链管理思想的实质及管理组织的职能是很有必要的。

8.2.1 物流与供应链

物流可以从不同角度进行定义。在国际上,最普遍采用的是美国物流管理协会(Council of Logistics Management)的定义:物流是为满足消费者需求而进行的;对货物、服务及相关信息从起始地到消费地,有效率与效益的流动与存储的计划、实施与控制的过程。

供应链是围绕核心企业,通过信息流、物流、资金流,将供应商、制造商、分销商、零售商直到最终用户连成一个整体的功能网络结构模式,链中的成员称为供应链的节点。更加确切地说,供应链是描述商品需—产—供过程中各实体和活动及其相互关系动态变化的网络。

物流与供应链的区别主要有以下几点。

1. 物流与供应链的研究范畴不同

物流研究物品在流通过程中所产生的一系列经济活动,即针对运输、仓储、包装、装卸搬运、流通加工等活动进行管理。供应链则是企业的一种管理模式,强调企业为提高对外部不确定性的适应能力,通过企业间结成战略联盟来加强对市场需求的应变能力,它更着重于表现出一种管理思想而被应用到微观企业的管理模式上。故就研究范畴而言,物流较供应链研究范围要宽,它不仅涉及微观企业运作的研究,还涉及宏观社会物流的研究,如物流企业属物流研究范围,但物流企业并不在供应链中的节点企业中占据一席之地,供应链的节点企业大多表现为供应商、制造商、分销商等。

2. 物流与供应链产生的起因不同

物流素有"第三利润源泉"之说,其产生和发展最早是源于降低成本的需要;而供应链则是横向一体化思想对传统的纵向一体化模式的挑战,是企业管理模式的BPR(业务流程重组),它更着重于强调企业对外部环境的应变能力的提高。

3. 物流与供应链管理的复杂程度不同

物流管理主要强调如何协调各种物流活动,包括为了以最低的物流成本达到用户所满意的服务水平而对物流活动进行的计划、组织、协调与控制过程;而就供应链而言,其管理复杂程度较高,它不仅涉及物流,同时还需要对商流、信息流、资金流进行管理,而且供应链管理涵盖从企业战略层到战术层,再到运作层,包含所有层次的活动。故就管理内容而言,供应链的管理较物流的管理更为复杂。

虽然物流和供应链在研究范畴、产生原因及管理内容等方面有所区别,但从管理的角度看,两者的发展又具有很大的相似性,表现为其管理思想、管理原则和管理目标等相同。即无论是物流还是供应链,它们都需要"以客户为中心",都必须从系统化的角度出发完成其管理活动,并且对信息化建设有很强的依赖性。物流和供应链的发展只有通过系统化、信息化才能实现管理现代化,提高企业的竞争能力。

8.2.2 物流管理与供应链管理

物流管理作为现代供应链管理思想的起源,同时也是供应链管理的一个重要组成部分。在物流管理出现之前,企业还没有一个独立的物流管理业务部门,物流只是被当做制造活动的一部分。20世纪80年代出现了集成物流的概念,把企业的输入与输出物流管理以及部分市场和制造功能集成在一起。供应链管理是20世纪90年代才出现的新的管理模式,并随之出现了集成供应链概念,通过和其他的供应链成员进行物流的协调寻找商业机会。物流指的是供应链范围内企业之间的物资转移活动(不包括企业内部的生产活动)。现代的企业物流管理已经把采购与分销两个为生产服务的领域统一在一起,形成的物流供应链,这就是现代物流管理的含义。

供应链管理与物流管理既有区别又有联系。

(1) 从管理对象上分析,物流管理的对象是物流活动和与物流活动直接相关的其他活动;而供应链管理涉及的内容要庞大得多,既包括商流、信息流、资金流、增值流的管理,也包括物流管理。物流管理就成了供应链管理的一部分。

(2) 从管理手段上分析,供应链管理是基于Internet的供应链交互的信息管理,是以电子商务为基础的运作方式,信息流、商流、资金流在电子工具和网络通信技术的支持下,可通过轻轻点击鼠标瞬息完成;而物流即物质资料的空间位移,具体的运输、储存、装卸、配送等各种活动是不可能直接通过网络传输的方式来完成的。

(3) 从管理目标上分析,供应链管理和物流管理的目标不同。由于不涉及资金流,物流管理的主要目标是最低成本;相反,供应链管理的目标是最大价值。

(4) 从管理组织的职责上分析,一般而言,供应链管理是协调企业间的跨职能的决策,属于战略性的管理;而企业物流管理大多数属于对具体运作业务活动的管理,属于战术性管理。当然,在供应链管理、物流管理下还会设置下一层的管理部门,以便将管理的目标和内容进一步的划分。当我们分清了供应链管理和物流管理的一致性和差异性的时候,相应的管理组织的职能也就清晰明确了。

(5) 从研究重点上分析,物流管理主要研究各种旨在改善物流效率的物流管理技术和方法;而供应链管理不仅限于技术方法的研究,更加注重"合作"、"双赢"等管理理念的研究。

从上述物流管理与供应链管理的关系上看,物流管理可以看做供应链管理体系的重要组成部分,但与其他的组成部分不同的是,它有很强的独立性。

8.2.3 物流管理对供应链管理的影响

物流管理在供应链管理中有着重要的作用。物流价值(采购和分销之和)在各种类型的产品和行业中都占到了整条供应链价值的一半以上,而制造价值不到一半。在易耗消费品和一般工业品中,物流价值的比例更大,达80%以上。这说明供应链是一个价值增值链过程,应有效地管理好物流过程,提高供应链的价值增值水平。物流管理不再是传统的保证生产过程连续性的问题,而是要在供应链管理中发挥重要作用,如创造用户价值,降低用户成本;协调制造活动,提高企业敏捷性;提供用户服务,塑造企业形象;提供信息反馈,协调供需矛盾。

相关链接

海尔物流管理在供应链中的作用

作为中国最大的家电制造业集团,海尔集团近年面临国内国际同行业的激烈竞争。以前,海尔集团在计划推动模式下建立并运行了国内一流的采购、营销和制造系统。但近年来该系统的竞争和利润已接近尽头,集团不得不在战略上寻求新的、更有利的营销途径。海尔在全集团范围内以现代物流革命为突破口,对原来的业务流程进行了重新设计和再造。

海尔集团将原来的金字塔式组织结构改革为扁平化的组织结构,成立了物流推进本部,统一采购、统一原材料配送、统一成品配送,使内部资源得以整合,外部资源得以优化,使采购、生产支持和物资配送实现战略一体化。

海尔集团对物流系统进行改造取得的成果包括采购成本下降、库存和运转成本大为降低、成本分拨率提高、付款效率改善等方面。

(资料来源:畅享网.经作者整理)

8.3 供应链环境下的物流管理策略

随着现代科学技术和全球经济一体化的发展,企业的市场竞争优势越来越取决于现代物流提供的速度、成本、服务以及效率。因此,企业需要对物流过程进行控制,特别是实施合理、有效的物流管理,以提高运行效率,获取更大的竞争优势。可见,如何有效地管理供应链中的物流过程,使供应链将物流、信息流、资金流有效集成并保持高效运作,是供应链环境下的物流管理策略的一个重要问题。

8.3.1 供应链中物流管理的特点

物流管理作为现代供应链管理思想的起源,同时也是供应链管理的一个重要组成部分,与传统的物流管理有着很大的区别。因此,了解供应链中物流管理的特点,对于理解供应链管理思想的实质以及供应链管理中物流管理的作用很有必要。

供应链环境下的物流管理的特点主要体现在以下几个方面。

(1) 信息流量大大增加,实现了信息共享。在供应链管理环境下,需求信息和反馈信息不是逐级传递,而是网络式传递,企业通过 EDI/Internet 可以很快掌握供应链上不同环节的供求信息和市场信息。因此,在供应链环境下的物流系统有三种信息在系统中运行,它们分别是需求信息、供应信息和共享信息。共享信息的增加对供应链管理是非常重要的。由于可以得到共享信息,故供应链上任何节点的企业都能及时地掌握市场的需求信息和整条供应链的运行情况,每个环节的物流信息都能透明地与其他环节进行交流与共享,从而避免了需求信息的失真现象。

(2) 对网络的规划能力大大增强。对物流网络规划能力的增强,也反映了供应链管理环境下的物流特征。供应链中的物流管理充分利用第三方物流系统、代理运输等多种形式的运输和交货手段,降低了库存的压力和安全库存水平。

(3) 作业流程的快速重组能力极大地提高了物流系统的敏捷性。通过消除不增加价值的过程和时间,使供应链的物流系统进一步降低成本,为实现供应链的敏捷性、精细化运作提供了基础性保障。

(4) 对信息跟踪能力的提高,使供应链物流过程更加透明化,也为实时控制物流过程提供了条件。而在传统的物流系统中,许多企业有能力跟踪企业内部的物流过程,但没有能力跟踪企业之外的物流过程,这是因为没有共享的信息系统和信息反馈机制。

(5) 合作性与协调性是供应链管理的又一个重要特征。合作性与协调性是供应链管理的一个重要特点,但如果没有物流系统的无缝连接,则可能造成运输的货物逾期未到,顾客的需要不能得到及时满足,采购的物资常常在途受阻,而这些都会使供应链的合作性大打折扣。因此,无缝连接的供应链物流系统是使供应链获得协调运作的前提条件。

(6) 灵活多样的物流服务,提高了用户的满意度。通过制造商和运输部门的实时信息交换,及时地把用户关于运输、包装和装卸方面的要求反映给相关部门,提高了供应链管理系统对用户个性化响应的能力。

8.3.2 供应链中物流管理面临的问题

供应链管理中的物流管理主要面临以下几方面的问题。

1. 如何实现快速准确交货

快速准确交货不仅体现了供应链管理中物流管理的价值,同时也体现了物流企业的信誉价值。物流企业需要充分认识物流管理的功能,依托网络信息技术,做好策略研究与规划,利用现有的物流运输网络、工具与托盘进行科学的运作,尽可能实现快速物流管理涉及从原材料到产品交付用户的整个物流增值过程,并准时地为用户提供动态的服务。

2. 如何实现低成本和准时的物资采购

物流管理对于生产型企业来说,必须解决好物资采购的低成本与准时这两个问题,这是生产型企业供应链管理中十分重要的问题,是保证企业生产所需物资最低库存准备的必要条件,也是上游企业与生产企业之间实现紧密联系的保证。如何实现准确的物流信息传递、反馈与共享物流信息传输?反馈与共享在物流管理中是无时无刻不存在的,是保证物流运作准时、精确的关键。物流管理中应充分利用计算机数据库技术与网络通信技术来解决这一问题。

3. 如何保证物流灵活与快捷协调

影响物流灵活与快捷协调的因素主要有信息、政策、交通、托盘运用、运输工具等。解决这一问题除了需要企业外部良好的政策、道路交通的改善、企业内部物流管理水平的提高以外,同时也需要物流相关各方的协调和相互支持。研究供应链管理中的物流管理,认识物流在供应链管理中的地位和特征,科学利用信息技术,对物流管理策略进行研究以及发现物流管理面临的主要问题,将有助于搞好供应链中的物流管理,提高企业在市场中的竞争力,并推动企业管理水平进入更高的阶段。

8.3.3 供应链中物流管理策略

供应链管理是指对整个供应链系统进行计划、协调、操作、控制和优化的各种活动和过程。供应链管理能够优化整条供应链上企业的资源配置,使之满足以顾客需求为标志的商业需求的增长。有效的供应链管理主要包括以下几方面。

1. 有效资源配置

物流管理的作用就是通过有效的资源配置,使供应链各企业之间的物料得到最充分的利用,以保证供应链实时的物料供应、同步化的运作。

供应链管理的目的就是要通过合作与协调,实现资源的共享和最佳资源搭配,使各成员企业实现资源最充分的利用。

供应链的物流系统能否实现有效的资源配置取决于物流信息系统的完备性和合作企业合作性。

2. 第三方物流系统

第三方物流系统是一个由不同利益主体组织、调度各种软件资源(如规章条例、合同、制度、知识技能等)和硬件资源(如运输设备、搬运装卸机械、仓库、机场、车站、道路、网络设施等),在一定的外部环境中进行物流活动的"人—机系统"。第三方物流系统整体运作效果是由内外各种因素相互作用决定的。

3. 全球后勤系统

全球化已成为新时期企业竞争的一个显著特点。当一个企业想要成为全球性的企业时,就需要有全球供应链管理系统,为此企业需要建立完善的全球后勤保障体系,以使企业适应全球竞争的要求。全球后勤系统包括:建立完备的全球售后服务体系,保证物流畅通和树立良好的企业形象;建立全球供应链需求信息网络,根据不同的国情对需求特点进行分析,维护全球供应信息的一致性,进而实现全球供应链同步运营;建立全球化合作关系网,加强和当地物流部门的合作,提高物流系统的效率。

4. 延迟化策略

延迟化策略是一种为适应大规模生产而采用的策略,通过这种策略使企业能够实现产品多样化的顾客需求。实现延迟化策略的关键技术是模块化:模块化产品;模块化工艺过程;模块化分销网络设计。有效实施延迟化策略,可以减少物流成本,从而增加了产品多样化策略的优势。

8.3.4 供应链中物流管理的发展趋势

在 21 世纪,全过程可视的实时管理和高效率动作将使供应链管理实现划时代的广泛应用。各种各样的组织形式和管理因素相互作用,构成了形形色色的供应链管理模式。

随着经济的进步,我们可以看到供应链中物流管理的发展趋势主要表现在以下几个方面。

1. 时间与速度方面

越来越多的企业已认识到时间与速度是影响市场竞争力的关键因素之一。现在对时间与速度的重视已扩大至其他领域,尤其是在供应链环境下,时间与速度已被看做是提高整体竞争优势的主要来源,一个环节的拖沓往往会影响整条供应链的运转。供应链中的各个企业通过各种手段来实现它们之间物流、信息流的紧密连接,以达到对最终客户要求快速反应、减少存货成本、提高供应链整体竞争水平的目的。

2. 质量方面

供应链中的物流管理涉及许多环节,需要环环紧扣,并确保每一个环节的质量。因为一个环节(如运输服务质量)的好坏,将直接影响其他环节的质量(如供应商备货的数量、分销商仓储的数量),并最终影响客户对产品质量、时效性以及价格的评价。企业开始认识到,即使其产品在其他方面都有出色的表现,一旦交付延迟或损坏,都是客户所不能接受的。劣质的物流业绩会毁灭产品在其他方面的出色表现。

3. 资产生产率方面

另一个将改变供应链中物流管理的因素是制造商越来越关心资产生产率。在改进资产生产率方面,一直很受重视的是存货水平的减少和存货周转的加快,因为存货所发生的费用是资产占用的重头部分,减少存货就可以减少存货成本。固定设施(如仓库的投资)也是影响资产生产率的重要方面,通过减少存货和利用公共仓库而减少自有仓库已成为明显的趋势。与此类似的还有减少自有运输工具,增加外包。

4. 组织方面

当前对供应链中的物流管理有重要影响的一个趋势是,制造商开始考虑减少物流供应商的数量,这个趋势非常明显与迅速。跨国公司更愿意将他们的全球物流供应链外包给少数几家,最好是一家物流供应商。因为这样不仅有利于管理,而且有利于在全球范围内提供统一的标准服务,从而更好地显示全球供应链管理的整套优势。虽然跨国公司希望只采用有操作全球供应链能力的少数几家物流供应商,但目前还没有一家物流供应商声称能够完全依靠自身实力满足这一要求,因此,物流供应商间的联盟应运而生。

5. 客户服务方面

另一个对供应链中的物流管理具有影响的趋势是对客户服务与客户满足的重视。传统的量度是以"订单交货周期"、"完整订单的百分比"等来衡量的,而目前更注重客户对服务水平的感受,服务水平的量度也以它为标准。例如,一些公司已采用"订单准时交送的百分比"、"订单完整收到的百分比"(货损货差率)、"账单准确的百分比"等指标。客户服务重点转变的结果就是重视与物流公司的关系,并把物流公司看成是提供高服务水平的合作者。

8.4 第四方物流

一般而言,企业试图通过优化库存与运输、利用地区服务代理商以及第三方物流服务提供商来满足客户服务需求的增长。但是现在,客户需要得到包括电子采购、订单处理能力、充分的供应链可见性、虚拟库存管理以及必不可少的集成技术在内的、实质性增加的服务水平。一些企业经常发现第三方物流服务提供商缺乏当前所需的综合技能、集成技术、战略和全球扩展能力,难以满足他们的要求。某些第三方物流服务提供商正采取步骤,通过与其他出色的服务提供商联盟,来提高自身的技能。其中最佳形式就是和领先的咨询公司、技术提供商结盟。

企业向单一的组织外包其整个供应链流程,由他们评估、设计、制订及运作全面的供应链集成方案,一种管理第三方物流服务的新模式——第四方物流应运而生。第四方物流服务提供者是一个供应链的集成商,它对公司内部及具有互补性的提供者所拥有的不同资源、能力和技术进行整合和管理,提供一整套供应链解决方案。

8.4.1 第四方物流的内涵

第四方物流(Fourth Party Logistics,4PL),首先由美国安德森(即埃森哲)管理顾问公司在1998年提出。该公司对4PL术语注册了商标,并将其定义为:"4PL是一个集成商,它对公司内部以及其他组织所拥有的不同资源、能力和技术进行整合,提供一整套的供应链解决方案。"

从概念上来看,第四方物流是有领导力量的物流提供商,它可以通过整条供应链的影响力,提供综合的供应链解决方案,也为其顾客带来更大的价值;它不仅控制和管理特定的物流服务,而且对整个物流过程提出解决方案,并通过电子商务将这个过程集成起来;它是供需双方及第三方物流的领导力量。第四方物流不是物流的利益方,而是通过拥有的信息技术、整合能力以及其他资源提供一套完整的供应链解决方案,以此获取一定的利润。它帮助企业实现降低成本和有效整合资源,并且依靠优秀的第三方物流供应商、技术供应商、管理咨询以及其他增值服务商,整合社会资源,为客户提供独特的和广泛的供应链解决方案。因此,第四方物流实际上是一种虚拟物流。

第四方物流应具备的条件如下。

（1）不是物流的利益方。这一点是比较明显的，作为物流的利益双方，应当把自己从纷繁的物流中解放出来，不断增强其核心能力，在自己的领域内提高竞争力。

（2）有良好的信息共享平台，在物流参与者之间实现信息共享。在物流的运作中不断产生的大量信息能有效地强化物流计划、物流作业和物流能力。信息技术的进步和由此形成的信息流又成为提高物流服务水平的关键要素之一。作为4PL的主体，要整合社会物流资源，需要有各参与者都可以共享的信息平台，这样才能高效利用各参与者的物流资源。

（3）有足够的供应链管理能力。作为4PL的主体，肩负整合所有物流资源的重任，需要具有足够的供应链管理能力，以整合所有物流资源。也就是要拥有集成供应链技术、外包能力、多供应商管理能力、多客户管理能力，且有大批供应链管理的专业人员。

（4）有区域化、甚至全球化的地域覆盖能力和支持能力。地域覆盖和支持能力是体现4PL主体核心竞争力的重要方面，物流的竞争在很大程度上体现为覆盖的网点及其支持力度上。

8.4.2 第四方物流与第三方物流的区别

第三方物流独自提供服务，或是通过与自己有密切关系的转包商来为客户提供服务，它不太可能提供技术、仓储和运输服务的最佳整合。因此，第四方物流成了第三方物流的"协助提高者"，也是货主的"物流方案集成商"。"第三方物流供应商"为客户提供所有的或一部分供应链物流服务，以获取一定的利润。第三方物流公司提供的服务范围很广，它可以简单到只是帮助客户安排一批货物的运输，也可以复杂到设计、实施和运作一个企业的整个分销和物流系统。

第三方物流有时也被称为"承包物流"、"第三方供应链管理"和其他的一些称谓。第三方物流公司和典型的运输或其他供应链服务公司的关键区别在于：第三方物流的最大的附加值是基于自身特有的信息和知识，而不是靠提供最低价格的一般性的无差异的服务。第三方物流的主要利润来自效率的提高及货物流动时间的减少。

第四方物流与第三方物流相比，其服务的内容更多，覆盖的地区更广，对从事货运物流服务的公司要求更高，要求它们必须开拓新的服务领域，提供更多的增值服务。第四方物流最大的优越性，就是它能保证产品得以"更快、更好、更廉"地送到需求者手中。

8.4.3 第四方物流的特点

第四方物流比第三方物流更多地关注整条供应链的物流活动，形成了第四方物流独有的特点，主要体现在以下几个方面。

1. 第四方物流提供一整套的物流解决方案

第四方物流和第三方物流不同，它不是简单地为企业客户的物流活动提供管理服务，而是通过对企业客户所处供应链的整个系统或行业物流的整个系统进行详细分析后，再提出具有综观指导意义的解决方案。第四方物流服务提供商本身并不能单独地完成这个方案，而是要通过物流公司、技术公司等多类公司的协助才能将方案得以实施。

2. 第四方物流是通过对供应链产生影响的能力来增加价值

第四方物流服务提供商可以通过物流运作的流程再造，使整个物流系统的流程更合理、效率更高，从而将产生的利益在供应链的各个环节之间进行平衡，使每个环节的企业客户都可以受益。如果第四方物流服务提供商只是提出一个解决方案，但是没有能力来控制这些物流运作环节，那么第四方物流服务提供商所能创造价值的潜力也无法被挖掘出来。因此，第四方物流服务提供商对整条供应链所具有的影响能力直接决定了其经营的好坏，也就是说，第四方物流除了具有强有力的人才、资金和技术以外，还应具有与一系列服务提供商建立合作关系的能力，包括第三方物流、信息技术供应商、合同物流供应商、呼叫中心、电信增值服务商等，以及具有客户的能力和4PL自身的能力。

3. 成为第四方物流企业需要具备一定的条件

第四方物流对信息化程度要求高，涉及面广，对人的素质要求也很高。因此，成为第四方物流企业需具备一定的条件，如能够制定供应链策略、设计业务流程再造、具备技术集成和人力资源管理的能力；如在集成供应链技术和外包能力方面处于领先地位，并具有较雄厚的专业人才；如能够管理多个不同的供应商并具有良好的管理和组织能力等。

8.4.4　第四方物流的功能

第四方物流的基本功能包括以下三个方面。

(1) 供应链管理功能：即管理从货主、托运人到用户、顾客的供应全过程。

(2) 运输一体化功能：即负责管理运输公司、物流公司之间在业务操作上的衔接与协调问题。

(3) 供应链再造功能：即根据货主/托运人在供应链战略上的要求，及时改变或调整战略战术，使其经常高效率地运作。只有这样，才能保证其所提供的物流服务速度更快、质量更好、价格更低。

8.4.5　第四方物流公司的运作模式

第四方物流结合自身的特点，可以有三种运作模式来进行选择。

(1) 知识密集型模式：也称超能力组合(1+1>2)或协助提高者，即第四方物流为第三方物流工作，并提供第三方物流缺少的技术和战略技能。

(2) 方案定制模式：也称方案集成商，即第四方物流为货主服务，是和所有第三方物流提供商及其他提供商联系的中心。

(3) 整合模式：也称行业创新者，即第四方物流通过对同步与协作的关注，为众多的产业成员运作供应链。

第四方物流无论采取哪一种模式，都突破了单纯发展第三方物流的局限性，能真正地低成本运作，实现最大范围的资源整合。

案例分析

美国安盛咨询公司的 4PL 模式

4PL 可以不受约束地去寻找每个领域的"行业最佳"提供商,并把这些不同的物流服务加以整合,以形成最优方案。而 3PL 要么独自,要么通过与自己有密切关系的转包商来为客户提供服务,它不太可能提供技术、仓储与运输服务的最佳结合。由此看来,国外的 4PL 的本义是从集中于仓储和运输的提供商(3PL 提供商)到提出更加集成的解决方案的供应商的发展。除了仓储运输服务外,4PL 提供商还提供了包括供应链管理和解决方案、管理变革能力和增值服务等。4PL 的成功关键是以"行业最佳"的方案为客户提供服务与技术。4PL 方案的开发对 3PL 提供商、技术服务提供商和业务流程管理者的能力进行了平衡,通过一个集中的接触点,提供了全面的供应链解决方案。4PL 将客户的供应链活动和贯穿于这些"行业最佳"的服务商中的支持技术,以及他们自己组织的能力集成到一起。这里描述的 4PL 供应商不再只是一个理论概念,安盛咨询公司在欧洲已有两次成功的 4PL 运作。

为了管理在欧洲的维修部件的物流业务,安盛咨询公司和菲亚特的一个子公司合资成立了新的物流公司,进行与备件管理有关的计划、采购、库存、配送、运输及客户支持等作业。其中,安盛咨询公司占 20% 的股份,提供管理人员、信息技术及运作管理与重组方面的专业技术;菲亚特子公司占 80% 的股份,投入位于 6 个国家的仓库、775 名雇员以及部分资本,并负责运作管理。7 年多的回报达 6700 万美元,节约额中的 2/3 左右来自运作成本的降低,还有 20% 来自库存管理,15% 来自货运成本,新物流公司履行订货的准确率达到了 90% 甚至更高水平。

在另一项称为"连接 2020"的 4PL 运作中,安盛咨询公司承担了管理的任务。"连接 2020"是英国公用水事业中最大的泰晤士公用水事业有限公司的一个子公司,其建立是为公用事业提供物流与采购服务。它把全部服务外包给由安盛咨询公司进行管理并提供人员的一个运作部门 ACTV。ACTV 每年的营运费是 1500 万美元,包括采购、订货管理、库存管理和配送管理。结果显示,供应链成本降低 10%,库存成本减少 40%,供货延迟成本下降 70%。安盛咨询公司确定了 3 种可能的 4PL 模式:"协助提高者",即 4PL 为 3PL 工作,并提供 3PL 缺少的技术与战略技能;"方案集成商",即 4PL 为货主服务,是和所有 3PL 提供商及其他提供商联系的中心;"产业革新者",即 4PL 通过对同步与协作的关注,为众多的产业成员运作着供应链。在欧洲的例子属于其中的"方案集成商"的模式。在当前的实践中尚无"产业革新者"模式,但许多行业可以从这样的解决方案中获益。

(资料来源:中国物流网.经作者整理)

1. 第四方物流产生的动因是什么?
2. 从第四方物流的本质出发,你认为如何发展我国的第四方物流?

课题小结

本章反映了物流管理与供应链管理的关系、供应链环境下的物流管理策略等。物流管理作为现代供应链管理思想的起源,同时也是供应链管理的一个重要组成部分,对物流的研究必须是在供应链的框架下进行。

物流是为满足消费者需求而进行的,对货物、服务及相关信息从起始地到消费地,有效率与效益的流动与存储的计划、实施与控制的过程。

供应链是围绕核心企业,通过信息流、物流、资金流,将供应商、制造商、分销商、零售商直到最终用户连成一个整体的功能网络结构模式,链中的成员称为供应链的节点。更加确切地说,供应链是描述商品需—产—供过程中各实体和活动及其相互关系动态变化的网络。

第三部分 课题实践页

复习思考题

1. 选择题

(1) 快速反应、最小变异、最低库存、整合运输、产品质量以及生命周期支持等,属于物流管理的(　　)。

　　A. 对象　　　　B. 目标　　　　C. 策略　　　　D. 战略

(2) 物流与供应链的区别主要有以下几点,错误的是(　　)。

　　A. 物流与供应链的研究范畴不同

　　B. 物流与供应链产生的起因不同

　　C. 物流与供应链管理的复杂程度不同

　　D. 物流与供应链的管理思想组成不同

(3) 供应链管理中的物流管理主要面临以下几方面的问题,错误的是(　　)。

　　A. 如何保证企业利润最大化

　　B. 如何实现低成本和准时的物资采购

　　C. 如何保证物流灵活与快捷协调

　　D. 如何实现实现快速准确交货

(4) 第四方物流应具备的条件中,错误的是(　　)。

　　A. 是物流的利益相关方

　　B. 有良好的信息共享平台,在物流参与者之间实现信息共享

　　C. 有足够的供应链管理能力

　　D. 有区域化、甚至全球化的地域覆盖能力和支持能力

(5) 第四方物流基本功能中,错误的是(　　)。

　　A. 供应链管理功能　　　　　　　　B. 运输一体化功能

　　C. 供应链再造功能　　　　　　　　D. 降低企业生产成本功能

2．问答题

(1) 如何理解供应链中的物流管理策略？

(2) 简述供应链中物流管理的发展趋势。

(3) 第四方物流公司的运作模式有哪些？

3．案例分析

宝钢打造全球供应链

宝钢从投产至今，产品结构不断优化，逐渐从钢坯、热轧产品向冷轧、电工钢等高附加值精品钢调整。钢铁产品物流特性也随之发生很大变化，对产品在包装、仓储、运输、吊装、配送等方面都提出了更高的要求。运距长、集批、联运方式复杂、量大、装卸、搬运成本高等物流特征，使得钢铁物流管理难度超乎人们想象。所以宝钢面临的已不再是单纯的产品、技术之争，而是以客户为核心，围绕客户需求渗透到供应链各环节深层次的服务之争。

宝钢在打造全球供应链方面，始终坚持一手掌控上游资源，一手锁定下游市场。宝钢自有矿山每年只能提供400万吨原矿，而公司年产钢铁产品2000万吨，需要铁矿石3000万吨左右，其生产所需的原材料，绝大部分依靠进口，占中国整个进口量的1/5。很早以前，宝钢便开始考虑原材料的供应问题，相继与巴西淡水河谷公司、澳大利亚哈默斯利公司等合资办矿，确立了资源的长期稳定供给，并与多家世界知名船东签订长期运输协议，确保了原料资源的稳定供应和运输能力保障。近年来，尽管矿石、焦煤、废钢等原材料价格大幅上升，但宝钢保持了低成本，原材料涨价对其经营并未形成重大威胁。2004年，宝钢决定累计投资80亿美元在巴西建设一个钢铁厂，产品主要为当地汽车工业服务。这一计划吸引了巴西淡水河谷矿业公司、法国钢铁集团阿赛洛的参与，是迄今中国最大的一笔海外投资。宝钢此举不但进一步紧固了与国际矿业巨头和钢铁巨头的战略联盟，也直接嵌入了美资巨头主导的全球汽车供应链条，将供应链向高端汽车零部件领域延伸。

宝山目前有12家钢材交易市场，近50家一定规模的钢材仓库，几千家的钢铁贸易企业，钢材加工与配送企业主要分布在靠近宝钢的月浦、杨行工业园区。由于这些企业分散运作，对宝山的交通造成很大的压力，难以发挥区域货运干道系统的作用，也难以形成集聚效应。

（资料来源：中国物流网．经作者整理）

思考题

请结合目前的国际市场和我国钢铁物流企业现状，分析宝钢实现全球供应链管理，建立全球化合作关系网应采取哪些有效的措施？

课题九　供应链管理中的信息技术

1. 掌握供应链管理中信息技术的应用；
2. 了解供应链信息技术的发展；
3. 掌握基于 Internet 的供应链管理信息技术。

学会运用所学知识进行相关的案例分析。

第一部分　引导案例

北京同仁堂的物流管理系统的应用

本案例介绍的是北京同仁堂的物流管理系统的应用,该物流管理系统主要是为企业的配送中心和下属几十家连锁店提供一系列的管理服务。北京同仁堂连锁店与北京佳软信息技术有限公司合作,共同开发出了适合北京同仁堂连锁管理的信息系统。该系统以 E6 平台信息技术为支撑构架管理系统,其最大的特点是实现了标准化、模块化、灵活化和知识化。该系统将药品传统的商流、物流、信息流和采购、运输、仓储代理、配送、结算等环节按照科学的方法及手段紧密联系起来,在实践过程中取得了具体的成效,从而形成了北京同仁堂连锁药店完整的供应链管理。

北京同仁堂连锁药店是著名老字号中国北京同仁堂(集团)有限责任公司旗下的二级独立法人药品零售经营企业。连锁药店顺应了国家有关培育 5~10 个面向国内外市场、多元化经营、年销售额达 50 亿元以上的特大型医药流通企业集团的政策,这也是同仁堂集团公司"以现代中药为核心,发展生命健康产业,成为国际驰名的现代中医药集团"发展战略的重要组成部分。

1. 扩张带来管理困惑

北京同仁堂连锁药店拥有门店 46 家,建有快捷、高效的现代化配送中心。现有库房面积 4000 平方米,其中,保温库 650 平方米,冷库 20 平方米。经营近万种商品,经营范围包括中成药、中药饮片、化学原料药、抗生素、生化药品等。2011 年全年销售额达 2 亿元。

随着同仁堂连锁药店规模的扩大,门店的增多,连锁结构越来越复杂,同时也产生了许多亟待解决的管理问题,比如,如何全面实施 GSP 管理、如何强化采购管理、如何提高配送中心的运营效率……解决这些管理难题,依靠传统的管理手段已是困难重重,而管理信息化就是同仁堂连锁药店解决管理难题、实现管理创新的一条捷径。

连锁药店与北京佳软信息技术有限公司合作,开发出了"同仁堂连锁管理系统"。目前,该系统已在总部、配送中心和40多个门店成功投入使用,其中GSP管理功能的设置已得到了相关药品监督管理部门的认可。

2. 建立科学的供应链管理

"同仁堂连锁管理系统"以E6平台信息技术为支撑,将药品传统的商流、物流、信息流和采购、运输、仓储代理、配送、结算等环节按照科学的方法及手段紧密联系起来,形成完整的供应链管理。

该系统基于Internet,全面融入GSP管理思想,实现多品种、多渠道的物流配送,可与其他信息系统实现集成,对配送、渠道、线路、站(中心)等进行统一规划、合理布局,能实现对药品流通的实时、动态跟踪和站(中心)、线的动态查询统计。系统适用于超大型连锁及物流管理。

3. 灵活的平台满足需求

佳软的差异化软件技术主要表现为E6平台技术的先进性。E6平台是佳软利用Visual Studio.net构建的管理软件构造平台。E6平台的构造假设基于两点:第一,信息系统应该是被逐级、分段建立或重构的;第二,建立信息系统是一种资源性投入,是一种基于管理和实践的知识积累,构建信息系统应该形成相应的资源,而不再是企业昂贵的"消耗品"。

基于E6平台构建管理系统,最大的特点是实现了标准化、模块化、灵活化和知识化。该系统通过编码服务器自定义编码功能,可实现业务中心原子化细分的独立运作,并且可通过灵活定义的通信方式,实现各个业务环节的数据连接和交互。基于本平台的管理软件开发,采用的是文本式的业务流程描述语言,开发人员、咨询人员等均可迅速实现包括修订业务流程和重新定义、数据组织方式、定义单据及数据格式,实现穿透式查询、灵活定义同一系统分部数据之间的数据交换、数据加密和压缩等的软件设计工作。系统可以满足客户不断变化的需求,将复杂的系统逐步分解,通过快速的实现能力解决软件项目很难顺利收尾和客户信息系统分步建设的难题,从而实现了从"管理软件研发"向"管理软件生产"的重大突破。

4. 五方面见成效

通过系统的实施,同仁堂连锁药店效益有了迅速提高,主要产生了五方面的作用。

(1) 规范管理流程:表现在辅助完成GSP的达标、强化首营审批的执行、细化合同管理、统一价格管理等方面。

(2) 迅速降低了运营成本:第一,引进货位管理;第二,优化了存量控制;第三,推进有效期管理。

(3) 帮助规避经营风险:体现在统一销售控制和降低财务风险两方面。

(4) 提高管理效率:增进总部内部、总部与门店之间的信息沟通,强化了门店控制,提供了决策支持。

(5) 经济效益突出:实施单品比价采购,2011年使整体采购成本下降了2%,约合300万元;强化有效期管理,优化库存结构,降低了不良资产的形成。

(资料来源:中国物流网.经作者整理)

第二部分 课题学习引导

9.1 供应链管理中信息技术的应用

信息是指能够反映事物内涵的知识、资料、信函、情报、数据、文件、图像、语音、声音等。信息包括以下内容:
(1) 信源,即信息的发布者,也就是信息的传者;
(2) 信宿,即接收并利用信息的人,也就是信息的受者;
(3) 媒介,即可用以记录和保存信息并随后由其重现信息的载体;
(4) 信道,即信息传递的途径、渠道;
(5) 反馈,即受者对传者发出信息的反应,在传播过程中,这是一种信息的回流。

9.1.1 信息技术

一般认为,信息对接收者的行为能产生影响,对接收者的决策具有价值。信息的多少意味着消除了不确定性的大小。信息技术是指利用电子计算机和现代通信手段获取、传递、存储、处理、显示信息和分配信息的技术。具体来讲,信息技术主要包括以下几方面技术。

1. 感测与识别技术

感测与识别技术的作用是扩展人获取信息的感觉器官功能。它包括信息识别、信息提取、信息检测等技术。这类技术的总称是"传感技术"。它几乎可以扩展人类所有感觉器官的传感功能。传感技术、测量技术与通信技术相结合而产生的遥感技术,更使人感知信息的能力得到进一步的加强。信息识别包括文字识别、语音识别和图形识别等,通常是采用一种叫做"模式识别"的方法。

2. 信息传递技术

信息传递技术的主要功能是实现信息快速、可靠、安全的转移。各种通信技术都属于这个范畴。广播技术也是一种传递信息的技术。由于存储、记录可以看成是从"现在"向"未来"或从"过去"向"现在"传递信息的一种活动,因而也可将它看做是信息传递技术的一种。

3. 信息处理与再生技术

信息处理包括对信息的编码、压缩、加密等。在对信息进行处理的基础上,还可形成一些新的更深层次的决策信息,这称为信息的"再生"。信息的处理与再生都有赖于现代电子计算机的超凡功能。

4. 信息施用技术

信息施用技术是信息过程的最后环节。它包括控制技术、显示技术等。

9.1.2 供应链信息技术

信息技术已成为有效进行供应链管理的工具,如多媒体、WWW、交互式的网页等都被广泛地应用于供应链管理的各个领域。而 Internet、物流信息系统和 IT 的应用都为信息共享提供了有力的技术支持。

随着信息技术和经济全球化的发展,现代竞争已不再是单个企业之间的竞争,而是企业群体及其供应链之间的竞争。供应链管理的好坏直接决定这些企业群体能否在激烈的市场竞争中取得优势,这种竞争优势不是来自某个企业,而是来自整条供应链成员之间的协调能力、资源整合的程度。供应链系统的各个方面是通过信息予以沟通的,基本资源的调度也是通过信息的传递来实现的。

供应链的协调运行建立在各个节点企业高质量的信息传递与共享的基础之上,因此,有效的供应链管理离不开信息系统提供的可靠支持。信息技术的应用有效地推动了供应链管理的发展,它可以节省时间并提高企业信息交换的准确性,减少了在复杂、重复工作中的人为错误,因而减少了由于失误而导致的时间浪费和经济损失,提高了供应链管理的运行效率。

9.1.3 供应链信息技术的特点

1. 覆盖范围广

供应链中信息流覆盖了从供应商、制造商到分销商,再到零售商等供应链中的所有环节。其信息流分为需求信息流和供应信息流,这是两个不同流向的信息流。当需求信息(如客户订单、生产计划、采购合同等)从需方向供方流动时,便引发物流。同时,供应信息(如入库单、完工报告单、库存记录、可供销售量、提货发运单等)又同物料一起沿着供应链从供方向需方流动。

2. 获取途径多

由于供应链中的企业是一种协作关系和利益的共同体,因而供应链中的信息获取渠道众多。对于需求信息来说,既有来自顾客的,也有来自分销商和零售商的;而供应信息则来自于各供应商。这些信息通过供应链信息系统在所有的企业里流动与分享。

3. 信息质量高

由于存在专业分工,供应链中的信息质量要强于单个企业下的信息质量,例如分销商和零售商可以专门负责收集需求信息,供应商专门负责收集供应信息,生产商专门负责收集产品信息等。

9.1.4 供应链管理中应用到的信息技术

供应链管理几乎涉及了目前所有的信息技术。下面介绍几种目前在供应链管理中应用比较普遍的信息技术。

1. RFID 及其应用

RFID 是 Radio Frequency Identification 的缩写,即射频识别,俗称电子标签。RFID 是一种非接触式的自动识别技术,它通过射频信号自动识别目标对象并获取相关数据,识别工作无须人工干预,可工作于各种恶劣环境。RFID 技术可识别高速运动的物体,并可同时识别多个标签,操作快捷方便。RFID 是一种简单的无线系统,只有两个基本器件,该系统用于控制、检测和跟踪物体。系统由一个询问器(或阅读器)和很多应答器(或标签)组成。

RFID 的基本组成部分如下。

（1）标签：由耦合元件及芯片组成，每个标签具有唯一的电子编码，附着在物体上标识目标对象。

（2）阅读器：读取（有时还可以写入）标签信息的设备，可设计为手持式或固定式。

（3）天线：在标签和读取器间传递射频信号。

RFID 技术的基本工作原理并不复杂：标签进入磁场后，接收解读器发出的射频信号，凭借感应电流所获得的能量发送存储在芯片中的产品信息（Passive Tag，无源标签或被动标签），或者主动发送某一频率的信号（Active Tag，有源标签或主动标签）；解读器读取信息并解码后，送至中央信息系统进行有关数据处理。

RFID 技术的典型应用包括物流和供应管理、生产制造和装配、航空行李处理、邮件/快运包裹处理、文档追踪/图书馆管理、动物身份标识、运动计时、门禁控制/电子门票、道路自动收费。

2. 条形码技术及应用

条形码是将宽度不等的多个黑条和空白，按照一定的编码规则排列，用以表达一组信息的图形标识符。常见的条形码是由反射率相差很大的黑条（简称条）和白条（简称空）排成的平行线图案。条形码技术是随着计算机与信息技术的发展和应用而诞生的，它是集编码、印刷、识别、数据采集和处理于一身的新型技术。

条形码可以标出物品的生产国、制造厂家、商品名称、生产日期、图书分类号、邮件起止地点、类别、日期等许多信息，因而在商品流通、图书管理、邮政管理、银行系统等许多领域都得到了广泛的应用。

目前世界上常用的码制有 ENA 条形码、UPC 条形码、二五条形码、交叉二五条形码、库德巴条形码、三九条形码和 128 条形码等，而商品上最常使用的就是 EAN 商品条形码。EAN 商品条形码亦称通用商品条形码，由国际物品编码协会制定，通用于世界各地，是目前国际上使用最广泛的一种商品条形码。我国目前在国内推行使用的也是这种商品条形码。EAN 商品条形码分为 EAN-13（标准版）和 EAN-8（缩短版）两种。商品条形码的编码遵循唯一性原则，以保证商品条形码在全世界范围内不重复，即一个商品项目只能有一个代码，或者说一个代码只能标识一种商品项目。不同规格、不同包装、不同品种、不同价格、不同颜色的商品只能使用不同的商品代码。

条形码是迄今为止最经济、最实用的一种自动识别技术。条形码技术具有以下几个方面的优点。

（1）输入速度快：与键盘输入相比，条形码输入的速度是键盘输入的 5 倍，并且能实现"即时数据输入"。

（2）可靠性高：键盘输入数据出错率为三百分之一，利用光学字符识别技术出错率为万分之一，而采用条形码技术误码率低于百万分之一。

（3）采集信息量大：利用传统的一维条形码一次可采集几十位字符的信息，二维条形码更可以携带数千个字符的信息，并有一定的自动纠错能力。

（4）灵活实用：条形码标识既可以作为一种识别手段单独使用，也可以和有关识别设备组成一个系统实现自动化识别，还可以和其他控制设备连接起来实现自动化管理。另外，条形码标签易于制作，对设备和材料没有特殊要求，识别设备操作容易，不需要特殊培训，且设备也相对便宜。

3. GPS 技术及应用

GPS 是全球定位系统(Global Positioning System)的简称。GPS 是 20 世纪 70 年代由美国陆海空三军联合研制的新一代空间卫星导航定位系统,其主要目的是为陆、海、空三大领域提供实时、全天候和全球性的导航服务。GPS 的空间部分是由 24 颗工作卫星组成,这些卫星均匀分布在 6 个轨道面上;此外,还有 3 颗有源备份卫星在轨运行。GPS 的地面控制系统由监测站、主控制站和地面天线组成。GPS 的主要特点有高精度、全天候、高效率、多功能、操作简便、应用广泛等。

GPS 的主要用途有以下方面。

(1) 陆地应用,主要包括车辆导航、应急反应、大气物理观测、地球物理资源勘探、工程测量、变形监测、地壳运动监测、市政规划控制等。

(2) 海洋应用,包括远洋船最佳航程航线测定、船只实时调度与导航、海洋救援、海洋探宝、水文地质测量以及海洋平台定位、海平面升降监测等。

(3) 航空航天应用,包括飞机导航、航空遥感姿态控制、低轨卫星定轨、导弹制导、航空救援和载人航天器防护探测等。

4. GIS 技术及应用

GIS 是地理信息系统(Geographic Information System)的简称,是一个基于数据库管理系统的分析和管理空间对象的信息系统。以地理空间数据为操作对象是 GIS 与其他信息系统的根本区别。经过了 40 年的发展,GIS 到今天已经逐渐成为一门相当成熟的技术,并且得到了极广泛的应用。尤其是近些年,GIS 更以其强大的地理信息空间分析功能,在 GPS 及路径优化中发挥着越来越重要的作用。GIS 是以地理空间数据库为基础,在计算机软硬件的支持下,运用系统工程和信息科学的理论,科学管理和综合分析具有空间内涵的地理数据,以提供管理、决策等所需信息的技术系统。简单地说,GIS 就是综合处理和分析地理空间数据的一种技术系统。

从应用的角度而言,GIS 由硬件、软件、数据、人员和方法五部分组成。其中,硬件和软件为 GIS 建设提供环境;数据是 GIS 的重要内容;方法为 GIS 建设提供解决方案;人员是 GIS 建设中的关键和能动性因素,直接影响和协调其他几个组成部分。硬件主要包括计算机和网络设备,存储设备,数据输入、显示和输出的外围设备,等等。软件主要包括操作系统软件、数据库管理软件、系统开发软件等。数据是 GIS 的重要内容,也是 GIS 系统的灵魂和生命。数据组织和处理是 GIS 应用系统建设中的关键环节。

GIS 广泛应用于资源调查、环境评估、灾害预测、国土管理、城市规划、邮电通信、交通运输、军事公安、水利电力、公共设施管理、农林牧业、统计、商业金融等几乎所有领域。

9.2 供应链管理中的信息技术支撑体系

9.2.1 概述

信息时代的来临,有效地推动了供应链管理的发展与创新。企业可以利用信息技术来改进供应链上的薄弱环节,提高运作效率,降低经营成本,从而能够更好地面对竞争激烈、变化莫测的市场环境,获得竞争优势。随着全球经济一体化的形成,企业与企业之间的竞争突破了国与国的范围而日趋剧烈,同时顾客的消费需求也向多样化、个性化方向发展。

企业要在竞争中取得优势地位,必须改变原来传统的信息系统,采用先进的信息技术,进行供应链的优化和重组,实现供应链上各个节点的信息共享,从而实现缩短订货提前期、降低库存水平、提高搬运和运输效率、减少递送时间、提高订货和发货精度以及回答顾客的各种信息咨询等目标,提高供应链整体的竞争力。通过声音和文字等信息,可方便地进行数据的存取,因而极大地提高了供应链的运作效率和顾客满意度。

信息在供应链中不断传递,一方面进行纵向的上下信息传递,把不同层次的经济行为协调起来;另一方面进行横向的信息传递,把各部门、各岗位的经济行为协调起来。由于通过信息技术处理人、财、物和产、供、销之间的复杂关系,因此,企业就有一个信息的集成问题。信息管理对于任何供应链管理都是必需的,而不仅仅是针对复杂的供应链而言。

9.2.2 基于EDI的供应链管理信息技术

1. EDI的发展背景

当代世界,科学技术突飞猛进,社会经济日新月异。特别是自20世纪80年代以来,在新技术革命浪潮的猛烈冲击下,一场高技术竞争席卷世界,使人类社会的一切领域正在飞速地改变着面貌。同时,国际贸易也空前活跃,市场竞争愈演愈烈。

在国际贸易中,由于买卖双方地处不同的国家和地区,因此在大多数情况下,双方不是简单地直接地面对面地买卖,而必须以银行进行担保,以各种纸面单证为凭证,方能达到商品与货币交换的目的。这时,纸面单证就代表了货物所有权的转移,因此从某种意义上讲,"纸面单证就是外汇"。

全球贸易额的上升带来了各种贸易单证、文件数量的激增。计算机的输入平均70%来自另一台计算机的输出,且重复输入也使出差错的几率增高。据美国一家大型分销中心统计,有5%的单证中存在着错误。同时,重复录入浪费人力、浪费时间、降低效率。因此,提高商业文件的传递速度和处理速度成为所有贸易链中成员的共同需求。同样,现代计算机的大量普及和应用以及功能的不断提高,已使计算机应用从单机应用走向系统应用;同时通信条件和技术的完善以及网络的普及又为EDI的应用提供了坚实的基础。

正是在这样的背景下,以计算机应用、通信网络和数据标准化为基础的EDI应运而生。EDI一经出现便显示了强大的生命力,迅速地在世界各主要工业发达国家和地区得到广泛的应用。

2. EDI的概念

EDI即电子数据互换(Electronic Data Interchange)的英文缩写,是一种在企业之间传输订单、发票等作业文件的电子化手段。它通过计算机通信网络将贸易、运输、保险、银行和海关等行业信息,用一种国际公认的标准格式,实现各有关部门或企业与企业之间的数据交换与处理,并完成以贸易为中心的全部过程。EDI是20世纪80年代发展起来的一种新颖的电子化贸易工具,是计算机、通信和现代管理技术相结合的产物。国际标准化组织(ISO)将EDI描述成"将贸易(商业)或行政事务处理按照一个公认的标准变成结构化的事务处理或信息数据格式,从计算机到计算机的电子传输"。

EDI包含了三个方面的内容,即计算机应用、通信环境和数据标准化。其中,计算机应用是 EDI 的条件,通信环境是 EDI 应用的基础,标准化是 EDI 的特征。这三方面相互衔接、相互依存,构成 EDI 的基础框架。

3. EDI 的供应链集成应用

EDI 在供应链管理的应用中,既是供应链企业信息集成的一种重要工具,又是一种在伙伴企业之间交换信息的有效技术手段。特别是在全球进行合作贸易时,EDI 是在供应链中连接节点企业的商业应用系统的媒介。通过 EDI,可以减少纸面作业,更好地实现沟通和通信,使企业快速获得信息,提高生产率,降低成本,并且能为企业提供战略性的利益,如改善运作、改善与客户的关系、提高对客户的响应、缩短事务处理周期、减少订货周期、减少订货周期中的不确定性、增强企业的国际竞争力等。

影响供应链的不确定因素是来自最终消费者的需求。为了消除不确定性,必须对最终消费者的需求做出尽可能准确的预测,供应链中的需求信息都源于而且依赖于这种需求预测。利用 EDI 相关数据进行预测,可以减少供应链系统的冗余性,提高预测信息的质量,从而减少来自用户需求的不确定性对供应链的影响。

将 EDI 和企业的信息系统集成起来更能显著提高企业的经营管理水平。例如,美国的福特公司把 EDI 视为"精细调整 JIT 的关键"。又如,DEC 公司把 EDI 和 MRP 连接起来,使 MRP 系统实现了电子化。由于将 EDI 集成到 MRP 上,DEC 公司库存减少 80%,交货时间减少 50%。再如,通用电器公司通过采用 EDI,采购部门的工作效率提高了,从而节约了大量的订货费用和人力成本。

9.2.3 基于 Internet 的供应链管理信息技术

信息技术尤其是网络技术的迅速发展,使当今世界进入网络社会的前沿,集电话、电视、电脑、传真为一体的网络通信方式已成为社会的时尚。网络社会的来临,将促进经济的合作与发展。

事实告诉我们,全球性的新的网络时代已经来临。计算机模式的变化以螺旋方式发展。

1. C/S 模式

在计算机应用初期,中央计算模式占据绝对主导地位,它的特点是维护简单,但弊端是终端用户对资源和数据几乎没有控制权。

随着 PC 机和网络计算的广泛应用,Client/Server 模式(简称 C/S 模式)受到用户的推崇。C/S 模式在把控制权交给最终用户的同时,仍然保持了对后台数据和资源的集中控制与管理,实现了灵活与可管理性之间的平衡。然而,随着应用需求和客户端数量的激增,C/S 模式面临着许多难以解决的问题,主要体现在以下三个方面。

(1) 客户端整体拥有成本上升。用户在使用过程中需要花费大量的时间和经费来维护客户端的正常运行,包括硬件的升级换代和软件的修改与升级。据统计,普通的计算机用户平均要花费 27% 的工作时间用于对付 Windows 操作系统出线的问题,再加上应用程序可能出现的问题,用户可能 1/3 的时间无法正常工作。Gartner 公司的调查表明,在美国,一台 PC 机的年维护费用高达 9800 美元。

(2) 数据散乱、难以控制。采用 C/S 模式时,大型企业的每个独立的部门都要配置服务器以支持该部门的业务运作,这种做法除了导致维护费用的上升外,还带来了另一个严重的问题——数据分散。例如,一家集团公司里有销售、生产、运输等部门,各部门分别有自己的服务器系统,当公司总裁需要了解整个公司的运作情况时,他必须要对这些数据进行集中管理,公司需要额外配备其他的数据收集、整理软件,这导致成本上升。

(3)系统维护困难。为了保证客户机和服务器的正常运行,IT系统管理员常常是疲于奔命,解决系统出现的软、硬件问题。而Internet的出现无疑为解决以上问题展现了一条新的途径,这就是100%基于Internet的计算模式,即所谓的Browse/Server(浏览器/服务器,简称B/S)模式。这种新兴的计算模式将桌面端繁杂的工作完完全全转移到集中管理的服务器上,终端用户只需要浏览器就可以轻松访问所有的应用。同时,由于终端用户采用的浏览器是标准软件,因此,大大降低了维护和培训需求,从而也相应地降低了企业IT系统的整体拥有成本。采用B/S结构设计、基于Internet/Intranet的供应链企业管理信息系统,已更好地在信息时代实现了企业内部与企业之间信息的组织与集成。

2. B/S模式

B/S模式结构的特点是:把应用从客户机中分离出来,使之不再支持应用,而变成一个简单的客户机;系统维护简单,摆脱了由于客户有多个应用而造成的复杂运行环境的维护;应用的增加、删除、更新不影响客户个数和执行环境;当来自客户端的频繁访问造成第三层的服务器负荷过重时,可分散、均匀负荷而不影响客户环境。

可以采用基于Internet/Intranet集成环境下的WWW的B/S模式来实现供应链企业之间分布数据库的连接。其结构实际上就是三层结构的B/S系统。

B/S模式分为三层:第一层是表示层,完成客户接口的功能;第二层是功能层,利用服务器完成客户的应用功能;第三层是数据层,服务器应客户请求独立地进行各种处理。

表示层通过WWW浏览器实现信息浏览的功能。在客户端,向由URL(Uniform Recourse Locator)所指定的Web服务器提出服务申请,在Web服务器对用户进行身份验证后,用HTTP协议把所需的文件资料传送给用户。客户端只是接收文件资料,并显示在WWW浏览器上,这样使客户端真正成为"瘦"客户机。

功能层是在具有CGI(Common GatewayInterface,公共网关接口)的Web服务器上实现的。Web服务器接受客户申请后,首先需要执行CGI程序,以便与数据库连接,进行申请处理;然后处理结果将返回Web服务器,再由Web服务器传至客户端。

数据层采用B/S结构,综合了浏览器、信息服务和Web等多项技术。通过一个浏览器可以访问多个应用服务器,形成一点到多点、多点到多点的结构模式。

3. Internet/Intranet集成思想

Internet在供应链企业中的应用以及与Intranet的集成,是不可避免的趋势。虽然因为目前基于TCP/IP协议和WWW规范的软件工具还不能完全满足管理信息系统范畴中的一些较为复杂的数据处理、信息统计、管理方法和分析模型的要求,导致暂时功能上还有较大差距,但目前基于LAN和C/S的MRP将迟早被基于TCP/IP协议和WWW规范的Internet/Intranet集成模式所取代。如果将管理信息系统的部分功能移到Internet上,或者是基于Internet/Intranet技术和思路开发管理信息系统,则实现后的管理信息系统将与传统的管理信息系统在操作运行模式上有相当多的不同。

Internet面对的是全球的用户,是企业走向全球市场的"桥梁";而Intranet则面向企业

内部。通过Internet/Intranet的集成,实现企业全球化的信息资源网络,提高企业网络的整体运行效率和管理效率,实现从传统管理信息系统向Internet/Intranet集成模式的转变。基于Internet/Intranet集成基础上的管理信息系统的技术特点如下:

(1) 基于TCP/IP协议和WWW规范,在技术上与Internet同源;

(2) 主要功能是加强企业内/外部信息沟通,共享资源,协同信息处理能力;

(3) 双向、全面,而且是不分地域、不限时间的信息沟通;

(4) 对内可全面支持企业的经营管理决策和日常办公事务处理工作,对外可形成企业信息发布、产品宣传以及营销策略的工具;

(5) 超文本链接简化了信息查询和检索;

(6) 无所不在的浏览器窗口。

4. 基于Internet的供应链企业信息组织与集成模式

根据企业所处环境、自身条件和营销策略,建立一种现代企业的管理信息系统,这包括企业经营观念、方式和手段的转变,将产生新的深层次变革。一般企业可以通过高速数据专用线连接到Internet核心网中,通过路由器与自己的Intranet相连,再由Intranet内主机或服务器为其内部各部门提供存取服务。

在供应链企业的管理信息系统中,计算机(个人计算机、工作站、服务器)可以既是Internet的节点,又是Intranet的节点,它们之间范围的界定由服务范围和防火墙限定,这也就是基于供应链管理的Internet/Intranet集成化管理信息系统的网络结构模型。根据该结构,我们可以在供应链企业中充分利用Internet和Intranet建立三个层次的管理信息系统。

(1) 外部信息交换。

企业首先应当建立一个Web服务器(Internet和Intranet软件的主要部分)。通过Internet,一方面完成对企业在不同地域的分销商、分支机构、合作伙伴的信息沟通与控制,实现对重要客户的及时访问与信息收集;另一方面可以实现企业的电子贸易,在网上进行售前、售中、售后服务和金融交易。这一层的工作主要由企业外部的Internet信息交换来完成。企业需要与交换对象签订协议,规定信息交换的种类、格式和标准。

(2) 内部信息交换。

管理信息系统的核心是企业的Intranet,因为企业的事务处理、信息共享、协同计算都是建立在Intranet之上的,要与外部交换信息也是以Intranet组织的信息为基础的。

因此,企业建立硬件框架之后的关键工作就是要决定在Internet上共享信息的组织形式。信息处理系统主要完成数据处理、状态统计、趋势分析等任务。它们以往大部分是由企业部门内部独立的个人计算机应用系统组成,主要涉及企业内部所有部门的业务流程。它们所处理的信息是企业内部Intranet信息共享的主要对象。

(3) 信息系统的集成。

在集成化供应链管理环境下,要实现企业内部独立的信息处理系统之间的信息交换,就需要设计系统之间信息交换的数据接口。

以往企业各部门的信息系统之间往往由于系统结构、网络通信协议、文件标准等环节的不统一而呈现分离的局面,而通过Internet的"标准化"技术,Intranet将以更方便、更低成本的方式来集成各类信息系统,从而更容易达到数据库的无缝连接,使企业通过供应链管理软件将内、外部信息环境集成为一个统一的平台整体。

当客户用浏览器浏览页面时,通过 Web 服务器 CGI 激活应用服务器,调用其中已定义好的应用处理;处理完毕后,执行结果以 HTML 格式返回 Web 服务器,Web 服务器再将 HTML 发布给用户,客户端用浏览器接收结果。

同样,在实现信息基于 Internet/Intranet 的组织与集成以后,供应链企业之间也形成了一个基于 Internet/Intranet 的集成网络模型。

9.3 信息技术对供应链管理的影响

在供应链中,所有的节点企业基于为用户提供质量最好、价值最高的产品或服务的共同目标而相互紧密地联结在一起,松散的联结是不能增值的,不管链中哪一点的失误,都可能导致整条供应链出现产品或服务的质量问题,而 EC、QR、ECR 等信息技术的出现与应用,则消除了用户和供应商之间的障碍。

9.3.1 供应链信息技术共享

供应链的各节点企业是以动态联盟的形式加入供应链的,他们以信息作为沟通的载体,信息顺畅地流通是供应链成功运作的关键。但由于涉及的成员较多、供应链结构各异,信息在传递过程遇到了诸多问题,这就给供应链的成功运作带来了许多问题与挑战。大量实践表明,实现供应链信息共享并提高信息共享的程度,可有效地解决这些问题与挑战。

1. 减少信息的不确定性

供应链的各节点企业间是一种亲密的合作伙伴关系,但由于它们所追求的目标不同,各自的工作方式也因组织管理方式、思维模式和组织文化的不同而不同,这给供应链带来极大的不确定性。企业通常面临两种不确定性:因缺乏对目前所发生事件的了解而导致的不确定性;当事件发生时,不知道如何应对而产生的不确定性。具体来说,这些不确定性主要包括:顾客提交订单的时间和数量的不确定;供应商交货提前期、交货数量、货物质量的不确定;货物运输时间和运输状况的不确定。究其原因,就是由于供应链的各节点企业间无法进行有效的信息沟通或实现有效的信息共享,从而削弱了以信息作为沟通载体的作用,导致整条供应链的效率下降。若能在供应链中实现信息共享,此问题将迎刃而解。

2. 降低委托-代理机制带来的信息风险

供应链的各节点企业间是相互合作的关系,主要表现为委托-代理关系。在此关系中,代理人往往会通过增加信息的不对称性来从合作伙伴那里获取最大利益。由于两个企业都是独立的利益主体,相互之间缺乏信任,因此在委托-代理关系中,会出现两种代理问题。一是逆向选择。即在制造商(委托人)选择供应商(代理人)时,供应商掌握了一些制造商所不知道的信息,而这些信息可能对制造商不利,供应商因此与制造商签订了对自己有利的契约,致使制造商蒙受损失,从而出现逆向选择——制造商误选了不适合自身实际情况的供应商。二是败德行为。假设供应商与制造商在签订契约时各自拥有的信息是对称的,但签约后,制造商无法观察到供应商的某些行为,或者外部环境的变化仅为供应商所了解。在这种情况下,有些供应商会在有契约保障之后,采取不利于制造商的行为,进而损害制造商的利益,这就出现了"败德行为"。因此,信息不对称也使供应链信息共享成为企业成功运作供应链的必要条件。

3. 缓解牛鞭效应

牛鞭效应也称需求放大效应,是美国著名的供应链管理专家 Hau L. Lee 教授对需求信息扭曲在供应链中传递的一种形象描述。牛鞭效应是供应链本身固有的特性,它非常不利于供应链的协调运作,会造成分销商、零售商的订货量和生产商的产量远远高于客户的需求量,进而积压产品,占用资金,降低整条供应链的运作效率。随着供应链节点企业的增多,此效应越发明显,整条供应链的管理将变得十分复杂、困难。虽然牛鞭效应无法避免,但可以使用一些先进的管理方法或技术来减少牛鞭效应的不良影响。对企业而言,以 Internet 技术为支撑在供应链上实现信息共享就是有效减少牛鞭效应的根本途径。因为归根结底,牛鞭效应是由信息传递过程中的信息扭曲造成的,而供应链信息共享恰恰可以减少信息传递过程中的信息时延和信息失真。

4. 协调供应链的目标冲突

供应链是由相互之间存在供需关系的企业组成的,而这些企业是参与市场竞争的利益主体,其目标是追求自身利益的最大化。无论企业是单兵作战式地独立地在市场中与其他企业直接竞争,还是集团式地整体地在市场中与其他供应链展开竞争,都会追求利益最大化。各节点企业间的目标是相互冲突的,因此,在供应链中,要满足某些目标就必须牺牲其他目标。而信息技术的共享可使各节点企业间的目标冲突得以协调。

案例分析

神龙公司基于 EDI 和 Internet 的信息组织模式

1. 概述

神龙汽车有限公司(以下简称神龙公司)由东风汽车集团、法国雪铁龙汽车集团、法国国民银行和法国兴业银行共同出资成立,目前拥有零件加工、装配、包装、运输、销售等一整套设备、设施、人员及组织机构。随着国内轿车市场竞争越来越激烈,该公司感到原有的管理方法已严重钳制了企业的发展,尤其是在和合作企业的信息沟通上,存在着较大的问题。

神龙公司的信息管理存在一些影响供应链运作效率的问题。生产计划中所需的关键数据(如制造明细表、订货信息、库存状态、缺货报警、运输安排、在途物资等)只有部分地集成和共享,决策者在进行生产计划安排时无法快速获取有效数据。另外,神龙公司与其他合作企业之间的信息交流尚未建立规范体系,无共同遵守的工作准则。因此,神龙公司的管理信息必须高度集成,为通过供应链管理实现企业经营目标提供可靠保证。为此,要从以下几个方面考虑采取新的措施:

(1) 信息必须规范化,有统一的名称、明确的定义、标准的格式和字段要求;

(2) 信息的处理程序必须规范化,处理信息要遵守一定的规程,不因人而异;

(3) 信息的采集、处理和报告有专人负责,责任明确,保证信息的及时性、准确性和完整性;

(4) 各种管理信息来自统一的数据库,既能共享,又有使用权限和安全保密措施。

2. 解决问题的途径

在激烈的市场竞争中,神龙公司认识到应以自身为核心,与供应商、供应商的供应商乃至一切向前的关系,与用户、用户的用户乃至一切向后的关系组建一个链网结构,建立战略合作伙伴关系,委托链网上的每一个个体完成一部分业务工作,那么神龙公司则可轻装上阵,集中精力和各种资源,通过技术程序重新设计,做好本企业能创造特殊价值的、比竞争对手更擅长的关键性业务工作,从而极大地提高神龙公司的竞争力,取得期望的经济效益。

神龙公司只有通过改变原有的企业信息系统模型,建立面向供应链管理的企业信息系统,才能保证供应链生产计划同步化和实现企业之间的信息共享,这也是实施供应链管理模式的前提和保证。

(1) 组织结构重组,职能部门集成。神龙公司需围绕核心业务对物流实施集成化管理,对组织实行业务流程重组,实现职能部门的优化集成,避免不同部门条块分割或职能相互渗透。

(2) 生产计划和控制系统的集成。从供应链中节点企业的供需关系分析,神龙公司采取订单驱动其他企业的活动,如供应部门围绕订单而动,生产部门围绕制造订单而动,销售部门围绕商业订单而动,这就是订单驱动原理。

(3) 建立 EDI 和 Internet 相融合的信息组织模式。将 EDI、Internet 和企业的信息系统集成起来能提高企业的经营管理水平。从 2000 年开始,雪铁龙与欧洲各汽车行业逐步从 GALIA 标准过渡到 EDIFACT 标准。EDIFACT 是美、日等国家现使用的标准,这将促使全球 EDI 报文的标准化。

3. 实施效果

随着网络技术的发展,神龙公司供应链管理采用基于 Internet/EDI 的运作模式成为必然。采用 EDI 技术是神龙公司 KD 件按件供应的前提。神龙公司利用 EDI 发出要货令电子文件 2 小时之内,雪铁龙便可在它的终端上接收,经翻译后转化为其系统的数据文件而直接使用。通过系统的分析,可以迅速地检查各种差异,并通过 Internet 及时反馈给神龙公司,有效地保障了工作质量。

采用 EDI 技术大大减少了纸质单据的传递。据估算,每月发货对应的发票、发货通知、装箱单等纸质文件(一式六份)就重达几百公斤,而所有信息通过 EDI 技术进行交换,大大减少了纸质单据的传递工作量,节省了信息传递的时间。在神龙和雪铁龙的国际贸易中采用 EDI 技术,使订单、发货通知、发票等大量的数据、文件信息传递变得可靠和通畅,减少了低效工作和非增值活动,并使双方快速获得信息,更方便地进行交流和联系,提高了相互的服务水平。

以神龙公司为核心企业,与供应商、分销商用户形成网链状供应链,实行基于供应链的集成化信息管理,有重要的实用价值。仅从缩短提前期、降低库存、加快资金流转、提高响应市场应变能力这些方面来看,就已发挥了巨大作用。对于大部分国内的供应商或分销商来说,最经济、最实用的方式就是通过建立 Internet 来达到电子商务、同步作业、资源共享的目的。

(资料来源:中国物流网.经作者整理)

思考题

结合案例,谈谈我国企业如何进行供应链信息化平台的构建。

9.3.2 供应链电子商务

供应链电子商务是指借助互联网服务平台,实现供应链交易过程的全程电子化,彻底变革传统的上下游商业协同模式。

1. 供应链电子商务的作用

(1) 实现供应链业务协同。

利用供应链电子商务,可以完善企业的信息管理,通过平台帮助企业快速地实现信息流、资金流和物流的全方位管理和监控。同时,利用供应链电子商务可以把供应链上下游的供应商、制造商、经销商、客户等进行全面的业务协同管理,从而实现高效的资金周转。

(2) 转变经营方式。

供应链电子商务可以帮助企业从传统的经营方式向互联网时代的经营方式转变。随着互联网技术的深入应用和网上交易习惯的逐渐形成,使得企业的经营模式也需要相应转变,借助供应链电子商务平台,可以帮助企业分享从内部管理到外部商务协同的一站式、全方位服务,从而解放了企业资源,显著提升了企业的生产力和运营效率。

2. 供应链电子商务的流程

供应链电子商务以企业级内部 ERP 管理系统为基础,在统一了人、财、物、产、供、销各个环节的管理,规范了企业的基础信息及业务流程的基础上,采用在线管理服务,建立全国范围内的电子商务协同平台,并实现外部电子商务与企业内部 ERP 系统的无缝集成,实现商务过程的全程贯通。

3. 供应链电子商务的主要功能

(1) 在线订货。

企业通过 ERP 将产品目录及价格发布到在线订货平台上,客户通过在线订货平台直接订货并跟踪订单后续处理状态,通过可视化订货处理过程,实现购销双方订货业务协同,提高订货处理效率及数据准确性。企业接收经销商提交的网上订单,依据价格政策、信用政策、存货库存情况对订单进行审核确认,并进行后续的发货及结算工作。

(2) 经销商库存。

通过经销商网上确认收货,自动增加经销商库存,减少信息的重复录入,提升了经销商数据的及时性和准确性;通过经销商定期维护出库信息,帮助经销商和企业掌握准确的渠道库存信息,消除牛鞭效应,辅助企业业务决策。

(3) 在线退货。

企业通过在线订货平台,接收经销商提交的网上退货申请,依据销售政策、退货类型等对申请进行审核确认;经销商通过订单平台,实时查看退货申请的审批状态,帮助企业提高退货处理效率。

(4) 在线对账。

通过定期从 ERP 系统自动取数生成对账单,批量将对账单发布在网上,经销商上网即可查看和确认对账单,帮助企业提高对账效率,减少对账过程的分歧,加快资金的良性循环。

4. 电子商务的发展

(1) 电子商务的发展及应用现状。

由于电子商务的出现,传统的经营模式和经营理念将发生巨大的变化。电子商务将市场的空间形态、时间形态和虚拟形态结合起来,将物质流、现金流、信息流汇集成开放的、良性循环的环路,使经营者以市场为纽带,在市场上发挥最佳的作用,得到最大的效益,创造更多的机会。可以肯定,电子商务的发展会带给我们一个经济更加繁荣的时代。

在发达国家,电子商务的发展非常迅速,通过 Internet 进行交易已成为潮流。基于电子商务而推出的商品交易系统方案、金融电子化方案和信息安全方案等,已形成了多种新的产业,给信息技术带来许多新的机会,并逐渐成为国际信息技术市场竞争的焦点。

在我国,电子商务刚刚起步,有待成为各行业进行产品或商品交易的一种方式,为我国商品经济的发展和贸易的扩大创造巨大的效益。但由于目前国内网络建设尚处于起步阶段,网络应用还不够普遍,因此,电子商务的普及应用进程还不理想。

(2) 电子商务的本质及内容。

传统商务的本质特征,是生产者和消费者之间,存在一个物理空间上的中间第三方——商场;而电子商务中,生产者和消费者之间的关系是直接的。电子商务不是搬来一些电子形式的物体,然后在物理时空中的商店收款台上完成交易,而是对生产者和消费者之间的各种中间(迂回)环节、中间成本进行彻底的削减,把工业时代形成的"只有拉长迂回路径,增加中间环节,才能提高附加值"的传统理念,变为"只有快速拉近与顾客的距离,减少中间环节,才能提高附加值"的信息价值观。

电子商务包括四个方面的具体应用:市场与售前服务,主要是通过建立主页等手段树立产品的品牌形象;销售活动,如 POS 机管理、智能目录、安全付款等;客户服务,即完成电子订单及售后服务;电子购物和电子交易。

(3) 电子商务的安全与效益问题。

20 世纪是 Internet 蓬勃发展的时代,浏览器的出现使我们可以在 Internet 上方便地进行查询,使企业感兴趣的也正是这种便利性。在美国和欧洲,连小学生都可以方便地上网查询。做生意就是要将产品打到客户的面前来,贴近客户。企业希望能够有一个开放的环境,能让它们进行灵活的查找,也希望有很多地方都能查找到它们,这对发展和促进贸易很重要。但是,开放的环境也会引起企业的某些担心。

在开放的环境下,企业最担心什么?是安全问题。在进行电子贸易的过程中,必然有一些内容是不能公开的。例如,我的产品上网了,有人来询价,我会打一个电话,和他进行单线联系,但不会在网上公布报价。因为在竞争激烈的市场环境下,什么人访问过我的网址、访问过多少次、对哪些产品感兴趣等,这些都可能属于商业机密。

5. 电子商务在供应链管理中应用的主要技术手段

(1) EDI 销售点和预测。

EDI 是一种在企业合作伙伴之间交换信息的有效技术手段。它是在供应链中联结节点企业的商业应用系统的媒介。在供应链环境中不确知的是最终消费者的需求,必须对最终消费者的需求作出好的预测,供应链中的需求大多来源于这种需求预测。虽然预测的方法有上百种,但通过 EDI 预测,可以最有效地减少供应链系统的冗余性,这种冗余可能导致时间的浪费和成本的增加。通过利用预测信息,用户和供应商可以一起努力缩短订单周期(循环时间)。

(2) 财务技术手段。

① EFT(电子支票)。财务 EC 广泛应用于企业和他们的财务机构之间,用户可以通过汇款通知系统结账,而不是通过支票。汇款通知数据包括银行账号、发票号、价格折扣和付款额。用户的财务机构将用 EFT 支付系统将汇款通知信息传递给供应商的财务机构,供应商的财务机构再将付款确认信息传送给供应商,并收款结账,供应商则根据付款信息更改应收账款等数据。

② Lockboxes(加密盒)。另一种广泛应用的财务 EC 是 Lockboxes。用户将支票或电子付款单传送到供应商的 Lockboxes,供应商的财务机构会处理这一付款单,将付款存入供应商的账号,同时从用户的财务机构扣除此款,财务机构会通过 EDI-Lockboxes 将付款单信息传送给用户和供应商。

③ ECR(电子收据)。ECR 是一种有效的、减少发票的技术手段。用户可以在接收到产品或服务时自动地以共同商定的单位价格付款给供应商。通过 ECR 可改善现金流管理和减少纸面工作。

(3) 非技术型企业的电子商务。

大企业不希望同时拥有具有相同功能的多个系统,所以希望通过电子商务实现商业交流的标准化,主要有以下几种形式。

① E-mail。企业内部的 E-mail 系统通过 Internet 与其他企业的 E-mail 系统连接在一起,Internet E-mail 可以发送文本和图像,如 CAD 和 Word 处理的文件。

② 电子会议。在世界不同地点的人可以通过 Internet 实现实时的电子会议,可以通过 Internet 转播会谈(IRC)系统实现基于文本的讨论,或是利用多方客户空间(MUD)系统来讨论文本、高精度图像和声音。

③ 电子市场营销(电子广告)。企业可以通过 Internet 在网络上发布产品和服务的促销广告,包括高精度图像、文本、声音的超文本文件等可以建立在 WWW 服务器上并连接到 Internet。这种广告可以被世界各地的网络客户浏览(通过客户端浏览程序软件等)。计算机软件生产商还可以把产品演示版软件挂在网络上让用户下载试用。

④ 电子用户支持系统(Electronic Customer Support)。许多企业都把最常见问题的解答挂在网络上,同时,当用户需要得到更多的信息时,用户也可以把问题或需求通过 E-mail 发给企业的用户支持领域。

⑤ 用户网上采购。在浏览企业的广告之后,用户可以通过网络进行订购。在 WWW 服务器上,用户只要输入信用卡账号、姓名、地址和电话号码等信息就可以直接实现网上购物;而订购信息通过网络传递到供应商服务器上,确认信息将通过 E-mail 返回给用户,同时货运通知或服务信息也将随后通过网络传递给用户。

(4) 共享数据库技术。

战略合作伙伴如果需要知道相互之间的某些快速更新的数据,他们将共享部分数据库。合作伙伴可以通过一定的技术手段在一定的约束条件下相互共享特定的数据库。例如,有邮购业务的企业将与其供应商共享运输计划数据库,JIT 装配制造商将与他们的主要供应商共享生产作业计划和库存数据。

课题九 供应链管理中的信息技术

亚马逊电子供应链的巨大潜力

电子商务在20世纪末大显身手。在线商店亚马逊(Amazon.Com)革命性的电子供应链,使其发展在零售业内势如破竹。五年内公司已拥有150个国家的两千多万消费者。可见新兴的信息技术给供应链的流程再造带来了怎样的契机。当初公司面临的是库存配送中心的严重不足,近1万平方米的西雅图配送中心和2万平方米的特拉华中心已远远不能满足公司急速膨胀的需要。于是公司又建立了两个配送中心,在美国形成了覆盖东南西北的巨大营运网。其中位于内华达州的配送中心,主要为加利福尼亚州提供服务,面积达到8000平方米。这样规模的配送中心,手工操作记录显然是不能成功的,所以信息技术被广泛使用。一般的配送中心拥有1万~2万米长的传输带。条形码与扫描器是记录物流的基本工具,后端的计算机网络自动生成各种图表,制订运输计划,支持管理者决策。由于信息技术的帮助,公司的货物基本上在客户下订单后24小时内就能运出。

供应链管理面临的另一个课题是公司的迅速全球化。现在亚马逊已经成为德国和英国最热门的电子商务网站。如何科学地选择配送中心的位置,不可避免地成为该公司的重要决策项目。供应链软件开发商 Manugistics 为其提供了 Net WORKS,用于固定和变量网络成本建模。该软件综合考虑了运输、供应时间、关税、劳动力成本等诸多因素,为亚马逊的供应链决策者提供了科学的支持。该公司还利用 Net WORKS 制定优化库存水平,确定适当的库存种类和能力。该软件甚至帮助亚马逊计算节假日销售高峰所需的库存量,并又合理整合零散订单以节约运输成本。Net WORKS 的运输模块同时为亚马逊的进货和公司内部运作计划分析,能更大限度地提高供应链效益和可控制性。

公司通过信息技术的帮助,能自动地从 Internet 获取订单,跟踪运输,分析成本,制成报表,并能提供智能决策支持,动态监视系统,帮助亚马逊及其伙伴公司即时发现供应链中出现的问题,并实时纠错。

(资料来源:中国物流网. 经作者整理)

信息技术对亚马逊供应链产生了什么影响?

9.3.3 完善的供应链信息管理系统

一个理想的信息系统应覆盖整条供应链中的所有职能和组织。随着互联网、万维网(WWW)、公司局域网的发展,不断完善的信息系统将具有以下特性:

(1) 信息流动的协调一致;
(2) 供应链内的全物流管理——所有运输、订货和制造系统的一体化;
(3) 跨越国别界限的全球范围运输的可视性;
(4) 全球化采购和库存管理——具有跟踪和定位每种产品移动的能力;

183

(5) 企业间信息互通——整条价值链中上下游组织间,生产和需求信息相互明了;
(6) 数据交换与捕获——分支企业和非分支企业间通过标准的通信渠道交换数据;
(7) 供应商与客户关系的改进——供应链上的企业拟合为整体,形成利益共同体。

理想的供应链信息系统使得供应链各环节间的适时(JIT)配送成为可能,使供应链的库存最少,供应链各企业成员能够及时有效地对变化做出反应。实时的销售信息立即传送给整条供应链的各组织部门,使得管理人员能够跟踪变化趋势,计划所需的生产能力,分配原材料,通知供应链中的所有供应商。信息流动还使组织间可以通过电子货币手段对服务和产品进行支付,从而确保供应链成员之间的快速支付得以实现。信息的自由传递使得供应链决策更为快速、准确。

9.3.4 信息技术对供应链管理的影响

信息技术对供应链管理具有以下方面的影响。

(1) 建立新型的客户关系,使供应链管理者通过与其客户和供应商之间构筑信息流和知识流来建立新型的客户关系。

(2) 了解消费者和市场需要的新途径,用互联网络等信息技术来交换有关消费者的信息,成为企业获得消费者和市场需要信息的有效途径。例如,供应链的参与各方通过信息网络交换订货、销售、预测等信息。对于全球经营的跨国企业来说,信息技术的发展可以使他们的业务延伸到世界的各个角落。

(3) 开发高效率的营销渠道。企业利用互联网与其经销商协作建立零售商的订货和库存系统,通过这样的信息系统就可以获得有关零售商的信息,在这些信息的基础上,进行连续库存补充和销售品销售的指导,从而与零售商一起改进营销渠道的效率,提高客户满意度。

(4) 改变产品和服务的存在形式和流通方式。产品和服务的实用化趋势正在改变它们的流通和使用方式。

(5) 构筑企业间或跨行业的价值链。通过利用每个企业的核心能力和行业共有的做法,信息技术开始用来构筑企业间的价值链。

(6) 具有及时决策和模拟结果的能力。信息技术的发展使得供应链管理者在进行经营革新或模拟决策结果的时候可以利用大量有效的信息,供应链管理者基于这些信息可以对供应链进行有效的管理。

(7) 具有全球化管理能力和基于消费者要求的大量生产的能力。经营的全球化一方面要求企业在全球市场进行经营活动,另一方面要求企业对当地的需要、习惯、文化等从事经营活动。许多企业应用信息技术发展企业的信息系统来协调和管理世界各地的经营活动。

(8) 改变传统的供应链构成。信息技术正在改变传统供应链的构成并模糊产品和服务之间的区别。

(9) 不断学习和革新。供应链管理者需要不断地改善其供应链的运行过程,在供应链内部和企业内部分享有用的信息。重要的是企业有能力获得有关导致供应链革新和增强供应链能力的信息。

课题小结

本章通过案例引入,首先阐述了供应链信息技术的发展及重要作用,具体介绍了供应链管理中相关的信息技术基础:条形码技术;RFID 技术;GPS;GIS。然后详细分析了供应链管理环境下的信息支撑技术:一是基于 EDI 的供应链管理信息技术支撑体系;二是基于 Internet 的供应链管理信息技术支撑体系。最后,阐述了信息技术对供应链管理的影响。

第三部分　课题实践页

复习思考题

1. 选择题

(1) 信息技术是指利用电子计算机和现代通信手段获取、传递、(　　)、处理、显示信息和分配信息的技术。

　　A. 组织　　　　　B. 应用　　　　　C. 协议　　　　　D. 存储

(2) RFID 是一种(　　)的自动识别技术,它通过射频信号自动识别目标对象并获取相关数据,识别工作无须人工干预,可工作于各种恶劣环境。

　　A. 非接触式　　　B. 接触式　　　　C. 自动　　　　　D. 非自动

(3) EAN 商品条形码分为(　　)和 EAN-8 两种。

　　A. EAN-14　　　 B. EAN-11　　　　C. EAN-12　　　　D. EAN-13

(4) 全球定位系统的地面控制系统由监测站、主控制站、(　　)所组成。

　　A. 指挥部门　　　B. 交通路线　　　C. 地面天线　　　D. 监管部门

(5) B/S 模式分为三层:第一层是表示层,完成用户接口的功能;第二层是(　　),利用服务器完成客户的应用功能;第三层是数据层,服务器应客户请求独立地进行各种处理。

　　A. 管理层　　　　B. 控制层　　　　C. 功能层　　　　D. 物理层

2. 问答题

(1) 信息技术主要包括哪几方面技术?

(2) RFID 技术典型应用于哪些方面?

(3) 在供应链企业中可充分利用 Internet 和 Intranet 建立哪几个层次的管理信息系统?

(4) 供应链电子商务的主要功能有哪些?

3. 案例分析

北京联想集团的三代电子商务

1. 第一代电子商务——网上静态信息发布系统

联想计算机公司(以下简称联想公司)有计划、有步骤地推进电子商务的实施,它采用的是 B2B 模式,即与其签约代理商之间进行电子商务实施。在此之前,联想公司使用的是传统的沟通方式,即电话加传真。这种方式的缺点是环节太多,层层沟通。当产品量越来越大,产品信息也随之迅速增加的时候,传统的信息沟通渠道和交易模式将极大地阻碍双方进一步的合作与发展。以报价为例,通知到代理商就是一项繁琐的工作:首先是政策制定部门把通知发给北京各部,然后通知各大区,各大区通知业务代表,业务代表再一家一家地通知代理商。这样的结果就是有些代理商很早就知道消息,有些却要等客户问了才知道,回头再到联想公司询问,这样就很被动。

为了解决这些问题,经过前期的大量调研和准备工作,联想公司启动了第一代电子商务——网上静态信息发布系统。代理商可以上网查询联想的产品动态、市场政策、商务规定、供货信息等等,但只能被动浏览,缺乏互动性的交流。

为了逐步培养代理伙伴的Internet意识,联想公司用渐进的方式进行推进。首先,传统的电子信箱仍然同步使用,同时通过大量的宣传动员,引导推动代理伙伴上网查询信息;其次,为降低代理商上网费用,把每天的重要信息编辑后,通过电子邮件传给代理商,并开展了一些鼓励代理商上网的有奖活动;最后,逐步有计划地关闭电子信箱,为下一阶段做好前期的准备工作。由此许多代理商由不习惯上网到迫切希望上网,代理商掌握的信息更加完善,这种观念上的变化和支持也为实施下一代电子商务加快了步伐。

2. **第二代电子商务——实现了网上交易、动态发布和双向信息**

联想公司开通的第二代电子商务,实现了网上交易、动态发布和双向信息。双向信息是指代理商不仅从网站获取信息,也可以通过网站向联想公司提供信息,最主要的变化是代理商可以从网上下单,不受时间限制。订单自动进入联想公司内部的订单分配程序,并自动确定供货时间。订单网上传递,大大减少了订单错误的概率,减少了交易双方审核订单的时间和精力,提高了信息传递效率。动态发布是指网站和联想公司内部处理系统相连,代理商可以通过网站查询到实时刷新的各种信息,对订单进行跟踪。如代理商可看到某订单的供货时间、发货仓库、货物在途情况。

第二代电子商务运行以来,为双方的合作提供了大量、及时的信息,帮助双方不断提高资金使用的计划性和周转速度,同时为代理商更好地满足最终客户的需求奠定了基础。联想公司认为,要让电子商务发挥最大的威力,不能仅仅满足于第二代电子商务的成果,高效的供应链管理必须考虑各环节的运行情况,因此,必须了解代理商内部的运作状况,如产品库存、销售速度、资金状况等,才能在更大范围内进行资源的合理分配。

3. **第三代电子商务——对联想公司优化供应链极其重要**

联想公司加紧构筑了第三代电子商务,其核心特点是不仅把自己的运作纳入电子商务,而且要把代理商的内部运作纳入电子商务范畴。

第三代电子商务对联想公司优化供应链具有极其重要的意义,通过在"大联想"范围内的信息和资源共享,必然使有限的货源得到更加合理的调配,进一步提高"大联想"对客户需求的满足能力,同时也将改善联想公司和代理伙伴内部的物流、资金运作效率,从而缩短整条供应链的运作周期,对降低交易成本起到显著作用。

(资料来源:中国物流网.经作者整理)

思考题

1. 联想公司在实施电子商务之前存在哪些沟通问题?
2. 联想公司是如何一步一步地推进其电子商务的?你预计联想公司第三代电子商务将会给其带来什么优势?

课题十　供应链绩效评价与激励

学习目标

1. 掌握供应链绩效评价的特点和原则；
2. 能够用所学知识对现实的供应链进行绩效评价与激励机制设计；
3. 能够准确地描述供应链的运营状况。

技能目标

学会科学分析和评价供应链的运营绩效。

第一部分　引导案例

弗莱克斯特罗尼克斯公司的供应链绩效控制方法

电子制造服务(EMS)提供商弗莱克斯特罗尼克斯公司两年前便面临着一个既充满机遇又充满挑战的市场环境,即供应链绩效控制的方法。

弗莱克斯特罗尼克斯公司采取的控制绩效的两种传统方法是指标项目和平衡积分卡。在指标项目中,功能性组织和工作小组建立和跟踪那些被认为是与度量绩效最相关的指标。不幸的是,指标项目这种方法存在很多的局限性。为了克服某些局限性,许多公司采取了平衡积分卡项目。虽然平衡积分卡在概念上具有强制性,但绝大多数平衡积分卡作为静态管理"操作面板"实施,不能驱动行为或绩效的改进。弗莱克斯特罗尼克斯公司也被供应链绩效控制的缺陷苦苦折磨着。

在此情况下,弗莱克斯特罗尼克斯公司使用了供应链绩效管理的方法,使它能确认邮政汇票的异常情况,了解根本原因和潜在的选择,采取行动更换供应商、缩减过度成本、利用谈判的力量。绩效管理的方法包括了实施基于 Web 的软件系统加速供应链绩效管理的周期。弗莱克斯特罗尼克斯在 8 个月的"实施存活期"中节约了几百亿美元,最终在第一年产生了巨大的投资回报。供应链绩效管理周期使弗莱克斯特罗尼克斯获得这样的结果。

此外,弗莱克斯特罗尼克斯系统还根据邮政汇票信息连续比较了合同条款和被认可的卖主名单,以此识别异常绩效。一方面,如果卖主不是战略性的或者订单价格是在合同价格之上的,系统就提醒买方;另一方面,如果邮政汇票价格是在合同价格之下的,系统就提醒货物管理人员可能的成本解决机会。向接近 300 个使用者传递的邮件通告包含详细绩效信息的 Web 链接和异常情况的总结。

弗莱克斯特罗尼克斯管理人员随后使用系统了解问题和选择方案。他们评价异常情况并且决定是否重新谈判价格,考虑备选资源或者调整基于业务需求的不一致。同样,采购经理分析市场状况、计算费用,然后通过商品和卖主区分成本解决的优先次序。在供应链绩效管理周期开始之前或者周期进行中,弗莱克斯特罗尼克斯公司确认数据、流程和行动的有效性。当实施它们的绩效系统时,弗莱克斯特罗尼克斯公司建立指标和界限,并且也保证数据的质量和合时性。使用绩效管理系统,弗莱克斯特罗尼克斯公司已经能通过资本化各种机会节约成本并获得竞争优势。

弗莱克斯特罗尼克斯公司实施供应链绩效管理带给业界很多启示:供应链绩效管理有许多基本的原则,可以避免传统方法的缺陷;交叉性功能平衡指标是必要的,但不是充分的。供应链绩效管理应该是一个周期,它包括确定问题、明确根本原因、以正确的行动对问题做出反应、连续确认处于风险中的数据、流程和行动等。

弗莱克斯特罗尼克斯公司认为,定义关键绩效指标、异常条件和当环境发生变化时更新这些定义的能力是任何供应链绩效管理系统是令人满意的一大特征。一旦异常情况被确认了,使用者需要知道潜在的根本原因,可采取的行动的选择路线,以及这种可选择行为的影响。以正确的行动对异常的绩效做出快速的响应是必要的。但是,一旦响应已经确定,只有无缝的、及时地实施这些响应,公司才能取得绩效的改进。这些响应应该是备有文件证明的,系统根据数据和信息发生以及异常绩效的解决做出不断地更新、调整。响应性行动导致了对异常、企业规则、业务流程的重新定义。因此,周期中连续地确认和更新流程是必要的。

在统计流程控制中,最大的挑战往往是失控情形的根本原因的确认。当确认异常时,对此的管理需要能确认这些异常的根本原因。供应链绩效管理应该也能在适当的位置上支持理解和诊断任务。这允许管理迅速重新得到相关的数据,相应地合计或者分解数据,按空间或者时间将数据分类。

经过实践,弗莱克斯特罗尼克斯公司是成功的。弗莱克斯特罗尼克斯公司的成功,确认了供应链绩效管理作为供应链管理的基础性概念和实践的力量和重要性。

(资料来源:中国物流网.经作者整理)

第二部分 课题学习引导

10.1 供应链绩效评价概述

供应链的绩效,是指在所有供应链成员企业资源的支持、信息协调和共享下,通过物流管理、生产操作、市场营销、顾客服务、信息开发等活动增加和创造的价值总和。而为了达到增加和创造价值的目标,供应链成员采取的各种活动,则为过程绩效。

这里所指的价值总和包括顾客价值和供应链价值两个部分。顾客价值是指消费者通过购买产品或者接受服务所获得的价值,供应链价值则是供应链各成员企业通过各种生产经营活动增加和创造的价值,包含由各种活动单独产生的价值和共同产生的价值以及供应链满足市场需求的能力。

10.1.1 供应链绩效评价的概念与必要性

1. 供应链绩效评价的概念

绩效评价是对企业工作业绩的最终评定。任何一项工作，都要通过对该活动所产生的效果进行度量和评价，以此判断这项工作的绩效及其存在的价值。

评价供应链的绩效，是对整条供应链的整体运行绩效、供应链节点企业、供应链上的节点企业之间的合作关系所做出的评价。因此，供应链绩效评价，就是指围绕供应链的目标，对供应链整体、各环节所进行的事前、事中和事后分析评价。

在供应链管理中，为了使供应链健康发展，如何科学、全面地分析和评价供应链的运营绩效，就是一个非常重要的问题。

2. 供应链管理绩效评价的必要性

供应链管理的潜力已经越来越被企业所重视，但是由于缺乏有效的绩效评估策略及指标，因此难以形成一套完整的供应链体系。传统的供应链各个部分独立地追求各自的目标，因此不可能达到提高生产率的目的。

首先，许多企业已经意识到财务指标和非财务指标对绩效评估的重要性，但是却不能在评估框架范围内很好地对两者进行平衡。有些企业只注意财务绩效指标，另一些企业则专注于经营操作性指标，这种指标的片面性是很难清晰地反映企业的经营效果的。财务绩效指标对于战略性决策非常重要，而非财务指标对日常的生产控制和销售非常有帮助，企业必须综合考虑这两方面的因素。当然，也并不是说绩效评估指标越多越好，只有使用关键的指标，才会获得更好的效果。

其次，缺乏一套在战略、战术和操作层次上有明显差别的评估指标。绩效评估指标会对企业在战略、战术和操作三个层次上的决策产生影响。企业需要对供应链管理中的三个层次指标进行区分，根据三个层次的特点选用适合各层次的评估指标。例如，库存清单的处理最合适的评估策略是从实际操作的角度去评估，使得日常库存水平得以监控。

因此，供应链绩效的评估必须考虑供应链所有层次的目标及相应的评估标准。这就要求有一套在战略、战术和操作层次上有所区别，在财务和非财务指标上都能够平衡的指标体系。

10.1.2 供应链与现行企业绩效评价的比较

供应链管理是通过前馈的信息流和反馈的物料流及信息流将供应商、制造商、分销商直到最终用户联系起来的一个整体的管理模式，因此它与现行企业管理模式有着较大区别，在对企业运行绩效的评价上也有许多不同。

现行企业绩效评价指标侧重于单个企业，评价的对象是某个具体企业的内部职能部门或者职工个人，其评价指标在设计上有以下一些特点。

（1）现行企业绩效评价指标的数据来源于财务结果，在时间上略为滞后，不能反映供应链动态运营情况。

（2）现行企业绩效评价主要评价企业职能部门工作完成情况，不能对企业业务流程进行评价，更不能科学、客观地评价整条供应链的运营情况。

（3）现行企业绩效评价指标不能对供应链的业务流程进行实时评价和分析，而是侧重于事后分析，因此，当发现偏差时，偏差已成为事实，其危害和损失已经造成，并且往往很难补偿。

鉴于此，为衡量供应链整体运作绩效，以便决策者能够及时了解供应链整体状况，应设计出更适合于度量供应链绩效的指标和评价方法。

根据供应链管理运行机制的基本特征和目标，供应链绩效评价指标应能够恰当地反映供应链整体运营状况以及上、下节点企业之间的运营关系，而不是孤独地评价某一供应商的运营情况。构建有效的基于供应链业务流程的绩效评价指标体系是当前企业发展的主要特点和发展趋势。

10.1.3 供应链绩效评价的意义

任何一种绩效评价体系的设计，都应反映它所支持的组织和远景目标、管理模式、沟通与联系方式、反馈与学习方式、鼓励规划方式等基本状况；而且，评价体系应随着组织结构的改变而改变，而不应成为组织发展的阻力。因此，建立有效的供应链管理绩效评价机制，对有效监督自销和优化配置资源起着重要作用。其主要作用包括以下几个方面：

（1）评价企业原有供应链，发现原有供应链的缺陷和不足，并提出相应的改进措施；
（2）评价新构造的供应链，监督和控制供应链运营的效率，充分发挥供应链管理的作用；
（3）作为供应链业务流程重组的评价指标，建立基于时间、成本合计的供应链优化体系；
（4）寻找供应链约束和建立有效管理机制的参照系，同时也是建立标杆活动、标杆节点企业和标杆供应链的基准。

评价供应链的绩效评价体系一般从三个方面考虑：一是内部绩效度量；二是外部绩效度量；三是供应链综合绩效度量。关于供应链绩效评价的一般性指标参见表10-1。科学合理的供应链绩效体系作为供应链评价的标准，能够准确地描述供应链的运营状况，为供应链管理体系的优化提供科学的依据。

表10-1 供应链绩效评价的一般性统计指标

客户服务	生产与质量	资产管理	成　本
饱和率	人均发运系统	库存周转	全部成本/单位成本
脱销率	人工费用系统	负担成本	销售百分比成本
准时交货	生产指数	废弃的库存	进出货运输费
补充订单	破损率	库存水平	仓库成本
循环时间	退货数	供应天数	管理成本
发运错误	信用要求数	净资产回报	直接人工费
订单准确率	破损物价值	投资回报	退费成本

10.1.4 供应链绩效评价的内容

1. 供应链综合绩效评价

供应链之间的竞争日趋激烈，引起人们对供应链综合绩效的日益重视。供应链综合绩效评价可通过对整条供应链运行状况的了解，找出供应链运营中的问题，提供供应链在市场中的生存、组建、运行、撤销的决策依据,以保证供应链的健康发展。要从整体角度考虑不同供应链之间的竞争,评价指标要对供应链整体而言,反映整条供应链的运营情况,而不是仅仅反映单个节点企业的运营情况。

2. 供应链内各企业评价

供应链内各企业评价能够对其成员企业起到激励的作用,目的是吸引优秀企业加盟,剔除不良企业,降低供应链网络的解体风险,以保证各企业的利益或者提高供应链整体的绩效。供应链是一种各节点企业之间的网络关系,其基本点仍是各个企业,因此清楚地了解各企业自身的特点,考虑节点企业自身的绩效,是供应链绩效评价的重要组成部分,但应注意其评价要立足于供应链整体的角度,强调企业对供应链整体的运营绩效的贡献。

3. 供应链内各企业合作关系评价

供应链内各企业合作关系评价主要考察供应链的上游企业(如供应商)对下游企业(如制造商)提供的产品和服务的质量,从用户满意度的角度评价上游、下游企业之间的合作伙伴关系的好坏。供应链中的各企业通过契约等形式组成联盟,将相互之间的关系固定下来,这种战略联盟关系的存在,对于供应链绩效评价的影响是长期存在的。长期稳定可靠的物流渠道,比改变的供应链所带来的效益增加到一定的水平更为可取。一般情况下,同一企业隶属于多条供应链,并扮演不同的角色,这就增加了供应链关系分析的难度。同时,企业在每条供应链上所投入的资源难以区分,这就使在评价过程中相关数据的获取难度加大。

4. 供应链内各企业激励关系评价

供应链激励是供应链管理的一项重要工作,主要专注于供应链环境下的成员企业,既包括核心企业对非核心企业的激励,也包括非核心企业之间的相互激励。建立良好的激励机制可以调动成员企业的积极性,增强核心企业的开拓精神,发挥最大能动性,保证供应链的整体利益。供应链激励需要好的规则来评判好与坏。评价结果和需要激励对象的具体情况是确定采取何种激励方式的基本依据。

10.1.5 影响供应链绩效评价的因素

供应链的复杂特性决定了对供应链进行绩效评价时的难度,同时,通过对供应链的分析,可以归纳出影响供应链绩效的一些因素。

1. 影响供应链绩效的外部驱动力

供应链管理的驱动力是在供应链整体价值最大化的前提下,有效降低供应链运作成本,并最终实现供应链竞争力的提升。供应链由于受外部环境原因和特性的影响,其绩效的外部驱动力主要有以下几点。

(1) 行业特征。

就不同的范围而言,现有的供应链研究主要集中于制造行业和仓储零售行业等方面。供应链管理所涉及的行业特征使得供应链管理在绩效的考虑角度差异很大。一般而言,制造业的管理重点侧重于采购、物料管理以及与战略合作伙伴的共同优化;仓储零售业的管理则侧重于运输和物流管理。

(2) 竞争者。

供应链的核心竞争力为供应链在竞争过程中保持独有的竞争优势。竞争者的技术优势、产品以及流程的革新、人力资源的整合都成为影响供应链绩效的长期驱动力。

(3) 技术。

供应链管理中的快速反应技术、有效客户反应技术、供应商管理库存技术、及时制造技术等，都已成为影响供应链绩效的重要因素。对于不同的行业，应有针对性地采用差异性的供应链管理技术。

(4) 客户。

客户作为供应链的市场导向和利润来源，成为供应链绩效的主要驱动力。供应链要在每一环节中加深客户理念的作用。

(5) 经济及社会环境。

经济因素包括世界范围普遍的经济前景。经济压力通常会迫使国内供应链成本降低以面对世界范围的竞争。社会的变化对于形成与供应商的伙伴关系也会产生重要的影响。跨国供应链受不同的国家地区的工业结构、经济发展阶段、客户要求等变量的影响。

2. 影响供应链绩效的内部驱动力

一条流程清晰、链上企业关系融洽、组织机构科学、目标一致的供应链对于其自身绩效水平的提升大有裨益，是影响供应链绩效的主要内部驱动力。

(1) 流程机制。

因为产品、服务和市场的分布在业务流程上的分散采购、集中采购都是由所提供的产品或服务性质所决定的，而市场层面的不同也会使业务流程在设置上有所差异，因此，供应链上的流程机制应是职能分工明确、交叉重复少、清晰易懂、便于操作的。

(2) 合作伙伴。

供应链上的企业必须建立良好的长期合作关系，这也是保证供应链稳定存在的重要基础。合作伙伴关系的长期稳定在降低价格、JIT 供货、库存管理绩效上作出了巨大的贡献。供应链管理要将合作伙伴之间的"敌对"关系转化为"双赢"或"多赢"关系。

(3) 组织结构。

供应链在组织结构上有延迟型、柔性型、刚性型、模块型等，对绩效的要求自然有很大差异。不同类型的供应链具有不同的组织结构，组织机构是为了保障供应链运作、业务流程而服务的。供应链的组织结构应尽量扁平化，以加快供应链的整体响应能力。

(4) 供应链战略。

供应链绩效是战略执行的结果，故绩效的评价要求应与战略相一致。供应链战略因为供应链发展集成的层次阶段以及供应链经营方式不同而对绩效提出了不同的要求。供应链集成可以归结为四个阶段，即基础建设阶段、功能型阶段、内部集成阶段、外部集成阶段。

(5) 企业在供应链中的位置。

企业在供应链中所处的位置不同，对运作绩效的要求自然也不同。处于供应链上游的企业，在供应链中往往受下游的用户需求所驱动，其重要的任务是向供应链中游企业提供原材料保障。处于供应链中游的企业起着承上启下的作用，需要协调上游、下游双方的关系，主要任务是生产产品。处于供应链下游的企业主要面向用户，能够最敏锐地观测最终用户的需要，起着向中游、上游提供准确、全面的需求的作用。供应链的各节点企业只有明确自己所处的位置及具体分工，才能各司其职，保障供应链高效运转。

供应链运作在不断变化的环境中，内部不断的改进和提高就是为了应对外部环境对集成供应链管理的消极作用,提高整体适应能力,增强竞争力。一个可行的框架分析应包括外部驱动与内部驱动的影响,并反映环境和供应链运作本身的变化。各节点企业需要通过优化成本、提高服务、加快对市场需求和机遇的响应以及技术优势的不断提高来支持供应链所拥有的竞争优势。供应链战略的产出是这些驱动力综合作用的结果。

10.1.6 供应链绩效评价的角度

站在一个角度来看待供应链整体,得出的结论往往是片面的,不能反映供应链运转的全貌。为了实现供应链绩效评价的最终目的,需要从组织、采购与供应、物流等多个环节来对供应链进行绩效评价,并汇总结果,得出供应链整体的绩效评价。

如果从供应链的组织角度来观测供应链运作的水平,则可以从供应链组织的弹性、稳定性、简洁性和集成性来进行分析。

1. 弹性

供应链的组织形式必须要具有一定的弹性,即在市场的顾客需求、交货、链上成员、服务方式、服务方案等方面发生变化的时候,供应链能够适应这些变化,并具有较强的快速响应能力。在竞争利益加剧的市场条件下,顾客的需求变化主要体现在服务水平、产品品质、需求种类、需求量、需求时间等方面;交货的变化主要体现在交货时间、交货数量、交货地点、交货方等方面;链上成员的变化主要体现在成员数、成员合作关系等方面。

为了提高供应链的弹性,供应链的组织首先应具有虚拟性,即能够快速地根据新的业务单位组成新的虚拟团队;其次,必须借助现代信息技术,以提高信息在组织中的传递速度,从而保证组织的活性;最后,供应链组织模式的构建必须与顾客要求相一致,以便能够依据市场需求动态调整。

2. 稳定性

供应链组织的稳定性是相对于弹性而言的。供应链在组织构建过程中不能单纯地追求动态性、虚拟性以满足快速变化的市场需求,而更应注重结构的稳定性。稳定的组织结构有助于供应链上企业采购、生产、运输、仓储、销售等各项业务的稳定,提高预测的精度,有利于制订各项计划,降低运营成本。

3. 简洁性

供应链组织的简洁性体现在组织的层次、部门的简洁两方面。首先,应尽可能地减少供应链组织的层次,以减少信息传递的时间及信息的失真;其次,应尽可能地减少组织各层次的职能部门,以减少职责重复与交叉,提高业务流程的运作效率。企业规模扩张所导致的管理机构膨胀、管理难度加大、运行效率低下等问题是引发组织机构精简化、扁平化的重要驱动力。

4. 集成性

供应链是由多个具有业务联系的企业组织构成的业务联盟,每个企业均是供应链的独立利益主体,而供应链整体又是一个独立的利益主体。各个企业之所以形成一条利益相关的链条,就是因为供应链的整体利益大于各个企业利益的总和,而能够实现这一目标的保障就是组织间的协调。因此,应尽量协调供应链上各方的个体利益,建立合理的利益分配机制,保障整体利益。

10.2 供应链绩效评价体系的构建

10.2.1 供应链绩效评价的原则

随着供应链管理理论的不断发展和供应链实践的不断深入,为了科学、客观地反映供应链的运营情况,应考虑建立与之相适应的供应链绩效评价方法,并确定相应的绩效评价指标体系。

为了建立能有效评价供应链绩效的指标体系,应遵循以下原则:

(1) 突出重点,对关键绩效指标进行重点分析;

(2) 充分采用能反映供应链业务流程的绩效指标体系;

(3) 评价指标要能反映整条供应链的运营情况,而不是仅仅反映单个节点企业的运营情况;

(4) 应尽可能采用实时分析与评价的方法,要把绩效度量范围扩大到能反映供应链实时运营的信息上去,因为这比仅做事后分析要有价值得多;

(5) 在衡量供应链绩效时,要采用能反映供应商、制造商及用户之间关系的绩效评价指标,把评价的对象扩大到供应链上的相关企业。

10.2.2 供应链绩效评价指标体系

经济全球化的竞争是供应链与供应链之间的竞争,这一现状引起人们对供应链总体绩效和效率的日益重视,要求能提供从总体上观察透视供应链运作绩效的度量方法。这种透视方法必须是可以比较的。如果缺乏整体的绩效衡量,就可能出现制造商对用户服务的看法和决策与零售商的想法完全背道而驰的现象。

综合供应链绩效的度量主要从用户满意度、时间、成本、资产等几个方面展开。

1. 反映整条供应链业务流程的绩效评价指标

在这里,整条供应链是指从最初供应商开始直至最终用户为止的整条供应链。反映整条供应链运营的绩效评价指标,目前国内外研究得很少,本书综合考虑了指标评价的客观性和实际可操作性,提出了以下几个反映整条供应链运营绩效的评价指标。

(1) 产销率指标。

产销率是指在一定时间内已销售出去的产品与已生产的产品数量的比值。该指标反映供应链在一定时间内的产销经营状况,其时间单位可以是年、月、日。随着供应链管理水平的提高,时间单位可以取得越来越小,甚至可以做到以天为单位。

(2) 平均产销绝对偏差指标。

该指标反映在一定时间内供应链总体库存水平。平均产销绝对偏差值越大,说明供应链成品库存量越大,库存费用越高;反之,则说明供应链成品库存量越小,库存费用越低。

(3) 产需率指标。

产需率是指在一定时间内,节点企业已生产的产品数量与其上层节点企业(或用户)对该产品的需求量的比值。该指标反映上、下层节点企业之间的供需关系。产需率越接近1,说明上、下层节点企业之间的供需关系协调,准时交货率高;反之,则说明下层节点企业准时交货率低或者企业的综合管理水平较低。

(4) 供应链总运营成本指标。

供应链总运营成本包括供应链通信成本、供应链库存费用及各节点企业外部运输总费用。该指标反映供应链运营的效率，主要包括：供应链通信成本；供应链总库存费用；各节点企业外部运输总费用。

(5) 供应链产品质量指标。

供应链产品质量是指供应链各节点企业（包括核心企业）生产的产品或零部件的质量，主要包括合格率、废品率、退货率、破损率、破损物价值等指标。

2. 反映供应链上、下层节点企业之间关系的绩效评价指标

供应链是由若干个节点企业所组成的一种网络结构，如何选择供应商、如何评价供应商的绩效以及由谁来评价等问题是必须明确的问题。根据供应链层次结构模型，这里提出了相邻层供应商评价法，可以较好地解决这些问题。相邻层供应商评价法的基本原则是通过上层供应商来评价下层供应商。由于上层供应商可以看成是下层供应商的用户，因此通过上层供应商来评价和选择与其业务相关的下层供应商更直接、更客观。如此递推，即可对整条供应链的绩效进行有效的评价。

为了能综合反映供应链上、下层节点企业之间的关系，本书提出了满意度、准时交货率、成本利润率及产品质量合格率等指标，其内容具体介绍如下。

(1) 满意度指标。

满意度指标是反映供应链上、下层节点企业之间关系的绩效评价指标，即在一定时间内上层供应商对其相邻下层供应商的综合满意程度。

(2) 准时交货率指标。

准时交货率是指下层供应商在一定时间内准时交货的次数占其总交货次数的百分比。供应商准时交货率低，说明其协作配套的生产能力达不到要求，或者是对生产过程的组织管理跟不上供应链运行的要求；供应商准时交货率高，说明其生产能力强，生产管理水平高。

(3) 成本利润率指标。

成本利润率是指单位产品净利润占单位产品总成本的百分比。在市场经济条件下，产品价格是由市场决定的，因此，在市场供需关系基本平衡的情况下，供应商生产的产品价格可以看成是一个不变的量。按成本加成定价的基本思想，产品价格等于成本加利润，因此产品成本利润率越高，说明供应商的盈利能力越强，企业的综合管理水平越高。在这种情况下，由于供应商在市场价格水平下能获得较大利润，故其合作积极性必然增强，必然对企业的有关设施和设备进行投资和改造，以提高生产效率。

(4) 产品质量合格率指标。

产品质量合格率是指质量合格的产品数量占产品总产量的百分比，它反映了供应商提供货物的质量水平。产品质量合格率指标与产品成本利润率指标密切相关。同样，产品质量合格率指标也与准时交货率密切相关，因为产品质量合格率越低，就会使得产品的返修工作量加大，必然会延长产品的交货期，使得准时交货率降低。

10.2.3 供应链绩效评价指标的选取

在绩效评价体系建立的过程中，最重要的就是评价指标的选取问题。从企业绩效评价制表选取的演进历程中，揭示了供应链绩效评价指标选取从单一的财务指标到包含非财务

指标的综合指标、单一指标到多维指标的发展趋势。

1. 绩效评价指标选取的发展历程

20世纪50—60年代,由于客户需求大于供给,企业的主要任务是以最低的成本生产出尽可能多的产品,以实现利润最大化为战略目标。在这种情况下,企业以财会指标作为绩效评价的唯一指标是无可厚非的。

进入20世纪70年代以后,随着卖方市场的转变以及市场竞争的加剧,企业管理的中心也逐步由成本管理向客户关系管理发展,单纯以财务指标作为绩效评价的指标已不能满足企业发展的需要。

在20世纪80年代后期和90年代,人们对企业绩效评价的研究迅速升温,并设计出综合的企业绩效评价指标体系。

2. 传统绩效评价指标的缺陷

传统绩效评价指标在长期的使用过程中,已被发现存在许多缺陷。

(1) 鼓励短期行为,例如为了获取短期利润最大化,企业决策者常常推迟资本投资,从而造成企业发展后劲不足;

(2) 缺乏战略性考虑,无法提供产品质量、客户信誉度等方面的信息;

(3) 鼓励局部优化,而不是群居最优化,例如为了使员工和设备一直处于工作状况而设置生产缓冲库存;

(4) 鼓励管理人员千方百计地最小化标准偏差,而不是寻求持续改进的方案;

(5) 只能提供历史绩效信息,无法提供有关客户需求、竞争对手的运作方式、市场发展趋势等方面的信息,无法预测未来发展趋势,应用的范围受到限制。

正是传统财务指标的缺陷,才推动了现代绩效评价指标体系的建立和完善,形成了一个多尺度、全方位的标准体系。

3. 非财务指标的优点

经济学家也反对仅使用会计数据来评价企业绩效,因为它忽略了机会成本和货币的时间价值。

鉴于财务指标自身存在的缺陷,越来越多的学者倾向于引入非财务指标。相对于财务指标,非财务指标具有以下优点:

(1) 评价更加及时、准确,易于度量;

(2) 与企业的目标和战略相一致,可以有效地推动企业的持续改进;

(3) 具有良好的柔性,能够适应市场和企业周围环境的变化;

(4) 能够全方位、多角度地描述企业的经营状况。

4. 现代绩效评价指标的特征

(1) 直接与生产战略相关联,为操作者和管理者提供快速反馈;

(2) 主要应用非财务指标,简单易用;

(3) 指标在不同的应用环境下有所不同;

(4) 可以随市场、时间的变化而改变;

(5) 相对于监视绩效的变化,这些指标更倾向于激励绩效的改善。

现代绩效评价指标的特征,综合反映了一个多维的、动态的、具有创新的价值模型。

5．理想的评价指标的原则

根据现代绩效评价指标的特征，一个理想的评价指标应满足以下几项原则：

（1）能够反映客户、企业和供应链自身的需求；
（2）易于理解，能够做出前后一致的解释；
（3）应用广泛，能综合反映评价对象的真实价值；
（4）使用成本低，可以作为一个标准的、共享的衡量尺度。

10.2.4 供应链绩效评价体系的构建

供应链绩效评价体系本身就是一个收集、整合、交流资料的过程和准则，它能够整合供应链的关键绩效，有效地分析问题，并将这种分析结果用于指导实践。供应链绩效评价体系的构建要紧密地与供应链的运作流程结合在一起，使得评价体系在供应链流程的各个环节内发挥作用，形成一个动态的供应链的过程评价控制体系。

建立绩效评价的基本方法可分为七个步骤（如图10-1所示）：

（1）核心竞争力的确定；
（2）供应链运作流程的设计；
（3）客户要求和预期的确定；
（4）战略范畴的确定；
（5）评价指标的确定、选择及分类；
（6）建立指标的取值范围；
（7）指标体系的建立。

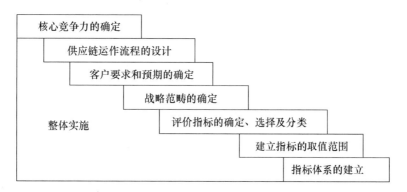

图 10-1 绩效评价体系建立的总体框架

供应链环境下的绩效评价体系的建立，首先要确定供应链核心竞争力的发掘培养，这对于供应链的运作和管理至关重要。每一条供应链的竞争力都是不同的，确定了供应链的竞争力后，就可以确定供应链的属性、方式和内在资源的配置。然后，应确定供应链的客户化评价角度，从客户的角度确定供应链的运作流程和运作方向，以客户导向运作。在战略的实施步骤中，必须将目标分解，使之与相应的流程对应，以确保目标和绩效的实现，供应链中必须求证目标和各伙伴企业的目标之间直接的联系和内在因果。此后，就是评价指标的确定、选择及分类，即确定与前一步骤相一致的指标。确定这些指标的取值范围是最后一步，各个指标的目标和前一步并行进行，这涉及各个企业的实际利益和责任大小，如何协调处理是关键的问题。每个步骤的实施都是和其他步骤并行实施的,其中前四步主要考虑供应链的特征和评价要求,后三步则是绩效评价指标的建立过程。

10.2.5 标杆管理绩效评价法

供应链绩效管理的目的就是要按照理想值设定目标值,继而根据目标值改进现有绩效状况,通过供应链绩效激励机制,不断改善供应链性能和绩效水平。

标杆管理法(又称基准法)是美国施乐公司确立的经营分析方法,也是供应链绩效管理的基本方法,它融合了目标管理和供应链管理的基本思想,并强调了供应链成员企业之间的协调与合作。标杆管理法是以那些出类拔萃的企业作为基准,将本企业的产品、服务和管理措施等方面的实际状况与这些基准进行定量评价和比较,分析这些基准企业的绩效达到优秀水平的原因,并在此基础上选取改进的最优策略。

1. 标杆管理的含义

标杆管理是一个系统的、持续性的评估过程,通过不断地将企业流程与世界上居领先地位的企业相比较,以获得帮助企业改善经营绩效的信息。标杆管理的主要类型有以下三种。

(1) 战略性标杆:以竞争对象为基准的标杆管理。

(2) 操作性标杆:以行业领先者或某些企业的优秀职能操作为基准的标杆管理。

(3) 支持活动性标杆:以企业内部操作为基准的标杆管理。

2. 标杆管理制度

标杆管理制度的基本构成是最佳实践和衡量标准。最佳实践是行业中的领先企业在经营管理中所推行的最有效的措施和方法,衡量标准是能真实客观地反映经营管理绩效的一套评价指标体系以及与此相应的作为标杆的基准数据。

3. 标杆管理的实施步骤

(1) 计划:确认对哪个流程进行标杆管理,确定用于做比较的企业,决定收集资料的方法并收集资料。

(2) 发现与分析:了解作为标杆管理的企业,确定自己目前的做法与最好的做法之间的绩效差异,拟订未来的绩效水准。

(3) 整合:就标杆管理过程中的发现进行交流并获得认同,确立部门目标。

(4) 行动:制订行动计划,实施明确的行动并监测进展情况。

(5) 监测与评估:对革新所产生的长远结果进行定性和定量的评估,重新调校标杆。

4. 实施标杆绩效评价的意义

(1) 将效益量化,以提供给管理阶层客观评估供应链管理绩效;

(2) 基于供应链管理绩效的实际指标,衡量本企业与同行业比较所处位置及竞争优势;

(3) 发现供应链管理存在的问题与瓶颈,寻找差距,提供有利改善供应链的决策基础;

(4) 设定供应链改善目标,向供应链最佳典范学习,动态追踪供应链管理改善的轨迹。

以标杆作为供应链管理绩效的目标,将为企业清楚地指出:本企业供应链管理绩效现在处于哪一个阶段?同一产业的供应链管理绩效情形如何?本企业供应链绩效与先进企业供应链绩效的差距在哪里?如何改进?企业有了标杆绩效指标进行差距分析,然后诊断问题,制定策略、流程,并彻底执行,以求不断改进,这样才能真正不断地提高绩效,走向巅峰。

5. 实施标杆管理的方法

团队成员应包括实际操作的人员。实施标杆管理,需要一步步地勾勒出直接涉及顾客的流程;选择作为标杆的公司应在某一方面做得尤为出色,并因之而持续增长,获得竞争优势。对作为标杆的企业进行标杆管理比较的最佳场所不是在企业总部,而是在生产服务的第一线。对标杆管理策略的贯彻落实是一个需要长期努力的渐进过程。

10.2.6 平衡供应链记分法

1. 平衡记分法的核心思想

平衡记分法是 Kaplan 和 Norton 提出的,其表现为在一系列指标间形成平衡,即短期目标和长期目标、财务指标和非财务指标、滞后型指标和领先型指标、内部绩效和外部绩效之间的平衡。管理的注意力从短期的目标实现转移到兼顾战略目标实现,从对结果的反馈思考转向对问题原因的实时分析。平衡记分法分为四个方面,代表了三个利害相关的群体,即股东、客户、员工,以确保企业组织从系统观的角度进行战略的实施。

(1) 客户角度。

企业为了获得长远的财务业绩,就必须创造出受客户满意的产品和服务。平衡记分法给出了两套绩效评价方法。一是企业根据客户服务所期望达到的绩效而采用的评价指标,主要包括市场份额、客户保有率、客户获得率、客户满意率等。二是针对第一套各项指标进行逐层细分,制定评分表。

(2) 流程角度。

这是平衡记分法突破传统绩效评价的显著特征之一。传统绩效评价虽然加入了生产提前期、产品质量回报率等评价,但是往往停留在单一部门绩效上,仅靠改造这些指标,只能有助于组织生存,但不能形成组织独特的竞争优势。平衡记分法从满足投资者和客户需要的角度出发,从价值链上针对内部的业务流程进行分析,提出了四种绩效属性:质量导向的评价;基于时间的评价;柔性导向评价;成本指标评价。

(3) 改进角度。

改进角度方面的观点为其他领域的绩效突破提供手段。平衡记分法实施的目的和特点之一就是避免短期行为,强调未来投资的重要性。同时并不局限于传统的设备改造升级,更注重员工系统和业务流程投资;注重分析满足需求的能力和现有能力的差距,将注意力集中在内部技能和能力上,这些差距将通过员工培训、技术改造、产品服务得以弥补。改进角度的相关指标包括新产品开发循环期、新产品销售比率、流程改进效率等。

(4) 财务角度。

企业各个方面的改善只是实现目标的手段,而不是目标本身。企业所有的改善都应通向财务目标。平衡记分法将财务方面作为所有目标评价的焦点。如果说每项评价方法是综合绩效评价制度这条纽带的一部分,那么因果链上的结果还是归于"提高财务绩效"。图10-2 给出这四个评价角度的关系。

2. 平衡供应链记分法的主要内容

从供应链运作的角度和供应链绩效评价的外向化考虑,供应链绩效的评价应以平衡供应链运作的各个方面的绩效评价为主,同时反映供应链整体战略的目标,以体现集成、跨流

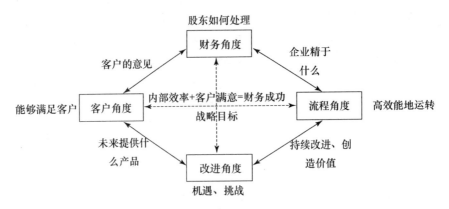

图 10-2　平衡计分法四个评价角度的关系

程指标和诊断性指标之间的相互作用,着重强调组织战略在绩效评价中所扮演的重要角色。所以,以 Kaplan 和 Norton 的平衡记分法作为基础,经过扩展而成为供应链系统绩效的评价工具,建立了一种新的供应链绩效评价方法——平衡供应链记分法(简称 BSC-SC)。

BSC-SC 的四个角度代表了供应链、客户、供应链企业的利益,从整体上把握了供应链战略和供应链运作的内在关系,变单纯的绩效评价为绩效管理,这也使在四个角度的目标和任务都具有新的特点(参见表 10-2)。

表 10-2　BSC-SC 的四个角度目标及任务

客户导向角度
任务:在正确的时间,正确的地点,将正确的产品/服务以合理的价格和方式交付给特定的客户
关键问题:供应链经营所提供的产品或服务是否增加客户的价值,达到客户满意
关键成功因素:(1)建立和保持与客户的密切关系;(2)快速响应并满足客户的特定需求;(3)提高供应链客户群的价值
供应链内部运作角度
任务:能够在合理的成本下,以高效率的方式进行生产
关键问题:供应链内部流程的增值活动的效率有多高,能否更好地实现核心竞争力
关键成功因素:(1)实现较低的流程运作成本;(2)较高的运作柔性——响应性;(3)提高经营中增值活动的比例,缩短生产提前期
未来发展角度
任务:集成供应链内部的资源,注重改进创新,抓住发展机遇
关键问题:供应链管理系统是否具备这种机制
关键成功因素:(1)集成合作伙伴,稳定战略联盟;(2)加强信息共享,提高信息及时效果,降低信息放大效应;(3)研究可能的生产、组织、管理各方面技术
财务价值角度
任务:突出供应链的竞争价值,达到供应链伙伴的盈利最大化
关键问题:供应链伙伴对供应链的贡献率是否是从供应链整体的角度考虑的
关键成功因素:(1)实现供应链资本收益最大;(2)保证各伙伴在供应链中发挥各自的贡献;(3)控制成本以及良好的现金流

3. 平衡供应链记分法在各个角度的目标与任务

（1）客户导向角度。

供应链的目标之一是为整个供应链中的客户提供持久稳定的收益。因此，供应链管理的核心之一就是进行客户管理，了解客户的需求以及评价满足客户需求程度的大小，用以调整供应链的经营方法和策略。因此评价指标的选择应集中于体现客户意志，反映客户需求，既可以是反映客户价值、客户反馈的一般指标，也可以是集中于客户价值等特定范畴的指标，如服务质量、柔性、成本等等。

① 供应链订单完成的总周期。供应链订单完成的总周期是评价整条供应链对于客户订单的总体反应时间，其中包括了接受订单、从投料到生产、从生产到发运、从发运到客户签单、从客户签单到客户收到产品的时间等等。快速的响应周期不但提高对客户的响应，降低客户成本，提高客户的价值，同时反映供应链内部响应的便捷和流畅。因此，尽可能降低订单的完成周期，有利于发现并消除供应链内部的时间冗余。

② 客户对供应链柔性响应的认同。该指标用于评价客户对供应链提供服务的客户化以及响应速度的满意度。这个指标有两个方面的用途。首先，反映客户是否能自由地就订单的包装、产品性能等提出客户化的要求；其次，客户是否感到这种客户化的要求能够及时地得以实现。也就是说，该指标反映了客户对客户化要求的自由度以及服务及时性的要求。

③ 客户价值率。客户价值率是客户对供应链所提供服务的满意度与服务过程中发生的成本进行比较后，所得到的价值比。与前面在时间、质量、柔性方面进行评价不同，该指标主要偏重于导致客户发生的成本上。一般计算公式是：客户价值率＝调查评价值÷每份订单的成本，其中的调查评价值可以通过评价服务的满意值（如通过标杆法得到比较值）得到。

（2）供应链内部运作角度。

由于供应链流程牵涉供应链成员的生产运作，这样的指标就将不同成员的绩效联系成为供应链的整体效果。这一联系使得供应链成员企业对于各自的运作有了明确的目标，其所做的改进也将有利于整条供应链的改进。就供应链运作角度而言，实现此目标主要有四个目的：减少提前期；提高响应性；减少单位成本；构成敏捷企业。其主要指标有以下几点。

① 供应链有效提前期率。供应链有效提前期率反映了供应链在完成客户订单过程中有效的增值活动时间在运作总时间中的比率。该指标体现了减少供应链内部运作的非增值时间和流程浪费的空间的大小。达到精益的供应链必须保证合作企业之间的信息共享以及合作机制的完备，达到流畅的无缝连接，减少无谓的时间和空间的浪费。

② 供应链生产时间柔性。柔性是指系统对于外部或内部干扰导致的变化所能作出调整范围的能力。该指标定义为由市场需求变动导致非计划产量增加一定比例后供应链内部重新组织、计划、生产的时间。据国外研究者对某行业的调查，其最优秀的制造商已经将整体时间柔性绩效降低到2个星期以下。

③ 供应链目标成本达到比率。该指标从单一产品和流程的角度分析其在质量上、时间上和柔性上的流程改进是否达到预定的目标成本。非财务指标很难达到准确分析业务改进的幅度，只有在指标量化后才能说明事物的本质。

（3）未来发展角度。

供应链未来发展性直接关系到供应链的价值。平衡供应链记分法中客户导向角度和内部运作角度的评价分析了供应链成功的竞争力，但是成功的目标是不断变化的。严峻的全

球竞争要求供应链必须不断改进和创新,发掘整合供应链内部和外部的资源,不断提高现有流程、产品/服务质量和开发新产品的能力。

① 产品最终组装点。这一评价指标反映产品中的延迟制造日益突出的重要性。客户的个性化需求不断发展,使得标准化的产品在市场占有方面受到很大压力,延迟制造就成为个性化制造的重要手段之一。通过延迟制造的管理,可提高供应链企业之间的流程重组,降低企业间的组织障碍,缩短交货提前期。需要注意的是,延迟制造组织的前提就是防止出现不能立刻销售的已完工产品占用组织资源的现象,减少增加库存积压的可能性。

② 组织之间的共享数据占总数据量的比重。供应链的特点之一就是信息共享,这是维持供应链伙伴关系成功的关键。否则,供应链很难降低重复劳动或是减少浪费和成本。信息共享的内容包括需求预测、销售点数据、生产计划、战略方向、客户目标等,以实现组织之间的集成。由此可见,重要信息的共享程度体现了一个企业实际实施供应链管理的程度。

(4) 财务价值角度。

虽然供应链绩效的评价侧重于流程导向以及非财务指标,但平衡供应链记分法依旧将财务目标作为所有目标的中心。当供应链伙伴目标得以实现之后,供应链应该取得财务上的成功。经营目标的实现使得成本大为降低,提高了边际收益率;现金流得以更好地优化,获得更高的收益和资本回收率。以上几个方面绩效的提高保证财务上有长期收益,因此整条供应链的财务优化依旧是重中之重。

① 供应链资本收益率。该指标由客户的利润除以在此期间使用的供应链的平均资产,它反映了使用其资产的增值性绩效的大小。

② 现金周转率。这是一个联系供应链整个流程的关键指标,评价供应链运作过程中现金在原材料、劳动力、在制品、完工产品直至现金的全过程。供应链系统通过先进的信息技术以及产品流集成,协调合作伙伴之间的运作,可以达到更快的现金的周转。

③ 供应链的库存天数。该指标反映了资本在供应链运营中的库存形式的占用天数。它等于某个时期的物料、在制品、产品库存等形式占用的时间。

④ 客户销售增长以及利润。该指标表现为主要客户在供应链产品上的年销售收入和利润率增长。这类指标反映了供应链下游在三个主要方面的绩效:客户的销售量按年增长的情况;对于特定客户服务所获得的收益随着合作关系的增进而进一步提高的情况;接受服务的基数增加的情况。扩大销售量,增加新的客户都将是新的利润增长点。

10.3 供应链的激励机制

10.3.1 建立供应链企业激励机制的重要性

为什么要建立供应链企业的激励机制?要回答这个问题,不妨从一个实际例子谈起。某一大型汽车制造商为了促进其生产的汽车在市场上的销售,向分销商提出了一个促销的激励措施。公司规定,只要经销商的销售额达到一定数额,年底时制造商将付给经销商一笔奖励资金。同时,为了帮助经销商,制造商出面与银行签订了分期付款的协议。此举推行下去之后,曾出现一阵销售热潮,库存量明显下降。但是,到年底一算账,制造商才发现有问题。原来,经销商为了扩大销售业绩,纷纷下调价格出售汽车。结果,汽车卖出去不少,经销商也得到了实惠,但是制造商却损失惨重。制造商不得不承受低价销售的损失,使本来就步履艰难的生产经营活动更加雪上加霜。于是,制造商不得不检讨该项措施的失误,第二年重新制定新的促销战略。

这个例子说明,制造商的出发点是激励经销商多卖汽车,希望在给自己带来效益的同时,经销商也能获得一定利益。但是,事与愿违,此激励措施不但没有发挥正常作用,反而给企业造成一定的损失。

对于委托人来讲,只有使代理人行动效用最大化,才能使其自身利益最大化。然而,要使代理人采取效用最大化行动,就必须对代理人的工作进行有效的激励。因此,委托人与代理人,即制造商和供应商或制造商和经销商之间的利益协调关系,就转化为信息激励机制的设计问题。所以说,如何设计对供应链上的各个节点企业的激励机制,对保证供应链的整体利益是非常重要的。

10.3.2 供应链企业激励机制的特点

激励机制经常在企业各方面的管理中进行运用,而供应链企业激励机制则将激励的概念和范围扩大到了整条供应链及其相关企业上,从广义的激励角度研究供应链管理环境下的激励和激励机制的建立问题。

从供应链的委托-代理特征去理解,所谓激励,就是委托人拥有一个价值标准,或一项社会福利目标,这些标准或目标可以是最小个人成本或社会成本约束下的最大预期效用,也可以是某种意义上的最优资源配置或个人的理性配置集合。现在,委托人希望能够达到这些目标,那么,委托人应该制定什么样的规则,使其他市场参与者(代理人)都能够使利己行为的最后结果与委托人给出的标准一致呢?更进一步地分析,激励就是委托人如何使代理人在选择或不选择委托人标准或目标时,从自身利益效用最大化出发,自愿或不得不选择与委托人标准或目标一致的行动。由于每个经济模型都是一个机制,因此,设计激励机制必然要求既定模型应符合参与约束和激励相容约束。

供应链企业的激励过程可以借用传统的激励过程模型来描述(如图10-3所示)。从图中可以看出,供应链的激励机制包含激励对象(又称激励客体、代理方)、激励的目标、供应链绩效测评(包括评价指标、指标测评和评价考核)和激励方式(正激励和负激励,物质性激励、精神性激励和感情性激励)等内容。事实上,根据供应链激励的特点,供应链的激励机制还隐含了两个内容:供应链协议和激励者(又称激励主体、委托方)。考察激励主体的实质是站在什么角度去实现激励行为,达到什么目的。

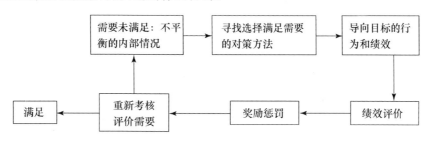

图10-3 供应链企业的激励过程

10.3.3 供应链企业激励机制的内容

从一般意义上讲,激励机制的内容包括激励的主体与客体、激励的目标、激励的手段和激励模式。

1. 激励主体与客体

激励主体是指激励者,激励客体是指被激励者,即激励对象。激励主体从最初的业主转换到管理者、上级,到今天已经抽象为委托人。相应地,激励客体也从最初针对蓝领的工人阶层转换到白领的职员阶层,以及今天的代理人。供应链管理中的激励对象(激励的客体)主要指其成员企业,如上游的供应商企业、下游的分销商企业等,也包括每个企业内部的管理人员和员工。在这里主要讨论对以代理人为特征的供应链企业的激励,或对代理人的激励。因此,供应链管理环境下的激励主体与客体主要涉及以下几点:

(1) 核心企业对成员企业的激励;
(2) 制造商(下游企业)对供应商(上游企业)的激励;
(3) 制造商(上游企业)对销售商(下游企业)的激励;
(4) 供应链对成员企业的激励;
(5) 成员企业对供应链的激励。

2. 激励目标

激励目标主要是通过某些激励手段,调动委托人和代理人的积极性,兼顾合作双方的共同利益,消除由于信息不对称和道德行为带来的风险,使供应链的运作更加顺畅,实现供应链企业共赢的目标。

3. 激励手段

供应链管理模式下的激励手段有多种多样。从激励理论的角度来理解的话,主要就是正激励和负激励两大类。正激励和负激励是一种广义范围内的划分。正激励是指一般意义上的正向强化、正向激励,是鼓励人们采取某种行为;而负激励则是指一般意义上的负强化,是一种约束、一种惩罚,阻止人们采取某种行为。

4. 激励模式

(1) 价格激励。

在供应链环境下,各个企业在战略上是相互合作的关系,但是各个企业的利益不能被忽视。供应链的各个企业间的利益分配主要体现在价格上。价格包含供应链利润在所有企业间的分配以及供应链优化而产生的额外收益或损失在所有企业间的均衡。供应链优化所产生的额外收益或损失在大多数时候是由相应企业承担,但是在许多时候并不能辨别相应对象或者相应对象错位,因而必须对额外收益或损失进行均衡,这个均衡通过价格来反映。高的价格能增强企业的积极性,不合理的低价会挫伤企业的积极性。供应链利润的合理分配有利于供应链企业间合作的稳定和运行的顺畅。

(2) 订单激励。

供应链获得更多的订单是一种极大的激励,在供应链内的企业也需要更多的订单激励。一般来说,一个制造商拥有多个供应商。多个供应商竞争来自于制造商的订单,多的订单对供应商是一种激励。

(3) 商誉激励。

商誉是一个企业的无形资产,对于企业极其重要。商誉来自于供应链内其他企业的评价和在公众中的声誉,反映企业的社会地位(包括经济地位、政治地位和文化地位)。委托-代理理论认为:在激烈的竞争市场上,代理人的代理量(决定其收入)决定于其过去的代理质量与合作水平。从长期来看,代理人必须对自己的行为负完全的责任。因此,即使没有显性激励合同,代理人也会有积极性努力工作,因为这样做可以改进自己在代理人市场上的声誉,从而提高未来收入。

(4) 信息激励。

在信息时代里,信息对企业意味着生存与发展。企业获得更多的信息意味着企业拥有更多的机会、更多的资源,从而获得激励。信息对供应链的激励实质属于一种间接的激励模式,但是它的激励作用不可低估。在供应链企业群体中利用信息技术建立起信息共享机制,其主要目的之一就是为企业获得信息提供便利。

如果能够快捷地获得合作企业的需求信息,本企业就能够主动采取措施提供优质服务,这必然使合作方的满意度大为提高。信息激励机制的提出,也在某种程度上克服了由于信息不对称而使供应链中的企业相互猜忌的弊端,消除了由此带来的风险。

(5) 淘汰激励。

淘汰激励是负激励的一种。优胜劣汰是世间事物生存的自然法则,供应链管理也不例外。为了使供应链的整体竞争力保持在一个较高的水平,供应链必须建立对成员企业的淘汰机制,同时供应链自身也面临淘汰。淘汰弱者是市场规律之一,保持淘汰对企业或供应链而言都是一种激励。对于优秀企业或供应链来讲,淘汰弱者使其获得更优秀的业绩;对于业绩较差者来讲,为避免淘汰的危险其更需要求上进。

(6) 组织激励。

在一个较好的供应链环境下,企业之间的合作愉快,供应链的运作也通畅,少有争执。也就是说,一个良好组织的供应链对供应链及供应链内的企业都是一种激励。

减少供应商和经销商的数量,并与主要的供应商和经销商保持长期稳定的合作关系,这是制造商采取的组织激励的主要措施。但有些企业对待供应商与经销商的态度忽冷忽热,零部件供过于求时和供不应求时对供应商的态度两个样;产品供不应求时对经销商态度傲慢,供过于求时又往往企图将损失转嫁给经销商,因此得不到供应商和经销商的信任与合作。产生这种现象的根本原因,还是由于企业管理者的头脑中没有建立与供应商、经销商长期的战略合作的意识,管理者追求短期业绩的心理较重。如果不能从组织上保证供应链管理系统的运行环境,供应链的绩效也会受到影响。

课题小结

本章首先进行了供应链绩效评价的概述,介绍了供应链绩效评价的基本理论、发展历程和基本内容;说明了供应链绩效评价的特点、原则和作用;总结了供应链绩效评价的建立步骤;详细阐述了供应链绩效评价的指标体系,以及相关指标的选取标准;重点介绍了标杆管理法和平衡计分法的内容和运用。最后介绍了如何建立绩效评价的激励机制,以及激励机制的主要内容及选取应用方法。

第三部分　课题实践页

复习思考题

1. 选择题

(1) 供应链的绩效是指在所有供应链成员企业资源的支持、信息协调和共享下,通过物流管理、生产操作、市场营销、顾客服务、信息开发等活动增加和(　　)。
   A. 创造的价值总和　　　　　　B. 价值的总和
   C. 利润的总和　　　　　　　　D. 效益的总和

(2) 供应链资本收益率是指由客户的利润除以在此期间使用的供应链的平均资产,它反映了使用其资产的(　　)的大小。
   A. 贬值性绩效　　B. 增值性绩效　　C. 综合绩效　　D. 增值系数

(3) 供应链管理是通过前馈的信息流和反馈的物料流及信息流将供应商、制造商、分销商直到最终用户联系起来的一个整体的(　　),因此它与现行企业管理模式有着较大区别,在对企业运行绩效的评价上也有许多不同。
   A. 经营模式　　　B. 运作模式　　　C. 管理模式　　　D. 管理办法

(4) 供应链管理的驱动力是在供应链(　　)的前提下,有效降低供应链运作成本,并最终实现供应链竞争力的提升。
   A. 整体价值最小化　　　　　　B. 整体价值最优化
   C. 整体效益最大化　　　　　　D. 整体价值最大化

(5) 商誉是一个企业的无形资产,对于企业极其重要。商誉来自于供应链内其他企业的评价和在公众中的声誉,反映企业的(　　)。
   A. 社会地位　　B. 政治地位　　C. 经济地位　　D. 信誉

2. 问答题

(1) 供应链管理绩效评价的必要性有哪些?
(2) 供应链绩效评价的原则有哪些?
(3) 供应链绩效评价的内容有哪些?
(4) 供应链管理环境下的激励主体与客体主要涉及哪些要点?
(5) 实施标杆绩效评价的意义有哪些?

3. 案例分析

丸井商厦的供应链管理

九井商厦:SCM 的先行者

丸井公司是一家总部设在东京、主要面向青年顾客的服装商厦。该公司正在积极推行供应链管理相关业务,包括在交易中使用日本通用商品码(简称"JAN 码")和电子数据交换系统(EDI)、强化换季促销、扩大无店铺销售等。近年来,上述的积极尝试为公司带来了效益的增长,2010年度男女时装销售额都实现了不同程度的增加。因此,公司决定自2011年开始扩大采用上述技术的商品门类和店铺数量,为逐步推行供应链管理打基础。

首先通过JAN码和电子数据交换系统实现卖场信息共享的是男装领域。具体做法是,公司与供应商分享卖场销售信息,并根据销售情况及时对商品策划进行调整,有效地把握了顾客的需求。从结果上看,自2011年10月以来,男装的月销售额都高于上年同期水平。目前,丸井公司2/3的男装商品使用了JAN码,销售额也占到男装销售总额的80%以上。

公平交易：SCM的前提

代表丸井公司参加2011日本纺织服装供应链管理大会的进货物流部部长黑泽信悟认为,SCM的实质是与客户之间形成"成果共享,风险共担"的机制,因此"如何减少损失成为SCM的重要课题"。与此同时,丸井公司认为"SCM成立的前提是公平交易,如果没有建立在公平交易基础上的诚信体系,供应链管理就不可能推广"。

丸井公司在早期开始就着手与客户探索公平交易的具体规则,对合同格式进行了修改,尤其是对退货处理中的责任问题进行了明确界定,并专门制作了说明书发放给供应商。据介绍,目前公司已经与90%的供应商签订了公平交易合同。在同一时期,丸井公司还致力于改善支付体系,在2005年就实现了支付系统的标准化,2006年全面废除支票结算。2005年,为了避免不正当退货现象的发生,丸井公司形成了退货通报系统,要求所有退货环节必须得到公司和客户的确认。

黑泽信悟指出：在推进供应链管理的过程中,失败案例也不在少数,但与供应商共同推进SCM是零售企业谋求生存的唯一出路,而公平交易是推进供应链管理的前提。可以说,经过三轮的纺织服装企业谈判项目(TA Project),公平交易的重要性已成为参加该项目的56家企业的共识。

合作消化：有效地提高销售效率

在形成公平交易规则、建立支付体系和退货管理体系的基础上,丸井公司利用标准化的信息技术,通过与供应商的信息共享开展供应链管理。目前,公司正在积极推进一项"合作消化"(简称"C消化")的工作。所谓合作消化,是一种进货管理形式,其基本框架是：通过基于JAN码的商品管理、基于纺织品标准的VAN连接和互联网的电子数据交换系统,与供应商实现信息共享,从而实现商品免检。现在,丸井公司实施单件管理的商品已经占总量的55%,其中74%使用了JAN码,已经实现电子数据交换的供应商达到160家。

合作消化的优势在于：通过实施JAN码、电子数据交换和免检制度,与供应商实现单件商品的销售额、库存和商品策划等方面的信息共享。丸井与三阳商会共同开发的"鲁吉尔"牌裤子堪称合作消化的代表性成果。该商品由双方研发人员在信息共享的基础上开发,投放市场后,三阳商会根据丸井提供的销售数据对尺寸、产量及时进行调整,收到了较好的效果。据介绍,"鲁吉尔"品牌裤子的销售额呈现稳步上升的势头。

通过信息共享实现产销计划调整的成功案例还包括男衬衫的试销。具体做法为,服装生产企业与丸井公司在市场调研的基础上确定市场投放量,之后根据销售动态对产销计划进行调整,同时对衬衫的设计、面料进行微调。据介绍,2005年秋冬两季,丸井公司将这种销售手法扩大到其他男装商品中,相关商品的销售额比上一年同期增长了14%。

丸井公司的制造零售业务(SPA)也实现了与上游的纺织企业、面料生产企业和缝制工厂的信息共享。在2005年夏大众品牌的泳装商战中,丸井公司收集了与面料、款式、质量有关的大量数据,并及时提供给泳装生产企业,经过6次修订才最终确定了商品构成。在2005年夏季泳装销售整体低迷的情况下,丸井的泳装销售额实现了6%的增长。

在无店铺销售方面。丸井公司积极开发网上购物商品、强化目录营销,在无店铺销售的订货方式中,手机短信的增幅超过互联网。2007年,丸井的无店铺销售额超过140亿日元,比2006年增长了20%左右。

(资料来源:中国物流网.经作者整理)

丸井商厦供应链管理的经验主要有哪些?

课题十一 我国供应链管理的现在与未来

  学习目标

1. 了解我国供应链的现状与问题;
2. 掌握我国供应链管理的对策分析;
3. 掌握如何建立健全供应链绩效评价系统。

学会分析我国供应链管理的现状。

第一部分 引导案例

苏宁供应链思想的发展:着力信息化驱动

在没有信息化概念、只有电脑概念的时代,苏宁认识到信息化的技术是支持企业未来发展的一个重要手段。如果将信息化简单理解,那么苏宁在20世纪90年代早期做的工作,比如财务电算化和建立自己基于DOS下的客户档案系统,都是信息化的尝试。

当苏宁开始确定战略,走向全国连锁发展时,苏宁并没有盲目地大范围扩张,而是做了两件事:第一,企业组织架构业务流程的再造;第二,在此基础上,实施了一套ERP系统。在组织、流程和信息系统的支撑下,苏宁开始向全国发展,并逐步摸索连锁发展的一些管理方法和经营手段。

早期的ERP系统更像是一个简单的进销存系统。苏宁最初引入ERP系统只是为了解决采购、销售、库存的实时协同问题,最主要的目的是为了解决"负卖"的问题。在ERP系统上线之前,因为各地库存信息无法做到实时共享,经常会发生库里已经没有货了,前台店面却在不了解这个信息的情况下依然开票销售的情况。

ERP系统的上线,使得苏宁在一定程度上摆脱了纯手工作业,但是因为ERP系统本身存在的问题,当企业突飞猛进发展时,系统越来越难以承载巨大的业务流量。而且整个系统的建构思想是集中在对业务流的关注上,属于供应链模块管理,却不是真正意义上的资源计划管理。运用信息化系统来支持供应链管理,其潜在的逻辑使得系统对管理的支持和促进从供应链管理逐步放大到企业的内部管理,如财务管理、人力资源管理等方方面面,使得整个企业的运作都能建构在系统之上。

2006年,苏宁在经过艰辛的努力后成功上线了SAP/ERP系统,一下子打开了企业的局面,许多管理上的问题迎刃而解。而在上线 SAP 系统的同时,苏宁实施了面向所有供应商的 B2B 系统。供应链管理所涉及的物流、信息流、资金流全部实现了在系统上的畅通而高效的流转。无论是企业外部与上游供应商的对接、服务消费者、提升市场反应效率,还是企业内部管理效率和模式的改进,都有了长足的进步。

信息化对供应链管理的驱动作用,最直观也是最重要的表现是在与上游供应商的对接上,信息化使得企业之间的协同效应更高,供应链的管理就更容易实现效率提升、成本控制、客户满意度提高的目标。

(资料来源:中国物流网.经作者整理)

第二部分　课题学习引导

如今企业之间的竞争已不再是一个企业对一个企业的竞争,而是发展成为一个企业的供应链同竞争对手的供应链之间的竞争。市场竞争将会超越企业与企业、产品与产品之间的竞争,取而代之的是供应链与供应链的竞争。供应链及其管理是当代经济发展中的热点问题,当企业服务呈现标准化趋势后,未来的竞争就是一个成本的竞争,谁能以最好的手段控制成本,减少采购环节、配送环节、库存管理的费用等,谁就能赢得客户。

11.1　我国供应链的现状与问题

11.1.1　中国供应链管理的现状

我国的供应链是客观存在的,但长期处于一种"有供应链而无管理"的状态。供应链节点企业众多,相当冗长,商品流通主要是通过各级批发商进入零售业,再由零售业销售给消费者。而每层批发和零售都要加上一部分利润再进行转销,故商品到达消费者时,价格与最初的出厂价已相去甚远。改革开放以后,我国供应链的组织结构有了很大变化。随着经济的发展,企业竞争的激化,我国企业的经营正从原来少品种、大规模生产阶段逐步转向以多品种、对消费者需求进行细分化、反馈及时为主要内容的经营战略。市场已由商品严重短缺的卖方市场时代进入了绝大部分消费品供过于求的买方市场。

1. 理论研究与观念现状

随着供应链管理的概念在 20 世纪 90 年代末引入我国,着实掀起了一场供应链管理研究的热潮,供应链管理学说也逐渐成为学术界研究的热点问题。我国的学者对物流与供应链管理的发展历史、内涵等作了大量的研究,但是,我们对物流的基础理论、物流系统之间的关系、供应链体系的构造方法等方面的研究还远远不够。尤其是我国对物流的研究起始于物资系统,物流概念本身界定就相对模糊,至今仍有人将物流与物资流通混为一谈,因此,对供应链管理观念的诸多误会也就不足为奇了。

企业对供应链竞争战略的认识也还不到位。美智管理顾问公司(Mercer)与中国物流与采购联合会合作完成的对中国第三方物流市场的调查发现,企业对物流外包的态度仍然是阻碍第三方供应商吸引客户的最大的障碍之一。

2. 信息化发展现状

我国许多企业信息化水平太低,许多企业没有建立EDI系统。即使是在零售业中非常重要的条形码技术,最初也是迫于国外的压力才在我国商品上使用的。1990年,许多国外进口商向我国的出口商发出通知,要求在规定的时间内给商品包装印上条形码,否则不予进口。在这种压力下,我国的许多商品才印上了条形码。同时,在国内有关部门的推动下,许多零售企业开始尝试建立自己的条形码POS系统。随着许多大型超市的建立,零售企业发现,经营的商品超过一定数量时,靠人工管理就无法完成日常的管理工作,于是,纷纷采用了条形码POS系统。零售业POS系统又进一步促使生产企业在商品包装上印上条形码。事实上,许多零售商都愿意通过EDI提高工作效率,开始非常积极,但由于一些供应商的信息化水平太低,挫伤了零售商的积极性。

目前我国只有10%左右的企业实施了BRP和CRM方案,6%左右实施了SCM方案,绝大多数企业的信息化水平还停留在文字处理、财务管理等办公自动化以及劳动人事管理阶段。虽然目前已有近一半的企业拥有局域网,但局域网的应用主要停留在信息共享的层面上,而生产控制方面的应用很少。

与此同时,我国企业信息化水平发展极不平衡。首先,是地区差异明显。沿海地区经济发达、观念先进,对外交流畅通,企业信息化进程较快,基础设施建设、参与电子商务的程度以及企业的认知度等方面都明显好于其他地区,其中,南京、沈阳、上海、深圳、重庆、武汉等地信息化基础设施建设情况较好。其次,是行业差异明显。这种局面的形成与行业特点、目前及入世后面临激烈的竞争有关。最后,是大中小企业差异明显。此外,目前我国的Internet拥有的国际端口少、带宽不够,已经影响了企业的信息化建设。我国Internet国际端口只有5个,带宽仅为351M,已无法适应电子商务迅猛发展的需要。

从"硬件"水平上看,通过对13个省市2000多个企业的调查发现,只有70%的大型企业和30%~40%的中小型企业拥有计算机。虽然由于人们对信息技术的重视程度正不断提高,零售、连锁、仓储等企业的装机量在近两三年都以50%的速度发展,但大多数企业的计算机运用仍停留在局部运用阶段。从"软件"水平来看,信息技术水平与现代化的要求差距更大,其中的采购技术、物流技术等的运作效果尤差。例如我国的仓库周转率仅为发达国家的30%左右,配送差错率几乎是发达国家的3倍。我国大多数企业目前仍是劳动密集型,不仅耗费了大量的人力、物力、财力,而且工作效率低,流通成本高,因而不可避免地缺乏竞争力。

据有关资料显示,目前参与电子商务的企业仅为22.3%,并且未来参与电子商务的企业积极性明显不高,企业在未来1~2年参与电子商务的可能性仅为13.7%。在参与电子商务的企业中,网上查询、网上发布信息的发生率相对较高,分别达到72.9%和71.4%,但是在供应链集成、网上支付、分销渠道等方面的应用还不普遍。其中,网站有在线支付功能的不到1/3,曾利用互联网进行集团采购的只有1/7。

目前,我国企业对信息化认识不足,信息系统在企业中定位不明确,不少企业将之视为可有可无或仅仅是显示自己实力的东西,不清楚信息化对自己的企业意义何在。有些企业认为只要使用计算机、使用网络就可带来高效率,并不考虑管理、业务和技术的配套发展,只是生搬硬套地把业务报上计算机系统。大部分企业对电子商务的认知仅仅停留在产品宣传、知名度提高等较低的层面上,缺乏对电子商务的深刻认识。因此,更新观念、提高认识迫在眉睫。

事实上，企业信息化建设不仅仅是买设备、建网络，信息化建设是由硬件建设和应用工程两部分组成的。硬件建设是基础，应用才是根本目的。借助于企业信息化，企业可以形成一个相对稳定的组织结构和功能结构，信息流得以顺畅地在企业内部流动；通过整合市场供应链的各类信息，可以提高企业的采购、生产、库存、销售及售后服务的流水化作业能力，能够通过信息共享获得大量的新技术研发信息，及时确定自己的产品技术创新方向，从而提高企业生产、经营、管理、决策的效率和水平，进而提高企业经济效益，提高企业竞争力。

中国电子商务的顺利发展离不开物流业的进步和完善，但是，物流产业是工业化高级阶段的产物，而我国的工业化水平还比较低，物流产业的发展较为滞后，这就大大制约了电子商务的发展。因此，在积极倡导"以信息化带动工业化"的同时，还要积极发掘物流产业，以加速企业信息化进程。

3. 管理水平和体制现状

我国多数物流企业是在传统体制下物资流通企业的基础上发展而来的，企业服务内容多数仍停留在仓储、运输、搬运上，很少有物流企业能够做到提供综合性的物流服务，现代物流服务的功能尚不能得到很好的发挥。由于生产力发展水平的限制，我国的物流企业无论是物流服务的硬件还是软件都与高效率、低成本的现代物流服务还有较大的差距。企业数量不少，但竞争仍处于低水平阶段。信息收集、加工、处理、运用能力，物流的专门知识，物流的统筹策划和精细化组织与管理能力都明显不足。现在国内物流企业大多数只是从事所谓的运输、仓储、配送等服务，他们往往只关注常规的物流服务，重点放在投资于物流设备改造上，同时采用很多信息化、自动化的系统软件。甚至包括一些国际上比较有名的物流企业，在中国大陆也只是做一些常规的仓储、运输、配送业务，其性质大同小异，都没有什么太多增值的东西。究其原因，一方面，社会物流水平跟不上经济发展的需要，整体物流基础设施落后，服务功能单一，缺乏对生产营销的衔接能力，难以满足工商企业生产经营的需要；另一方面，传统企业倾向于自给自足，自办储运，物流资源分散，专业化程度低，运作成本高。

目前，在一些比较发达的西方国家，传统的物流行业与制造业已经紧密地联系在一起——制造企业只专注于制造优良的产品，而把所有的与供应链有关的后勤事物外包给专业物流公司来做，从原材料的采购计划、仓储计划到运输、清关、原材料配送直至把制造业的最终产品送到分销商/最终用户手中，最终帮助制造业完成整条供应链管理过程。

虽然我国有些企业在利益机制的驱动下，不断追求降低成本和加快资金周转，将系统论和优化技术用于物流的流程设计和改造，融入新的管理制度之中，但由于我国市场经济还不成熟，现货市场、有形市场还不完善，企业信用较差，缺乏配套的信息系统、物流系统、支付系统和控制保障，在这种情况下，企业供应链管理的有效性还有待观察。

从目前我国物流管理体制来看，由于物流管理的分散化，各功能部门目标往往有所冲突，故严重影响了物流的发展。例如涉及物流系统的各环节——运输、包装、储存信息等分别由铁道部、交通部、民航局、工商总局、商务部、信息产业部以及军队后勤系统等进行管理，缺乏一个专门管理的部门。

4. 人才现状

物流技术人才与供应链管理人才的缺乏已成为当前发展物流事业的主要障碍之一。一些教育单位已注意到物流教育问题，如北京科技大学从1985年起开始培养硕士生和博士生,1993年成立物流工程专业,每年招收30名本科生。但是我国目前在规定的学科目录中仍没有把物流与供应链管理列入相应的位置,使得一些院校设置物流专业遇到很大困难。供应链管理是一门综合性经济学科,涉及众多边缘学科和新兴学科。供应链管理的研究在我国方兴未艾,但科研投入少,仍没有适合我国国情的高质量教材,科研力量不足,专业人才缺乏。

11.1.2 我国供应链管理面临的问题

供应链管理是我国大部分企业最薄弱的环节,市场的无情竞争将使越来越多的企业家认识到这一点。如果供应链问题解决得好,甚至可以改善一个行业的竞争能力。我国供应链管理存在的主要问题有以下几个方面。

1. 企业的观念问题

在我国,企业的"大而全"、"小而全"现象还十分突出,还没有形成独具特色的强竞争力的核心业务,传统计划经济下的管理思维方式仍占据主要地位。企业内部组织机构虽然齐全,但受到职能分化的制约,各自为政,实行垂直型的管理。这不仅严重影响企业信息传递效率,而且无法解决"透明度"问题。随着我国企业与世界的接轨和面临国际市场的挑战,传统的管理模式必然遭受严重的冲击。而供应链管理对企业最基本的要求就是核心业务与信息效率,这并不是仅仅依靠企业电子商务的实行就可以解决的,不从企业观念的根本问题上改革就达不到治本的目的。长期的计划经济体制所形成的以生产为中心、以产品为龙头的营销模式有着根深蒂固的思想基础、组织基础和经济基础,要真正实现适应网络经济的供应链管理模式,必须有一个理念变革、生产力水平变革、市场变革以及需求和竞争共同作用的过程。

2. 供应链合作伙伴不够理想

相互信任对于企业间的合作关系具有极其重要的作用,而信任危机严重地阻碍了我国供应链企业间合作关系的良性发展。信任危机有两方面的含义:一是相互信任程度不够高;二是双方信任程度不对称。信任危机是以非信任行为的形式表现出来的。它们一般表现为:没有与对方长期合作的打算,合作时间短;利用实力在谈判中要挟对方;同时保留几个相同产品供应商,迫使他们相互竞争;利用供应商的信任,把一个供应商的机密信息泄露给另一个供应商,以谋取短期利益;不遵守合同,即不按时按量交货,不遵守质量标准或约定,不按时付款,或以物质充抵贷款;对对方封锁信息,以谋取短期利益;利用供应商偶然的小失误欺诈对方;在未预测的偶发事件中向供应商推诿责任;不愿意对生产与服务进行必要的投资;不愿意顾客化以满足制造商的要求,没有生产与服务的柔性等。究其根本原因,信任危机的产生主要还是信息不充分。

在选择合作伙伴及与之合作的过程中,缺乏有关合作对象的信息。企业的信息不充分主要源于两个方面:一方面,目前我国企业的信息化程度相当低,绝大多数企业还不具有利用高度发达的信息技术迅速获取所需信息的能力,无力解决信息不充分的问题;另一方面,我国实行市场化的时间短,大量的新生企业层出不穷且变化大,这就进一步加大了企业间的信息不对称,使企业信息不充分的问题更加突出。在此情况下,企业对合作对象的信任程度降低,于是出现了合作中的信任危机。

市场经济下的市场是买方市场,许多企业也具有了通过供应链管理满足消费者需求的观念,但是仍普遍忽略了与供应链上的伙伴进行合作也是提高竞争力的有效途径。我国很多零售商只注意从供应商处获得利润,把市场竞争压力传递给供应商,却忽视了与供应商联手创造竞争优势的所在。有些零售商利用他们接近消费者的优势,向供应商压价,把对供应商的压价作为自己的利润来源。与此同时,供应商隐瞒自己的真实成本,变相提价,双方不停地做"价格博弈"。零售商向供应商索取名目繁多的费用,如进场费、促销费等,此外,供应商还要承担货款不能及时结算、实行压货经营的风险。有关资料表明,我国零售商与供应商之间结算周期平均为40~50天。如果供应商不合作,零售商就以"撤货"来威胁。还有一些零售商在选择供应商时,往往是选择多家供应商,分别向他们发出订货信息,并且附加一些条件,如质量要求、价格折让、交货时间、售后服务等,有意促成供应商之间的竞争,以获得最大效益。因此,供应商销售数量虽然在增加,但成本和费用也在更大幅度地攀升,故利润却在减少。零售商不守信誉,不按期给供应商结算货款,使结算周期大大延长,令供应商叫苦不迭。同时在双方核对票据的过程中,零售商只是对供应商结算自己手中有的那部分票据,故往往造成供应商呆账、死账的发生,是一种极不负责的做法。零售商与供应商之间的利益对立关系日趋激化。

事实上,信任型合作关系的建立不仅需要处于委托地位的企业谨慎地选择可信任的对象,也需要代理人自觉地树立与宣传可信任形象。建设诚实守信的企业文化就是一种树立和传播可信任形象的重要措施。而我国大部分企业建设企业文化的步伐相当落后,没有能力或者不愿意对此投资,或者根本没有意识到企业文化的重要性。

3. 缺乏专业人才

供应链管理是一门综合性经济学科,涉及众多边缘学科和新兴学科。其相关研究在我国方兴未艾,但总体情况是科研投入少,没有适合我国国情的高质量教材,科研力量不足,专业人才缺乏。外资企业进入我国后,为了使其产品和服务更好地符合中国客户的特点和需求,势必将采取本地化策略,其中重要的一个步骤就是人才的本地化。在国际化竞争中,一个企业在人力资源上是否具有优势决定了它的存亡。目前,我国企业的比较优势在于低廉的劳动力价格。加入WTO以后,零售企业的竞争不仅在于劳动力的成本高低,更取决于劳动者的基本素质、教育程度和专业技术水平。而我国物流业从业者大多缺乏系统专业训练和相关学历教育。事实上,现代化的供应链管理,由于必须运用先进物流技术、信息技术和供应链技术,故无论是先进的经营理念、营销技能还是现代化、信息化的管理手段,都需要具有较高素质的、懂得现代管理技术且能适应国际化市场竞争的外向型、知识型管理人才。这种复合型人才目前在我国是相当稀缺的。即便是有企业从实力上能够建成一个现代化的、沃尔玛式的配送中心,但却常常苦于无法找到能够有效管理它的人才。

4. 法律体系不健全,缺乏社会制度环境

法律法规不健全和执行不严格,是我国企业供应链管理的又一桎梏。我国现在的法律法规是从原来计划经济时代的法律法规的基础上发展起来的。在日益复杂的市场变化形势下,原有的法律体系存在着很多漏洞,越来越不能满足企业间合作关系发展的需要。社会制度环境是指各行业、各地区形成的商会、协会,以及正式的或非正式的社会习俗。这种社会习俗能够形成一种经济的和社会的环境。在这种环境中,社会习俗对国家、部门、法律体系、非正式的社会标准与商业行为有着独特的作用,是商业社会中道德行为的基础。由于我国市场化时间较短,还没有完全形成一种与社会主义市场经济体制相适应的社会制度环境,因此企业间的诚信度时常被打折扣,相互间很难建立起信任的合作关系,信任危机自然不可避免。

11.2 我国供应链管理的对策分析

虽然严格意义上的供应链管理系统目前在我国还极为罕见,但是值得庆幸的是,供应链思想正在不同程度地渗透到各种物流信息系统建设中去,各企业之间也正逐步建立起不同程度的战略合作伙伴关系,通过信息共享来协同业务流程,从而提高整条供应链的效率,使得整条供应链都能受益。

在供应链中的企业主要有零售商、中间商(批发商)、生产商以及为生产商提供原材料的供应商。在供应链中,要有效地管理越来越多的产品或服务,就需要供应链上下游企业打破传统经营观念,再造供应链体系,实现供应链的一体化。尤其是我国入世后,相关的传统企业要想在今后的发展中立于不败之地,就必须尽快发展壮大自己,加速企业电子化和引入供应链管理体系,提高市场竞争力,抵御外来冲击。在市场经济条件下,企业为了应付持续变化的竞争,必须具备敏捷性;而实现敏捷性的重要前提就是加强销售环节和供应管理,以便与客户和供应商建立动态紧密的联系。至于制造能力的改善,则应尽量协调利用社会资源。许多企业都在不断努力使产品或服务在一个日益拥挤的市场中标新立异,以此来获得竞争优势,但现在要使产品差别化已变得越来越困难。如果不能对个别顾客的独特需求作出反应,不能让每个特定需求在流通体系上有所反应,则产品只会积压在仓库的货架上。随着信息技术的发展与管理思维的创新,有效的供应链管理正取而代之成为企业赢得竞争优势的重要源泉。因此,我国应大力发展 IT 系统集成供应链管理。供应链管理虽然对产品或服务的有效传递非常重要,但不少企业仍常把供应链仅仅视为一种成本,而没有把它作为潜在的区分产品或服务的重要手段。事实上,企业可以通过很多对策来优化其流通网络与分销渠道,减少库存量,加快库存周转,从而改进其供应链。

11.2.1 全面转变思想观念

改革开放二十多年后,还有许多人包括一小部分政府官员没有搞清市场与政府的关系、市场经济的属性、微观基础等基本概念,这自然难以制定出符合实际要求的措施,使得我们对 WTO 的规则更加难以理解。而不理解 WTO 的游戏规则,就无法很好地参与其中。因此,我们确实应当更多地关注 WTO 规则,从观念上理解并适应加入 WTO 对包括物流业在内的各行业的影响。政府有关部门在出台措施时应大力加强宣传,普及相关的知识;相关从业人员更应加强学习,熟悉国际惯例和新兴物流技术以及先进的供应链管理的思想,跟上国外先进水平,同时了解入世后国家政策的变化,促进管理方式与国际接轨。企业应解放思想,提高合作意识;改革组织机构,建立面向市场的组织系统及合理的绩效评估体系,从而为创建畅通无阻的供应链做好准备。

11.2.2 加快信息技术的推广

现代供应链管理的依托是信息技术,信息技术的发展又必须以实体物流的采购和配送及其商品管理为根本依托。因此,要想把握住 21 世纪供应链的主导权,甚至要想继续生存下去,企业就必须抓紧仅有的一点时间,在供应链信息化方面更进一步。目前,我国有些企业已经开始在信息化方面采取了一定的行动,其中某些企业还相当成功。从20世纪80年代中期开始,POS机、条形码技术、基于PC的MIS、财务管理软件、系统集成产品等广泛进入企业应用。特别是90年代后期,以光纤通信、局域网、广域网、Internet为载体的现代通信技术、网络技术、数据管理技术得到极大发展,以IBM第三代POS及RS6000小型机被引入大型企业为标志,由制造业生产管理产生的ERP软件系统思想和技术在供应链管理领域的开发与应用成为可能。1998年,富基旋风科技有限公司推出了中国第一个商业自动化ERP V3.0系统,标志着中国供应链管理软件开发走出简单MIS阶段,进入了与国际先进水平接轨的高端ERP发展阶段。随着商业ERP、商业智能BI、供应链管理SCM与客户关系管理CRM等高端产品不断被推向企业应用,极大地扩展了企业的信息化管理范围,使大批量、多品类的统一采购和分散销售得以实现,并代替了传统企业的大量手工制单和纸质化的交易结算方式。我国企业的信息化在基础建设方面已经有了相当大的进步。上海联华、上海华联、北京百盛、北京华联、王府井百货等超市和商厦都使用了IBM的POS系统,IBM还与铁道部成立合资公司"蓝色快车",在全国设立了1600多个服务站,有600多名工程师在为中国的商业收款机提供维护服务。但是在系统的利用上,如交易信息的分析方面,很多商家显然做得还不够,没有让信息系统充分地发挥作用。究其原因,一方面是中国的信用卡使用还不普及,难以得到大量的个性化信息;另一方面,则是企业的信息化观念没有到位。国内零售企业投资建设商业自动化系统的并不少,但多半侧重于建立POS系统,较少从供应链的整体资源规划和管理需要出发,全盘规划信息系统。其中有部分企业也实施和应用了供应链管理系统,但收效却很难与沃尔玛相比。原因在于供应链管理软件是由IT技术人员和程序员来开发的,相对来说比较容易,是供应链的"硬件";而供应链的"软件"部分则是代表了世界先进水平的管理思想和理念,这就很难简单或单纯模仿。要想成功实施信息化,零售企业一定要先通盘考虑好自己的信息化策略,然后再分步推进到合作伙伴。至于采取哪些策略来成功地实施零售业供应链的信息化,就是当前企业急需解决的首要问题。

我国企业在构建全国范围内的供应链管理系统时,可能会遇到经验、人员、资金上的困难,更多的情况是面临着国内企业整体信息化程度不高的问题。例如,某一企业的大多数供应商都不具备信息化的硬件设备和管理系统,那么这家企业也很难实现以自身为核心的供应链管理。一个比较理想的解决办法是,采用外包的供应链管理"平台"服务,即企业主要关注自身的业务发展,而将自己不擅长的IT专业技术、管理软件、服务器网络、维护升级等工作交给专业化的"平台"服务供应商去做。

11.2.3 加强标准化管理

标准化是制度化的最高形式,可运用到生产、开发设计、管理等方面,是一种非常有效的工作方法。作为一个企业能不能在市场竞争中取胜,标准化决定着企业的生死存亡。企业的标准化工作能不能在市场竞争中发挥作用,又决定了标准化在企业中的地位和存在价值。

根据世界各国的经验,企业标准化工作要攀登三个台阶,要走"三部曲":

第一步,制定能确切反映市场需求、令顾客满意的产品标准;

第二步,建立以产品标准为核心的有效的标准体系;

第三步,把标准化向纵深推进,运用多种标准化形式支持产品开发。

这三步的具体含义如下。

（1）制定产品标准是企业标准化的第一步，即制定能确切反映市场需求、令顾客满意的产品标准，以保证产品获得市场欢迎和较高的满意度，解决占领市场的问题。

（2）建立以产品标准为核心的有效的标准体系是企业标准化的第二步，即保证产品质量的稳定和生产率的提高，使企业能够站稳市场，不至于刚占领市场就由于质量不稳而退出市场。

（3）把标准化向纵深推进，运用多种标准化形式支持产品开发是企业标准化的第三步，也是最重要的一步。产品开发领域是企业标准化的制高点，使企业具有适应市场变化的能力（即对市场的应变能力）。市场不是固定的，不是开发出一种产品，制定了一个标准，就几十年可以不变，市场经济没有这种机制。市场是多变的，企业必须具备这种应变能力，从而使企业不仅能够占领市场、站稳市场，还能够适应市场、扩大市场。

标准化要一步一步地跟着企业的市场运作来转，一直转到这个角度，登上制高点，这才能体现出标准化的作用和价值。这"三部曲"中的每一步，都要遵循市场经济规律，要抛弃计划经济体制下遗留的种种弊端，每个企业都要从自身的情况出发，通过创新来开辟自己的道路。标准化要赢得竞争，就必须创新。企业标准化不能再走老路了，创新才有出路。同时，企业标准化不能孤军奋战，只有同各部门协作配合、互相支持，发挥整体系统功能，才能走好"三部曲"。

11.2.4 大力发展第三方物流

相对我国多数商业企业而言，自办物流企业缺乏实力，那么充分利用第三方物流应该是适当的选择。如果企业本身实力弱，或者对区域地理不熟悉，且所处的环境第三方物流又特别发达，则适宜采用第三方物流。我国中小商业企业较多，而且在北京、广州、上海一些大城市已开始出现了一些专门从事第三方物流服务的企业，所以，利用第三方物流对一些小型零售商来说是一条可行途径。具体来说，零售商和专业物流企业可以通过契约化的方式建立长期的委托代理关系，或者更进一步形成物流联盟。根据交易费用理论，双方可采用一些方式来减少交易的频率和交易不确定性，从而降低交易费用。

11.2.5 重构企业流程体系

按职能专业化分工的企业流程，难以使企业满足多方面的要求，与之相适应的企业组织都是多层次、多部门的"金字塔"型组织结构。由于一个完整的工作被分解得支离破碎，要跨越多个职能部门，因此各部门之间存在大量的协调与沟通工作，有限的人力资源和时间都耗在不能创造价值的协调工作上了。在这样的组织模式上，即使采用了供应链管理，其效果也可能十分有限，甚至不能推行下去。因此，企业应根据自身在供应链中的角色，重新设计和构造企业的业务流程。

1. 企业业务流程重构的内容

不同行业、不同性质的企业，流程重构的形式不可能完全相同。企业可根据竞争策略、业务处理的基本特征和所采用的信息技术的水平来选择不同内容的重组。

（1）职能部门的流程重构。

在旧体制下，各职能管理机构重叠、中间环节层次多，而这些中间层只执行一些非创造性的统计、汇总、填表等工作。在这种情况下,计算机完全可以取代这些业务而取消中间层,使每项职能从头到尾只有一个职能机构管理。如财务核算系统将原始数据输入计算机,全部核算工作由计算机完成,变多级核算为一级核算等。

(2) 各个职能部门间的流程重构。

在企业范围内,实现跨越多个职能部门的业务流程重构。也就是在横向组织方面适当简化专业分工,实行结构综合化。凡是能由一个部门或一个人管理的业务,就不设多个部门或多个人去管理;在管理方式上实现各种物流、业务流自始至终连贯起来的全过程管理,克服传统管理机构设置分工过细及业务分段管理的情况。

(3) 供应链内企业之间的流程重构。

在供应链管理环境下,合作企业间可通过 Internet 方便地获取需求方生产进度的实施信息,许多过去必须通过人工处理的业务环节,在信息技术等支持下变得更加衔接了,有的环节甚至不要了。例如供应商可及时了解制造商配件的消耗情况,在库存即将达到订货点时,可以在没有接到制造商要货通知单前,主动做好准备工作,从而缩短供货周期。此时,那些为处理订单而设置的部门、岗位就应该重新设计了,从而使供应链企业之间的运转像同一个公司。这就是重组的最终目标。

2. 企业业务流程重构的原则

1990 年美国 MLT 的 Hammer 教授率先提出企业流程再造(BPR)的思想。这是一种着眼于长远和全局,突出发展与合作的变革理念。其核心就是企业只有通过业务流程重构,才能实现对整条供应链的有效管理。

对企业业务运行方式再思考、再设计时,应遵循以下基本原则。

(1) 树立整体流程重新设计的思想。

在传统劳动分工的影响下,作业流程被分割成各种简单的任务,精力集中在个别任务的效率上;而过去改变流程也是把注意力放在提高某个瓶颈环节的效率上,而不是从整体上考虑流程是否合理。供应链管理理念的核心是将资源从一个企业扩展到多个企业。因此,处于这种环境下的作业流程设计,强调从零开始,不仅要对企业整体流程重构,而且要从整条供应链考虑企业流程重构。

(2) 围绕目标来设计人员的工作。

目前,按职能专业化分工设计流程的负面影响越来越严重,应按企业目标来划分业务流程,打破职能部门的界限,由一个人或一个工作组来完成业务的所有步骤,围绕目标而不是单个工作任务来设计人员的工作。

(3) 让执行工作者有决策的权力。

多数企业中,执行者、监督者和决策者是严格分开的,从而构成了整个组织"金字塔"型管理结构。而今,在 ERP 系统的支持下,员工成为自我管理、自我决策者,从而消除信息传输过程中的延迟和误差,并激励决策者,实现企业管理从"金字塔"组织结构向"扁平式"组织结构的转变,提高企业对市场动态的响应速度。

(4) 选择适当的企业流程进行重构。

企业有许多不同业务,部门结构复杂。一次性重构所有业务会导致其超出企业的承受能力,故应首先选择一些关键性的作业流程进行重构,以带动一级流程的重构。实施供应链管理后,企业与合作企业的信息沟通与共享方式发生了变化,因此原来需要多个人、多部门处理的业务,现在只要一个人就能胜任。如福特公司财务部,在新流程下实现了信息的收集、储存和分享,从而使验收部门能独立完成产生信息和处理信息的任务,极大地提高了流程效率,使得精简员工75%。

(5) 合理运用信息技术。

在供应链管理模式下,要求企业在流程设计的初始阶段就考虑信息技术的作用,根据信息技术的能力确定新的作业流程,而不是将信息技术镶嵌于原有的经营流程中。因此,要使流程重构建立在先进的技术架构上,合理运用信息技术就成为企业流程重构的难点和要点。供应链管理是当前国际企业管理的重要方向,也是国内企业富有潜力的应用领域。只有对企业业务流程实现重组和优化,才能对供应链有效管理,以达到降低成本,加快企业面对市场的响应速度,提高企业竞争力的目的。

11.2.6 推行绿色供应链管理

人类的经济系统是一个建立在自然生态系统基础上的巨大开放系统,良性循环的自然生态系统是经济系统得以持续运行的基础和前提条件。随着信息技术的飞速发展和全球市场竞争的加剧,企业之间的竞争正在被供应链的竞争所取代。我国正处于工业化、城镇化加速发展的阶段,由于片面追求经济利益,没有将大规模的经济活动与自然生态环境很好地协调起来,再加上国内巨大的人口压力,故必须实现可持续发展。绿色供应链的管理对可持续发展具有很大的推动作用。

我国企业的绿色供应链管理尚处于探索和起步阶段,无论在理论研究还是实践拓展上都还不成熟。一般来说,绿色供应链管理旨在综合环境影响和资源优化利用来考虑企业供应链发展问题,即从产品的原材料采购期开始就进行追踪和控制,使其在设计研发阶段就遵循环保规定,从而减少产品在使用期和回收期给环境带来的危害。

1. 实施绿色供应链管理应注意的几个问题

(1) 在宏观上注重绿色产业链条的发展布局。

在供应链的培育和发展中,供应链上的企业可能属于不同的产业范畴。事实上,一条成功的供应链,基本上都会发展触及不同的产业或行业范畴。例如,某奶制品企业在上游通过建立联盟发展了奶牛饲养基地,这就使得该供应链横跨了第一和第二两大产业。当然,该企业如果发展向下的分析体系,那就进入了第三产业。因此,在宏观上进行有关经济发展规划时,注重绿色产业链条的发展布局,那么势必会推动绿色供应链的发展。

(2) 在微观上注重开发企业自身的绿色价值链。

就一个企业而言,可开发的绿色价值节点主要有绿色技术、绿色产品、绿色包装、绿色品牌、绿色渠道等。所以企业要将自身的价值链进行分析,找到可开发的绿色供应链节点进行开发,还可以借助外部因素推动企业价值链的绿化,最后,还需要用绿色品牌将努力成功固定下来。

(3) 依据资源情况选择不同的发展模式。

在我国,各地的资源状况不同,有的地区立足绿色资源优势,通过合理开发利用资源,发展绿色产品,创建了一批绿色品牌,如我国的黑龙江省。对于生态脆弱的地区,如宁夏、甘肃等地,则可以通过生态环境建设,带动绿色产业的发展,进而促进生态良性循环。就绿色供应链管理来讲,必须有标兵企业或龙头企业的带动,借助聆听企业相对稳定的市场和销售渠道,突破市场瓶颈的约束,通过绿色产品的开发及绿色品牌的培育,把构建绿色原材料基地与当地生态环境保护和建设结合起来。

2. 企业实施绿色供应链管理的几点建议

(1) 高层的重视。

企业高层对绿色供应链管理的理解和支持关系到这种战略性管理的成败,特别是在发展的初期。绿色供应链管理是一种战略管理,仅对原有体系进行小范围的改良是不能取得成功的。企业应制定一系列高于有关法律规定的节约资源、减少废物等目标的自身标准,并积极提高整条供应链乃至整个行业的环保水平。可以说,没有标兵企业高层的重视和推动,绿色供应链管理就很难成功实施。

(2) 对供应商进行有效的选择与管理。

所有的绿色供应链标兵企业都应该把环境项目纳入自己选择与监督供应商的体系,有的甚至对潜在供应商也提出了环境要求,并对供应商进行相应的评估,以保证与自己合作的供应商都具有相应的环保意识和环境管理能力。企业一般可以对供应商实施一系列的培训计划,并将此作为合作内容的一部分。企业通过绿色营销与客户建立关系,并通过对产品监管来减少使用过程中的环境影响。

(3) 积极的职能整合。

为了方便不同职能部门之间的合作,实施绿色供应链的企业可以成立一个跨企业、跨部门的合作小组。同时,要把对环境问题的考虑整合到已有的供应链管理系统中。

(4) 有效的沟通。

在绿色供应链管理中,沟通有助于企业每个成员理解企业的目标以及自身职位相关的环境目标,尤其是有助于企业的非环保部门参与企业的绿色化设计和合作。企业经常组织讨论目前的环境问题并进行交流,同时利用多种渠道对企业员工进行环境教育。在企业之外,也可与供应商和其他合作伙伴在环保方面进行经常性的合作与交流。如供应商会议、环境论坛、供应商培训以及产品的设计和采购等。通过这些沟通的开展,增加了绿色供应链下相关企业之间的理解和合作。

随着经济全球化,尤其是中国加入 WTO 以后,中国企业必须参与国际竞争。通过提高环境绩效,中国企业可以成为国际绿色供应链管理的一个环节,从而实现可持续发展。在这样的背景下,只有对原材料供应、产品制造、销售和废弃物回收整个过程进行环境管理,实现供应链的"绿色化",才能真正提高我国产品在国际市场上的竞争力。

正如供应链管理能在激烈的市场竞争中为企业带来竞争优势和巨大的经济效益,融入了环境理念的绿色供应链管理将不仅给企业带来比以往更大的经济效益,更重要的是将给社会带来无尽的环境效益和社会效益。

21世纪是绿色的世纪,绿色的消费将成为一个重要的发展主题。物流是绿色产品的开发和绿色品牌的培育,还是绿色企业形象的树立和绿色企业文化的发展,如果脱离了绿色供应链管理的发展支撑,都将失去发展的根基。在绿色供应链管理下,企业的所有行为都是建立在全体供应链节点企业之间对话基础上的,通过系统整合下最优化的生态设计,每个企业的环境管理难度和所承担的环境风险都会有所降低。因此,实行绿色供应链管理的企业不仅自身更容易达到环保标准,而且还可以促进供应链上的其他企业环保达标。绿色供应管理正是这样一种可实现经济和环境双赢的管理模式,这对提高我国企业在世界经济中的竞争力具有重要的现实意义。

11.2.7 建立健全供应链绩效评价系统

供应链管理在实施过程中,需要耗费大量的人力、物力和财力,承受来自管理、组织和产品的风险,因此必须进行严格的核算和绩效评价,才能实现企业资源和社会资源的最大化应用。只有知道某一战略的成本和实施效果,才能使管理者做出有效决策。绩效评价机制作为保持战略层和执行层迈向共同目标的黏合剂,具有不容忽视的价值。在供应链管理体系中,为了确保供应链管理能够健康、可持续地发展,建立科学、全面的供应链绩效评价系统,已经成为一个迫切需要解决的问题。

任何一种绩效评价系统的设计,都应反映它所支持组织的远景目标、管理模式、沟通与联系方式、反馈与学习方式、业务规划方式等基本状况;而且,评价系统应随着组织结构的改变而改变,不应成为组织发展的阻力。因此,传统的企业绩效评价系统并不能完全适应供应链管理的需要,必须建立新的绩效评价系统。建立有效的供应链管理绩效评价系统,对有效地监督资源和优化配置资源起着非常重要的作用。

有效的绩效评价系统,可解决供应链管理过程中存在的以下四个方面问题:

(1) 评价企业原有供应链,发现原有供应链的缺陷和不足,并提出相应的改进措施;

(2) 评价新构造的供应链,监督和控制供应链运营的效率,充分发挥供应链管理的作用;

(3) 作为供应链业务流程重组的评价指标,建立基于时间、成本和绩效的供应链优化体系;

(4) 寻找供应链约束和建立有效激励机制的参照系,同时也是建立标杆活动、标杆节点企业和标杆供应链体系的基准。

总之,建立健全科学合理的供应链绩效系统作为供应链评价的标准,能够准确地描述供应链的运营状况,为供应链管理体系的优化提供科学的依据。

供应链管理形成了一种跨企业的动态联盟,覆盖了从产品设计到产品消费直至废品回收的全过程。供应链节点企业之间的协调运作,有利于供应链整体优化,可以缓解日益激烈的竞争压力,从而集中精力开发高效率、高效益的物流资源,消除整条供应链中不必要的动作和消耗。因此,供应链管理绩效评价不仅需要与企业的激励机制相结合,而且需要协调整个供应链体系的远景和契约机制。

供应链绩效评价指标主要是基于过程的绩效评价指标,综合反映供应链整体运营状况和供应链节点企业之间的运营关系,而不是单独评价某一节点企业的运营情况。绩效评价的最终目的不仅是要获得企业或供应链的运营状况,更重要的是优化企业或供应链的业务流程。根据约束理论,绩效评价是寻找约束的重要途径,也是消除约束、优化资源配置的前提。

供应链绩效评价系统的黏合剂作用,正是通过激励机制而得到供应链各节点企业的重视的。供应链体系中的激励机制突破了企业内部的范围,扩展到供应链管理各节点企业的相互激励。激励的依据是绩效评价的结果,各节点企业相互激励是共同进步和利益重新分配的过程,可通过谈判建立统一的激励机制标准,或通过客户投票实现这一过程。

在供应链之间的竞争代替企业之间的竞争发展趋势的推动下,供应链的整体绩效成为衡量供应链竞争优势高低的一项综合指标,不仅推动了"以成本定价格"向"以价格定成本"转移的发展,而且迫使企业按照整条供应链的产品价格核定成本。为了确保整条供应链的可持续的竞争优势,每个节点企业不再以追求企业利润最大化为目标,而是以整条供应链利润最大化为目标。

11.3 供应链管理的新型模式

当今世界商战最显著的变化就是由高效率、低成本转变为敏捷制造、满足客户个性化,应对新的市场竞争环境下的商战策略正向以客户核心的方向转变。先进的信息技术和电子商务的模式,不仅为供应链管理提供了平台技术,提高了供应链管理的运作效率,还带来了供应链管理的战略思想的转变、价值结构的优化和商务模式的更新。在新的技术条件和经营方式的支撑下,供应链管理模式不断创新。新兴的供应链管理模式出现了以下特点:电子商务普及;供应链长度精简缩短;抛开零售商的网络直销盛行;零售商和分销商的地位提高;原始资源制约加强。

新兴的供应链管理模式主要有零售业主导型供应链、原始资源商主导型供应链、双核心企业供应链、物流商主导型供应链、网络直销型供应链,下面分别加以介绍。

11.3.1 零售业主导型供应链

零售业主导型供应链管理模式是指大型零售业凭借其资金、品牌、信息、渠道、信誉等优势,对整条供应链的运作和管理拥有主导权,而其上游的供应商、制造商、分销商等自然处于从属地位,共同为满足消费者的需求而各自承担一定的责任。最典型的大型零售业主导型供应链成功案例就是沃尔玛的供应链管理模式(如图 11-1 所示)。

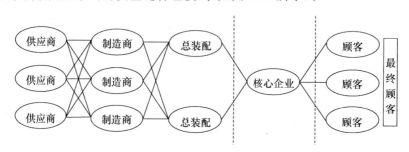

图 11-1 零售业主导型供应链

随着经济的发展,在市场消费者驱动的信息流的作用下,供应链管理中的决策权开始向处于供应链瓶颈约束的节点企业转移,大型零售百货店开始在供应链中取得更多的控制权,在制造商及批发商和捉摸不定的消费者之间提供着最佳的连接。当沃尔玛、家乐福、麦德龙、万客隆等大型连锁零售商出现后,它们在供应链上处于距离终端客户最近的位置,直接面对供应链的最终消费者,并直接承受着来自包括顾客在内的纷繁市场环境的影响。

零售商的最大优势就在于它能够使顾客成为真正的供应链信息源,能够把市场信息及时准确地传递给上游的合作伙伴,能够高效地满足顾客和市场的需求。因此,零售商是该模式的信息收集中心和协调服务中心。信息的价值是巨大的,供应链的专家学者喜欢引用这样一句话：利用信息来代替库存。这句话实实在在地突出了信息在供应链管理以及当代市场竞争中的重要地位。零售商因为自身所处的地位优势，能够最方便、最快捷地收集决定供应链运作和管理绩效的关键信息，对这些信息进行处理和加工，然后与供应链成员共享需求信息、存货情况、生产能力计划、生产进度、促销计划、需求预测与物流进度，从而减少供应链中需求的变动性，帮助供应商和制造商等做出更完美、更准确和更及时的预测，把握市场变化，充分协调生产和销售策略，使供应链更快捷响应市场需求变化并做出反馈决策。另外，零售商在与顾客面对面的交易过程中，还能够逐步掌握顾客的兴趣、爱好、消费习惯、满意程度等，从而能够挖掘顾客的潜在需求，收集市场竞争信息和价格信息等。而其上游的合作伙伴与消费者的"距离"不能让他们及时把握住市场的脉搏，只能依靠零售商来增加信息收集，降低供应链运作的不确定性，因而不具备充当核心企业的条件。

所以，大型零售商是市场的触角，占据了供应链的瓶颈约束资源，在供应链管理模式中起着信息集成和协调组织的作用，决定了供应链的运行节拍，在质量、服务、价格等方面均能敏捷安全地满足客户个性化的需求，是该种供应链管理模式的核心企业。

11.3.2 原始资源商主导型供应链

原始资源商主导型供应链的模式是指以特定原始资源为主要原材料的供应链。这种模式的供应链原始资源具有结构稀缺性、不可替代性和进出入壁垒高等特点，在供应链的产品链中，增值活动大部分在供应链上游完成，在供应链的下游只完成一些辅助加工与流通的功能（如图11-2所示）。

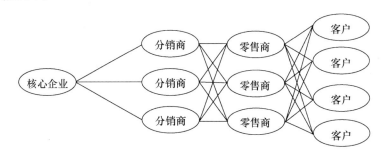

图11-2 原始资源商主导型供应链

自然资源的开采需要特定的技术条件和规模经济，国家对资源开发也颁布了特殊的法规政策，此外自然资源的不可再生性和难以移动性也使这种模式的供应链制约于原始资源。这种模式的供应链技术、资本、管理等生产要素主要集中在原始供应商手中，是供应链的瓶颈约束，形成上游原始供应商一头独大，建立起不可逾越的瓶颈壁垒。原始资源商主导型供应链的节点企业越往供应链下游，规模越小，实力越差；供应链的信息服务与协调调度的任务一般都由原始供应商承担，原始资源商成为不可替代的核心企业。

11.3.3 双核心企业供应链

双核心企业供应链是指由特定的生产企业和特定的流通企业以长期的交易关系为基础的产销联盟关系，也可以理解为制造商、分销商和零售商之间建立战略联盟，在信息共享的基础上为响应消费者需求而及时提供商品的组织方式。

产销联盟是流通构造发生变化并改变了生产和流通之间社会分工关系的新型结构,在信息处理技术和物流技术发展的支持下,更加效率化地组织管理的运营模式。产销联盟型模式中的交易关系以生产信息、库存、销售和店铺信息的相互公开为条件,达到各种业务的效率化目标。它将店铺的销售信息及时连接到生产基地和库存据点,提高库存的周转率,进而使信息的共享发展为决策支持的结合(如图11-3所示)。

图 11-3 产销联盟型供应链

在产销联盟型供应链管理模式中,制造商、分销商、零售商所占据的资源通过能力基本一致,他们直接结成联盟,分销商、零售商能够和制造商在业务上综合集成,消除或减少信息扭曲,通过建立自动订发货系统等现代信息手段和交易框架,确立供应链的运行节拍,稳定供应链的关系和结构。产销联盟的主体包括制造商、分销商和零售商。按照传统的结合分类,可以是从上游面向下游进行的"前向联盟",也可以是从下游面向上游的"后向联盟"。"前向联盟"中,制造商的实力更强大,处于供应链管理中的主导地位,因此,制造商是前向联盟中的核心企业。"后向联盟"中,零售商的地位更重要,处于供应链管理中的主导地位,因此,零售商是后向联盟中的核心企业。实际上,"后向联盟"十分类似于我们前面所提到的零售业主导型模式。

在产销联盟模式中,有大型的制造商为了产品的销售渠道而联盟零售商,或大型的零售商为了独占产品的供给而联盟中小制造商的情况,也有大型制造商和大型零售商进行联盟的事例,其中最典型的就是宝洁和沃尔玛的产销联盟。值得注意的是,如果产销联盟中有明显实力强大的企业存在,那么核心企业一般就是实力强大的企业,如前向联盟中制造商成为核心企业,后向联盟中零售商成为核心企业。但如果产销联盟是大型零售商和大型制造商之间的联盟,如宝洁和沃尔玛的联盟,就不好轻易论断谁应该成为核心企业,这种联盟不存在明确的联盟的主导和核心,而更确切地说,是一种双方充分达到彼此信任,结成一种平等互利的合作关系。沃尔玛需要宝洁的品牌,宝洁需要沃尔玛的顾客渠道,而且双方的实力都很大,都具有自己的品牌资产,在地位上难以区分出高低来,任何一方的擅自离开或中断联盟都会对另一方和自己的利益产生巨大的破坏。在这种产销联盟供应链模式中,供应链的约束瓶颈资源由两个企业共同占有,可以说不存在绝对的核心企业,也可以大胆设想为两者都是核心企业,即双核心企业供应链。

11.3.4 物流商主导型供应链

物流商主导型供应链主要是指供应链上游主产品的原料、半成品、成品的节点企业和供应链的下游零售商、客户均属于区位分散、实力弱小的小型企业,供应链的主产品又具有极强的时效性,如海鲜、瓜果、鲜花(如图11-4所示)。

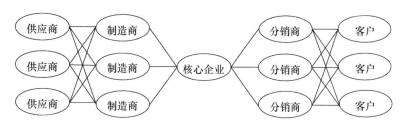

图 11-4 物流商主导型供应链

这种模式的供应链,节点企业分散弱小,产地与销地间距大,产品循环周期快,供应链节点单位利润低,资金与技术优势较强的大型企业无暇也不愿涉足这种模式的供应链。在这种模式下,只有第三方物流是供应链的约束瓶颈,具有足够的信息整合能力、渠道运作能力和协调指挥能力,以此来保证供应链的成功运作,成为理所当然的核心企业。

11.3.5 网络直销型供应链

网络直销型供应链是指制造商充分利用电子商务的模式和技术,删除商品的分销和零售系统,直接利用网络在电子技术的支持下展开的销售和营销。网络直销型供应链包括多级供应商网络、制造商和终端客户,如果利用了第三方电子中介商的网络平台,则还包括第三方电子中介商(如图 11-5 所示)。

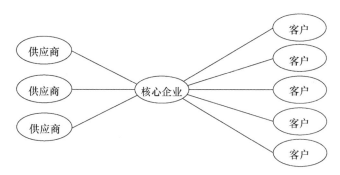

图 11-5 网络直销型供应链

在网络直销型供应链中,制造商基于保证自身核心竞争力的考虑,一般会将生产、制造等业务运作以外包的方式转移给制造商的合作伙伴或零部件、半成品的供应商,而本身只保留研发、总装、市场营销、电子商务职能等核心能力(因为这些才是距离客户最近端的企业所应执行的职能),而不再仅仅是生产、制造和装配产品了。零部件、半成品的供应商在性质上都可以被划入该模式的多级供应商网络,他们是供应链的主要生产型企业,而且又是距离最终客户最远的成员企业。因此可以看出,这些供应商的作用应该主要在于管理好供应链的生产任务,协调好与下游企业的供货关系、商品转交关系等。这些多级供应商网络在供应链管理模式中是无法处于核心企业地位的。

该供应链制造商的触角一端直接延伸至客户,另一端直接连接到供应商。制造商既能迅速快捷地收集顾客和市场需求信息的变动,又能洞悉商品生产、制造或在途的一切内部运作信息,这两端的信息都在制造商处汇总,使之能够轻而易举地、及时地、准确地做出各项反馈决策。因此,制造商掌握了供应链的约束瓶颈资源终端客户,很显然地成为网络直销型供应链的核心企业,是商品供应和商品销售的中枢,全权负责供应链的物流过程、信息流过程以及价值流和业务流过程,决定着供应链的运行节拍。而多级供应商只是制造商的业务合作伙伴,密切地配合制造商的生产、销售及服务等要求,促进供应链的协调运作。制造商是网络直销型供应链管理模式的信息处理中心、物流调度中心和协调规划中心。

本章首先讲述了我国供应链管理的现状和问题,接着有针对性地分析了提高我国供应链管理的几种对策,如全面转变思想观念、加快信息技术的推广、加强标准化管理、大力发展第三方物流、重构企业流程体系、推行绿色供应链管理和建立健全供应链绩效评价系统,最后讲解了供应链管理的几种新模式。

第三部分　课题实践页

 复习思考题

1. 选择题

(1)(　　)是指大型零售业凭借其资金、品牌、信息、渠道、信誉等优势,对整条供应链的运作和管理拥有主导权,而其上游的供应商、制造商、分销商等自然处于从属地位,共同为满足消费者的需求而各自承担一定的责任。
　　A. 零售业主导型　　　　　　　　B. 原始资源商主导型
　　C. 物流商主导型　　　　　　　　D. 分销商主导型
(2) 在双核心供应链中,零售商的地位更重要,处于供应链管理中的主导地位,因此是(　　)中的核心企业。
　　A. 产销联盟　　B. 协作联盟　　C. 后向联盟　　D. 前向联盟
(3) 节点企业分散弱小,产地与销地间距大,产品循环周期快,供应链节点企业利润低,资金与技术优势较强的大型企业无暇也不愿涉足这种模式的供应链是(　　)。
　　A. 零售业主导型　　　　　　　　B. 原始资源商主导型
　　C. 物流商主导型　　　　　　　　D. 分销商主导型

2. 问答题

(1) 目前我国供应链管理存在哪些问题?
(2) 企业可以通过哪些对策来优化其流通网络与分销渠道,减少库存量,加快库存周转来改进它们的供应链?
(3) 业务流程重构的内容有哪些?
(4) 对企业业务流程再思考、再设计,应遵循哪些基本原则?
(5) 新兴的供应链管理模式主要有哪些?它们具有什么特点?

3. 案例分析

化工巨头实现先进供应链管理

随着中国地产家装行业的迅猛发展,消费者对油漆产品的要求也相对提高,国际知名涂料生产商的不断涌入和大批国内涂料生产商的出现,使涂料市场的竞争越发白热化;加之许多人看到油漆涂料市场的可观利润,导致冒牌油漆也应运而生。控制质量和降低成本已不再是必胜的因素,如何充分利用企业的各种资源,特别是信息资源,通过提高生产效率来提升产品的竞争力,已成为企业经营者面对的最重大课题。综观今日中国家装市场,许多建筑装饰油漆供应商所面临的挑战不仅是"能不能及时推出产品",同时还要有"控制假冒伪劣产品的产生"和"最大限度地提高工作效率"的能力。正所谓"赢得了客户,也就赢得了市场"。作为全球涂料市场巨头的ICI世界集团同样也面临着这样的挑战。

英国卜内门化学工业有限公司即ICI世界集团(以下简称ICI)是一个全球性的化工集团,是财富世界500强企业之一、全球最大的建筑装饰漆供应商之一,在全球化工行业名列前十。

ICI和其他涂料供应商一样,在国内市场也面临着产品假冒、经销商窜货等诸多侵害消费者利益的现象,而且随着国内家装市场的兴起,不法现象暗波涌动,大有愈演愈烈之势。这些不法产品不仅表现在标志、包装、产品品质层面,而且从制造源头、流通领域、销售终端等方面都存在着严重的问题,不仅直接伤害了ICI的有形市场,而且对ICI的品牌形象造成了的损伤,间接地侵占了ICI的无形资产,使ICI因打假和修复品牌形象而不断增加产品成本。

如何提高工作效率、规范企业信息化管理,以创新的精神为国内细分市场提供更加丰富的产品,满足近年来快速发展的市场需求?同时,如何从生产、流通、销售领域优化产品管理,防止假货窜货等现象的发生。ICI公司通过多方考察,科学认证,决定在生产、仓储、销售管理环节应用以企业移动为中心的条形码管理系统,以便进一步发展中国业务,为本地用户提供更好的服务和产品。

1. 基于ERP,实施企业移动

ICI在中国拥有两间油漆生产工厂,在各地有8个中转仓库。现应用BPCS管理,对产品的管理精细到批号,即以产品批号为信息基础实现生产、仓储、销售环节的诸如生产计划、出货、销售渠道控制等管理。但是因为同一批号的产品可能会发给不同的中转仓和经销商,所以仅以批号为基本信息单元将无法全面掌握产品的渠道流向信息,并很难满足诸如防伪、销售采样等需要。以企业移动为中心的企业移动条形码系统将作为ERP系统的有效辅助,帮助ICI规范上述销售渠道管理,全面掌握产品的渠道流向信息,有效打击窜货和假冒伪劣现象。具体来讲:

(1) 新的企业移动条形码系统在生产、仓储、销售三个主要环节实施,三环节的应用方案数据信息以ERP数据库为基准;

(2) 考虑到仅靠批号不能完全体现系统所需要的信息,企业移动条形码系统在批号的基础上精确到每件产品的序列号,再结合时间,就能比较完善地记录产品相关信息;这些信息是规范销售管理的基础;

（3）条形码编制可采用Code39或Code128等码制；每件产品都将有唯一编码，方便销售追踪；而检验位将以批号和序列号为数据基础通过一定算法得出，可以作为产品防伪的措施之一；

（4）生产线环节主要是在产品下线部分应用自动贴标机、条形码标签打印机等将印制的条形码标签粘贴到产品指定位置，同时采集相关信息输入数据库；

（5）因仓储环节并非此系统的重点，所以只需要在出货给经销商或中转仓时通过条形码终端设备采集相关信息即可；

（6）销售管理是本系统的重点所在，在上述两个环节的基础上，根据已有信息来实现产品抽检、条形码防伪、远程数据交流等功能，最终达到渠道控制和打击假冒伪劣产品的目的。

基于此，ICI建立了生产、仓储和销售三环节的企业移动条形码系统，系统以服务器作为数据交换中心，相关信息主要从产品下线和出厂两处采集回来，主要包括产品信息、发往经销商、订单编码、出厂日期等；然后将销售在外采集的数据反馈和已有数据做比较，以确认窜货、假冒伪劣等情况来采取相应措施。

2. 企业移动条形码系统服务供应链管理，MC1000大显身手

ICI企业移动条形码系统在生产线和仓库领域起到了提高生产效率、规范产品管理的目的。在销售供应链端实施企业移动条形码系统，则可以防止假冒、打击窜货的发生。下面，我们以销售供应链环节为例，叙述企业移动条形码系统在ICI的使用。

ICI在全国建有8个分销中心。国内每个城市都有若干个经销商。ICI的销售主管要对这些经销商进行销售分区查询和条形码仿伪查询的工作，并且运用讯宝科技企业数字助理MC1000（或PC＋SYMBOL条形码扫描器）采集相关销售数据，后台系统接收、存储、管理以上数据，ICI的管理人员将对数据进行分析并据此制订下一步对生产、市场、销售渠道的工作计划。讯宝科技MC1000的运用，具体可以解决数据的录入与存储（产品基本信息、商店资料等）、企业数字助理与后台数据库之间的数据传输、相关信息接收及显示等问题。各地分销中心和经销商利用MC1000，连接本地办公室PC机，并通过VPN访问ICI的后台数据库，从而实现每日前端数据的接收、存储、备份与报表、数据录入（客户销售数据、雇员信息等）、雇员工作业绩分析与薪酬计算、市场数据分析等服务内容。

MC1000是一款小巧轻便的移动数据终端，它将条形码扫描和数据输入融为一体，其物超所值、坚固耐用的特性，更有助于轻工业和零售业实现企业移动性。它不仅易用，而且操作更舒适，减轻了长时间使用扫描器进行工作造成的疲劳。MC1000将多种功能融为一体，它不仅具有高性能的Intel处理器、高质量的一维（1D）线性激光扫描器，而且还配备了SD卡插槽以便进行内存升级和无线连接。MC1000基于标准的Windows CE平台而构建，提供了应用程序的灵活性和广泛的开发支持，以确保设备的长期价值，满足业务发展的需要。

MC1000简化了整体运营的库存跟踪与管理。MC1000所具有的大键盘和高质量一维（1D）线型激光扫描器，使接货人员和销售人员在货物到达商店时能够快速输入出入库信息。MC1000易于掌握且易于使用，这大大提高了工作人员的工作效率，简化了数据输入流程。由于MC1000配有一次性电池和充电电池，所以不必担心长期工作时电池电量不足，为用户免除后顾之忧。MC1000通过加快数据输入速度，使用户可以更为及时地访问重要的库存信息。准确的库存信息有助于自动补货操作，确保顾客最需要的产品供货充足。

3. 前景

现在,ICI分销中心在陆续试用讯宝科技的企业移动MC1000产品。全国各地的经销商也将陆续使用以MC1000为主要工具的讯宝企业移动条形码系统。

ICI负责该项目的项目经理黄剑锋认为:"传统的产品管理从生产线开始,到仓储和物流环节都存在着各种难以解决的纰漏。而传统的产品管理模式对手工操作依赖性强,而且操作以及整理货物的空间有限,对销售供应链的管理更是难上加难,依靠人工记录反馈终端销售信息,难以做到销售细化管理、数字管理的需要。此外,ICI日常需要完成生产、包装、入库、盘点、移库、发货等一系列工作,我们一直希望能够借助全球领先的企业移动解决方案系统化并简化这一系列工作,最大限度减少人工出错的可能性,最终有效提高生产效率,优化仓储产品管理,实现对销售供应链的真正有效控制。以讯宝科技MC1000为代表的企业移动解决方案很好地帮助我们完成了这一系列任务,有效地强化了ICI对销售供应链的管理,有效地应对了假货、窜货的行为。"

(资料来源:http://www.51edu.com.经作者整理)

ICI公司的供应链管理有哪些特点?

供应链管理实务复习思考题答案

课题一 供应链管理概述

1. 选择题

(1) A；(2) B；(3) C；(4) D；(5) A

2. 问答题

(1) 供应链主要有哪些特征？

答：供应链的主要特征包括：① 复杂性；② 动态性；③ 面向用户需求；④ 交叉性。

(2) 在供应链的设计过程中，应当遵循哪些基本原则？

答：在供应链的设计过程中应遵循的基本原则有：① 战略性原则；② 创新性原则；③ 系统性原则；④ 协调和互补性原则；⑤ 动态性原则；⑥ 客户中心原则。

(3) 供应链核心企业一般应当具备哪些条件？

答：供应链核心企业一般应具备以下条件：① 掌握供应链的核心瓶颈约束资源（技术、市场、原始资源、信息）；② 决定供应链的运行节拍；③ 能够为供应链成员带来更多利益，并能够实现供应链核心竞争优势；④ 能够有效胜任供应链的物流、信息流、资金流、生产服务流的组织协调工作。

(4) 物流管理与供应链管理有哪些联系和区别？

答：物流管理与供应链管理的联系主要表现在以下两方面：① 物流管理是供应链管理的一个子集或子系统；② 物流管理是供应链管理的核心内容。两者的区别主要表现在以下方面：① 存在基础和管理模式不同；② 导向目标不同；③ 管理层次不同；④ 管理手段不同。

(5) 供应链管理的目标有哪些？

答：供应链管理的目标包括：① 根据市场的扩大，提供完整的产品组合服务；② 根据市场需求的多样化，缩短产品服务提供时间；③ 根据市场需求的差异性，最大限度地满足客户个性化需求；④ 降低供应链的总成本，提高整体供应链的运作效率，增加整体供应链的竞争力；⑤ 实现绿色制造和资源循环利用，达到人类与自然的和谐。

3. 案例讨论（略）

课题二 供应链的设计构建

1. 选择题

(1) A；(2) B；(3) C；(4) D；(5) A

2. 问答题

(1) 供应链的设计构建原则有哪些？

答：供应链的设计构建原则有：① 沟通原则；② 简洁性原则；③ 创新性原则；④ 协调互补原则；⑤ 自我优化原则；⑥ 客户中心原则；⑦ 战略性原则。

(2) 通常一条完整的供应链包括哪些商户？

答：通常一条完整的供应链包括供应商（原材料供应商和零配件供应商）、制造商（加工厂或装配厂）、分销商（代理商或批发商）、零售商（百货商场、超市、专卖店、便利店等）以及消费者。供应链的基本模型是一个简单的静态模型，仅反映了供应链的基本组成和轮廓。

(3) 对供应链进行创新设计时，要注意哪些问题？

答：对供应链进行创新设计时，应注意以下问题：

① 创新必须在企业总体目标和战略的指导下进行，并与企业战略保持一致；

② 要从市场需求的角度出发，专注于自身的核心业务，综合运用企业的能力和优势；

③ 发挥企业各类人员的创造性，集思广益，并与其他企业共同协作，创造供应链整体优势；

④ 建立科学的供应链和项目评价体系和组织管理系统，进行技术经济分析和可行性论证。

(4) 供应链的设计策略有哪些？

答：供应链的设计策略有很多，包括基于产品的供应链设计策略、基于价值链的设计策略、基于成本的供应链设计策略、基于多代理的供应链设计策略等。其中使用较多、较为成熟的两种供应链设计策略是基于产品的供应链设计策略和基于价值链的供应链设计策略。

(5) 供应链设计构建步骤有哪些？

答：供应链的设计步骤为：① 分析市场竞争环境；② 分析企业现状；③ 确定供应链设计目标和策略；④ 分析和评价可能性；⑤ 设计和产生新的供应链；⑥ 检验新的供应链；⑦ 完成供应链设计。

3. 案例讨论（略）

课题三 供应链战略管理

1. 选择题

(1) B;(2) ABCD;(3) D;(4) D

2. 问答题

(1) 为什么说供应链战略是一种企业核心能力强化战略?

答:维持和发展竞争优势是企业核心能力的集中体现,也就是说它能使公司在下一步的竞争中具有引导和争夺市场的能力,超越临时竞争优势而获得持续性发展。泰吉和奥兰德等人提出的"战略缺口"假设,有利于我们理解企业运用供应链战略的动机。如果企业在考察市场的时候发现业务的发展正朝向一个新的领域,而本企业所拥有的竞争优势随着时间的推移已发生变化,同时它们所要达到的战略绩效目标与它们依靠自有资源和能力所能达到的目标之间存在一个"缺口",那么,它必须借助于业务外包或寻找优秀的供应者来帮助它在供应链中改进技术、提高效率、降低成本,以改善其价值链上的薄弱环节,填补企业发展战略的"缺口",强化企业的核心能力。因此,一个企业的供应链战略的核心问题,是要考虑哪一个合作伙伴更有竞争优势,哪一条供应链的设计更为优秀,供应链上的哪一个部分更有效率。所有这些成分都要协调起来,就是供应链管理的优势所在。

(2) 什么是供应链管理战略匹配?供应链战略执行的成败与哪些要素密切相关?

答:供应链管理战略匹配是指竞争战略与供应链战略拥有相同的目标。即竞争战略设计用来满足顾客的优先目标与供应链战略旨在建立的供应链能力目标之间相互协调一致。

供应链战略执行的成败与以下两个关键要素密切相关。① 竞争战略与所有职能战略必须相互匹配,以构成一个协调一致的总战略。每一项职能战略必须支持其他职能战略并帮助企业实现竞争战略目标。② 企业的不同职能部门必须恰当组织其流程与资源,以便成功实施这些战略。企业失败的原因,或者是由于战略不匹配,或者是因为流程与资源的组合不能形成支持预期战略匹配的能力。

(3) 什么是企业核心竞争力?核心竞争力作为获取企业优势的"引擎",有什么特点?

答:企业核心竞争力是企业长期形成的,蕴涵于企业内质中的,企业独具的,支撑企业过去、现在和未来的竞争优势,并使企业长期在竞争环境中能取得主动权的核心能力。

核心竞争力的特点有以下几点。

① 价值性:核心竞争力富有战略价值,不仅提供给顾客看重的价值,也为企业带来较为长期的超额利润。

② 局部性:核心竞争力是企业在某一局部产品(服务)或某一过程上区别于竞争对手而确立的竞争优势,而不是指企业每个部分都优于竞争对手。

③ 延展性:核心竞争力是一种基础性的能力,是其他各种能力的统领,可使企业向更有生命力的领域发展。

④ 独特性:核心竞争力是企业所特有的并且不易被其他企业模仿。

⑤ 集合性：核心竞争力虽然具有局部性，但绝不是单一的，它是企业经过整合了的能力，也正由于集合性，核心竞争力才具有独特性。

⑥ 时间性：核心竞争力虽然具有不易模仿的独特性，但是必须持续不断的创新、发展和培育，以维持或扩大与竞争对手之间的差距。

3. 案例分析

（1）你认为格兰仕进入制冷行业的战略有哪些？

答：我们认为格兰仕进入制冷行业应采用如下的战略：

① 中小规模，逐渐地扩大生产能力，避免主要对手的联盟扼杀，降低风险；

② 利用自身的管理优势和资金的优势，迅速掌握核心技术，降低成本，相对低价进入空调、冰箱产品；

③ 利用现有的销售网络，完善空调销售服务网络，为将来做好准备。

（2）格兰仕的预期战略目标是什么？实现战略目标的手段如何？

答：格兰仕的战略目标：空调800万台/年；冰箱500万台/年；打造第二王国。其实现战略目标的手段：以同类产品一半的低价格；克隆微波炉的战略模式。

（3）请用供应链管理战略的理论分析格兰仕进入制冷行业成功的可能性。

答：竞争对手分析如下：

① 家电行业的巨头，经济实力很强；营销大家电的网络较为健全；品牌在制冷行业里，客户的忠诚度较高；

② 潜在生产能力还很强，他们也有降价的潜力；

③ 退出的可能性很小，对他们自己的目标忠诚度很高；

④ 技术上有一定的优势，如长虹、海尔拥有自己的制冷技术专利；

⑤ 结为联盟封杀新进入者可能性很大。

结论如下：

① 20亿的资金只能形成50万～100万台的规模；

② 已经建立的微波炉销售网络与空调的销售网络还有很大的区别，资金将会制约其发展；

③ 技术不具备领先优势，甚至可能没有优势；

④ 自身拥有成本管理、低价扩张的经验，克隆微波炉的模式将受到前后环境变化的挑战。

总之，格兰仕拥有资源少，而目标太大，宏观环境虽然较好，可是微观环境较为恶劣，劣势多于优势，威胁大于机会，所以它的这一战略目标难以实现。如果格兰仕能够拥有先导性的核心技术，如高性能的压缩机技术、制冷剂技术，以及供应链战略联盟，如与电力公司、银行结为利益联盟，分期付款、低电价、低空调价格捆绑销售，那么实现这样的战略目标是可能的。

（资料来源：http://renmai.aliqq.cn/space-14532-do-thread-id-1138.html）

课题四 供应链管理的方法

1. 选择题

(1) A;(2) B;(3) C;(4) D;(5) A

2. 问答题

(1) ECR 的定义是什么?

答:中国标准《物流术语》定义:ECR 是以满足顾客要求和最大限度降低物流过程费用为原则,能及时做出准确反应,使提供的物品供应或服务流程最佳化的一种供应链管理战略。

(2) QR 与 ECR 的差异有哪些?

答:QR 与 ECR 的差异是:① 侧重点不同;② 管理方法不同;③ 适用的行业不同;④ 改革的重点不同。

(3) 实施 QR 的前提是什么?

答:实施 QR 的前提是:① 改变传统的经营运作方式;② 开发利用现代化信息处理技术;③ 注重时间的压缩;④ 注重信息的沟通。

(4) ECR 系统的构建原则是什么?

答:ECR 系统的构建原则是:① 低成本的目标;② 由商业带头人启动;③ 信息的保障;④ 有效的增值;⑤ 共同的评价体系。

(5) 什么叫零售空间管理?

答:零售空间管理是指根据每个店铺的需求模式来规定其经营商品的花色品种和补货业务。一般来说,对于花色品种、数量、店内陈列及培训或激励售货员等决策,消费品制造商也可以参与甚至制定决策。

课题五 供应链管理中的采购与库存管理

1. 选择题

(1) A;(2) B;(3) C;(4) D;(5) A

2. 问答题

(1) 什么叫准时化采购?

答:准时化采购也叫 JIT 采购法,是一种先进的采购模式,是一种管理哲理。它的基本思想是:在恰当的时间、恰当的地点、以恰当的数量、恰当的质量提供恰当的物品。这就意味着可能一天一次、一天两次,甚至每小时数次地提供采购品。

(2) 目前供应链管理环境下的库存控制存在的主要问题有哪些?具体包括哪些内容?

答:目前供应链管理环境下的库存控制存在的主要问题有三大类:信息类问题、供应链的运作问题和供应链的战略与规划问题。这些问题可综合成以下几个方面的内容:

① 没有供应链的整体观念;
② 对用户服务的理解与定义不恰当;
③ 不准确的交货状态数据;
④ 低效率的信息传递系统;
⑤ 忽视不确定性对库存的影响。

(3) 有效地实施准时采购法,必须采取哪些方法措施?

答:应采取以下措施:

① 创建准时化采购团队;
② 制订计划,确保准时化采购策略有计划、有步骤地实施;
③ 精选少数供应商,建立伙伴关系;
④ 进行试点工作;
⑤ 搞好供应商的培训,确定共同目标;
⑥ 向供应商颁发产品免检合格证书;
⑦ 实现配合准时化生产的交货方式;
⑧ 继续改进,扩大成果。

(4) 供应商管理库存的策略可以分为哪几个步骤实施?

答:可分为以下步骤实施:

① 建立顾客情报信息系统;
② 建立销售网络管理系统;
③ 应商与分销商(批发商)的合作框架协议;
④ 组织机构的变革。

(5) 联合库存管理的实施策略有哪些?

答:联合库存管理的实施策略有以下几点:

① 建立供需协调管理机制;
② 发挥两种资源计划系统的作用;
③ 建立快速响应系统;
④ 发挥第三方物流系统的作用。

3. 案例分析(略)

课题六 供应链管理中的生产控制技术

1. 选择题

(1) C;(2) B;(3) C;(4) A;(5) D

2. 问答题

(1) 传统生产计划控制模式与供应链管理环境下的生产计划控制模式的差距主要表现

在哪些方面?

答:传统生产计划控制模式与供应链管理环境下的生产计划控制的差距主要表现在如下几个方面:决策信息来源的差异;决策模式的差异;信息反馈机制的差异。

(2) 敏捷制造的基本要素包括哪些要素?

答:敏捷制造系统中主要包括三个要素:生产技术、人力资源和管理手段。

(3) 要采用延迟制造模式,生产与制造过程应当具备哪些条件?

答:采用延迟制造模式,生产和制造过程应具备以下条件。

① 可分离性。制造过程能被分离为中间产品生产阶段和最终产品加工阶段,这样才有可能将最终产品的加工成型阶段延迟。

② 可模块化。产品应能分解为有限的模块,这些模块经组合后能形成多样化的最终产品,或产品由通用化的基础产品构成,基础产品经加工后,能提供给顾客更多的选择范围。

③ 最终加工过程的易执行性。延迟制造将中间产品生产与最终产品生产分离开来,最终产品的生产可能被放在离顾客很近的地方执行,这就要求最终的加工过程的技术复杂性和加工范围应当有限,易于执行,加工时间短,无须耗费过多的人力。

④ 产品的重量、体积和品种在最终加工中的增加程度大。延迟制造会增加产品的制造成本,除非延迟制造的收益能弥补增加的成本,否则,延迟制造没有执行的必要。如果产品的重量、体积和品种在最终加工中增加很多,推迟最终的产品加工成型工作能节省大量的运输成本和减少库存产品的成本,简化管理工作,降低物流故障,这会有利于延迟制造的进行。

⑤ 适当的交货提前期。通常来说,过短的提前期不利于延迟制造,因为延迟制造要求给最终的生产与加工过程留有一定的时间余地,过长的提前期则无须延迟制造。

⑥ 市场的不确定程度高。市场的不确定性高,细分市场多,顾客的需求难以预测,产品的销售量、配置、规格、包装尺寸不能事先确定,有利于采用延迟制造来减少市场风险。

(4) 敏捷制造具有哪些特征?

答:敏捷制造是适应未来社会发展的21世纪生产模式,敏捷制造具有以下特征。

① 产品系列具有相当长的寿命。敏捷制造企业容易消化吸收外单位的经验和技术成果,随着用户需求和市场的变化会改变生产方式。所生产的产品是根据顾客需求重新组合的产品或更新换代的产品,而不是用全新产品来替代旧产品,因此,产品系列的寿命会大大延长。

② 信息交换迅速准确。敏捷制造企业能够根据市场变化来改进生产,这要求企业不但要从用户、供应商、竞争对手那里获得足够信息,还要保证信息的传递快捷,以便企业能够快速抓住瞬息万变的市场。

③ 以订单组织生产。敏捷制造企业可以通过将一些重新编程、可重新组合、可连续更换的生产系统,结合成为一个新型的、信息密集的制造系统,可以做到使生产成本与批量无关,生产1万件同一型号的产品和生产1万件不同型号的产品所花费成本相同。因此,敏捷制造企业可以按照订单进行生产。

课题七 供应链战略合作伙伴关系管理

1. 选择题

(1) B；(2) A；(3) D；(4) D；(5) C

2. 问答题

(1) 什么是供应链合作关系？为什么要建立供应链合作关系？

答：供应链合作关系，也就是供应商、制造商与经销商之间的关系，或者称为卖主或供应商与买主关系，可以定义为供应商与制造商之间、制造商与销售商之间在一定时期内的共享信息、共担风险、共同获利的协作关系。

供应链形成的原因通常是为了降低供应链总成本、降低总的库存水平、加强信息共享、改善相互之间的交流、保持战略伙伴相互之间运作的一贯性、产生更大的竞争优势，以实现供应链节点企业的财务状况、质量、产量、交货期、用户满意度和业绩的改善和提高。

(2) 供应链合作关系与传统的供应商关系区别主要体现在哪些方面？

答：两者关系可用下表表示：

对照项目	传统供应商关系	供应链合作关系
相互交换的主体	物料	物料、服务
供应商选择标准	强调价格	多标准并行考虑（交货的质量和可靠性等）
稳定性	变化频繁	长期、稳定、紧密合作
合同性质	单一	开放合同（长期）
供应批量	小	大
供应商规模	大量	少（少而精，可以长期紧密的合作）
供应商规模	小	大
供应商的定位	当地	国内和国外
信息交流	信息专有	信息共享
质量控制	输入检查控制	质量保证（供应商对产品质量负全部责任）
选择范围	投标评估	广泛评估可增值的供应商

(3) 供应链合作伙伴关系的意义是什么？

答：供应链合作伙伴的意义是：① 减少供应链上的不确定因素，降低库存；② 快速响应市场；③ 加强企业的核心竞争力；④ 增加用户满意度。

(4) 选择供应链合作伙伴存在什么风险？

答：供应链合作伙伴存在风险主要表现在以下几点。

① 过分地依赖于某一个或一些供应商将是很危险的。对关键技术或关键零部件供应商的选择应更为慎重，而且在其后的时间内，应加强双方的交流与沟通，加大合作力度，做到防患于未然。

② 随着大量部件的外包，以及供应商数目的减少，制造商对供应商的影响力减少而依

赖性增强,此时供应商的"机会主义"的行为对制造商带来损害的可能性就很难避免。使供应商明白从长远看最大化群体利益的同时也将最大化自己的利益,损人利己的行为也将被利人利己所取代。

③ 随着大量部件的外包,有可能使企业的核心竞争优势丧失。

(5) 合作伙伴的综合评价可分为哪几个步骤?

答:合作伙伴的综合评价可分为以下八个步骤。

步骤1:分析市场需求和竞争环境,以及合作关系建立的必要性。步骤2:确立合作伙伴选择目标。步骤3:制定合作伙伴评价标准。步骤4:建立评价组织。步骤5:合作伙伴组织。步骤6:评价合作伙伴。步骤7:决定合作伙伴。步骤8:实施供应链合作关系。

(6) 评价供应链合作伙伴的主要方法有哪些?各种方法的主要特点是什么?

答:评价供应链合作伙伴的主要方法及各方法的主要特点参见下表。

名 称	方 法	特 点
直观判断法	根据征询和调查所得的资料并结合个人的分析判断,对合作伙伴进行分析、评价、倾听和采纳有经验的采购人员意见,或者直接由采购人员凭经验做出判断	常用于选择企业非主要原材料的合作伙伴
招标法	由企业提出招标条件,各招标伙伴进行竞标,然后由企业决标,与提出最有利条件的合作伙伴签订合同或协议。招标法可以是公开招标,也可以是指定竞级招标。公开招标对投标者的资格不予限制,指定竞级招标则由企业预先选择若干个可能的合作对象,再进行竞标和决标	适合订购数量大、合作伙伴竞争激烈时的情况。招标方法竞争性强,企业能在更广泛的范围内选择适当的合作伙伴,以获得供应条件有利的、便宜而适用的物资。但招标手续较为繁琐,时间长,不能适应紧急订购的需要;订购机动性差,有时订购者对投标者了解不够,双方未能充分协商,造成货不对路或不能按时到货
协商选择法	由企业先选出供应条件较为有利的几个合作伙伴,同他们分别进行协商,再确定适当的合作伙伴	适合供货方较多、企业难以抉择时。由于供需双方能充分协商,在物资质量、交货日期和售后服务等方面较有保证。但由于选择的范围有限,不一定能得到价格最合理、供应条件最有利的供应来源。当采购时间紧迫、投标单位少、竞争程度小、订购物资规格和技术条件复杂时,协商选择法比招标法更为适合
采购成本比较法	采购成本比较法是通过计算分析针对各个不同合作伙伴的采购成本,一般包括售价、采购费用、运输费用等各项支出总和,从中选择采购成本较低的合作伙伴	适合对质量和交货期都能满足要求的合作伙伴

续表

名　称	方　法	特　点
成本分析法	通过计算合作伙伴的总成本来选择合作伙伴	用于分析企业因采购活动而产生的直接成本和间接成本的大小
层次分析法	根据具有阶梯结构的目标、子目标（准则）、约束条件、部门等来评价方案，采用两两比较的方法确定判断矩阵，然后把判断矩阵中最大特征相对应的特征向量的分量作为相应的系数，最后综合给出各方案的权重（优先程度）	可能性高，误差小，不足之处是遇到因素众多、规模较大的问题时，该方法容易出现问题，如判断矩阵难以满足一致性要求，往往难于进一步对其分组
神经网络算法	模拟人脑的某些智能行为，如知觉、灵感和形象思维等，具有自学习、自适应和非线性动态处理等特征，建立更加接近于人类思维模式的定性与定量模式的学习，获得评价专家的知识、经验、主观判断及对目标重要性的倾向	当对合作伙伴作出综合评价时，该方法可再现评价专家的经验、知识和直觉思维，从而实现了定性分析与定量分析的有效结合，也可以较好地保证合作伙伴综合评价结果的客观性

3. 案例分析（略）

课题八　供应链管理中的现代物流

1. 选择题

(1) B；(2) D；(3) A；(4) A；(5) D

2. 问答题

(1) 如何理解供应链中物流管理策略？

答：供应链管理是指对整个供应链系统进行计划、协调、操作、控制和优化的各种活动和过程。供应链的管理能够优化整条供应链上的企业的资源配置以满足顾客需求为标志的商业需求的增长。有效的供应链管理包括以下方面。

① 有效资源配置。物流管理的作用就是通过有效的资源配置，使供应链各企业之间的物料得到最充分的利用，保证供应链实时的物料供应、同步化的运作。供应链管理的目的是要通过合作与协调实现资源的共享和最佳资源搭配，使各成员企业实现资源最充分的利用。供应链的物流系统能否实现有效的资源配置取决于物流信息系统的完备性和合作企业合作性。

② 第三方物流系统。第三方物流运作系统是一个由不同利益主体组织、调度各种软件资源（如规章条例、合同、制度、知识技能等）和硬件资源（如运输设备、搬运装卸机械、仓库、机场、车站、道路、网络设施等），在一定的外部环境中进行物流活动的"人—机系统"。系统整体运作效果是由内、外各种因素相互作用决定。

③ 全球后勤系统。全球化已成为新时期企业竞争的一个显著特点。当一个企业成为

全球性的企业时,就需要有全球供应链管理系统,为此企业需要建立完善的全球后勤保障体系使企业适应全球竞争的要求。

④ 延迟化策略。延迟化策略是一种为适应大规模生产而采用的策略,通过这种策略使企业能够实现产品多样化的顾客需求。实现延迟化策略的关键技术是模块化:模块化产品,模块化工艺过程,模块化分销网络设计。有效实施延迟化策略,可以减少物流成本,从而增加了产品多样化策略的优势。

(2) 简述供应链中物流管理的发展趋势。

答:供应链中物流管理的发展趋势,主要表现在以下几个方面:① 时间与速度方面;② 质量方面;③ 资产生产率方面;④ 组织方面;⑤ 客户服务方面。

(3) 第四方物流公司的运作模式有哪些?

答:第四方物流结合自身的特点可以有三种运作模式来进行选择:① 知识密集型模式,也称超能力组合(1+1>2)或协助提高者,即第四方物流为第三方物流工作,并提供第三方物流缺少的技术和战略技能;② 定制模式,也称方案集成商,即第四方物流为货主服务,是和所有第三方物流提供商及其他提供商联系的中心;③ 整合模式,也称行业创新者,即第四方物流通过对同步与协作的关注,为众多的产业成员运作供应链。第四方物流无论采取哪一种模式,都突破了单纯发展第三方物流的局限性,能真正的低成本运作,实现最大范围的资源整合。

3. 案例分析

请结合目前的国际市场和我国钢铁物流企业现状,分析宝钢实现全球供应链管理,建立建立全球化合作关系网应采取哪些有效的措施?

答:结合我国钢铁物流企业现状,宝钢需要在原料采购、生产、销售渠道、物流网络方面展开一系列的整合行动,以增强宝钢的整体竞争力。宝山目前有 12 家钢材交易市场,近 50 家一定规模的钢材仓库,几千家的钢铁贸易企业,钢材加工与配送企业主要分布在靠近宝钢的月浦、杨行工业园区,由于这些企业分散运作,对宝山的交通造成很大的压力,难以发挥区域货运干道系统的作用,也难以形成集聚效应。对此,可以采取以下措施。

(1) 整合现有的这些钢材物流企业,建立相对集中的钢材加工与配送中心。规划设想建立钢材加工配送与钢材交易中心,建成集钢材剪切加工、仓储、深加工、贸易为一体的钢材现货交易市场。

(2) 设想建立全球化合作关系网,提高物流效率:通过和当地的物流部门进行合作,把部分业务外包给当地企业,如代理销售、代理运输、代理库存管理等,或建立联合经营体,如地区分销中心等,这些措施可以大大提高物流系统的效率。

课题九 供应链管理中的信息技术

1. 选择题

(1) D; (2) A; (3) D; (4) C; (5) C

2. 问答题

(1) 信息技术主要包括哪几方面技术?

答:信息技术主要包括以下几方面技术。

① 感测与识别技术。它的作用是扩展人获取信息的感觉器官功能。它包括信息识别、信息提取、信息检测等技术。这类技术的总称是"传感技术"。它几乎可以扩展人类所有感觉器官的传感功能。传感技术、测量技术与通信技术相结合而产生的遥感技术,更使人感知信息的能力得到进一步的加强。信息识别包括文字识别、语音识别和图形识别等。通常是采用一种叫做"模式识别"的方法。

② 信息传递技术。它的主要功能是实现信息快速、可靠、安全的转移。各种通信技术都属于这个范畴。广播技术也是一种传递信息的技术。由于存储、记录可以看成是从"现在"向"未来"或从"过去"向"现在"传递信息的一种活动,因而也可将它看做是信息传递技术的一种。

③ 信息处理与再生技术。信息处理包括对信息的编码、压缩、加密等。在对信息进行处理的基础上,还可形成一些新的更深层次的决策信息,这称为信息的"再生"。信息的处理与再生都有赖于现代电子计算机的超凡功能。

④ 信息施用技术。信息施用技术是信息过程的最后环节。它包括控制技术、显示技术等。

(2) RFID 技术典型应用于哪些方面?

答:RFID 技术的典型应用是:物流和供应管理;生产制造和装配;航空行李处理;邮件/快运包裹处理;文档追踪/图书馆管理;动物身份标识;运动计时;门禁控制/电子门票;道路自动收费。

(3) 在供应链企业中可充分利用 Internet 和 Intranet 建立哪几个层次的管理信息系统?

答:在供应链企业中充分利用 Internet 和 Intranet 建立三个层次的管理信息系统:① 外部信息交换;② 内部信息交换;③ 信息系统的集成。

(4) 供应链电子商务的主要功能有哪些?

答:供应链电子商务的主要功能包括:① 在线订货;② 经销商库存;③ 在线退货;④ 在线对账。

课题十 供应链绩效评价与激励

1. 选择题

(1) A;(2) B;(3) C;(4) D;(5) A

2. 问答题

(1) 供应链管理绩效评价的必要性有哪些?

答:首先,许多企业已经意识到财务指标和非财务指标对绩效评估的重要性,但是不能在评估框架范围内很好地对两者进行平衡。其次,缺乏一套在战略,战术和操作层次上有明显差别的评估指标。因此,供应链绩效的评估必须考虑到供应链所有层次的目标及相应的评估标准。这就要求有一套在战略、战术和操作层次上有所区别,在财务和非财务指标上都能够平衡的指标体系。

(2) 供应链绩效评价的原则有哪些?

答:供应链绩效评价的原则有:① 突出重点,对关键绩效指标进行重点分析;② 充分采用能反映供应链业务流程的绩效指标体系;③ 评价指标要能反映整条供应链的运营情况,而不是仅仅反映单个节点企业的运营情况;④ 应尽可能采用实时分析与评价的方法,要把绩效度量范围扩大到能反映供应链实时运营的信息上去,因为这比仅做事后分析要有价值得多;⑤ 在衡量供应链绩效时,要采用能反映供应商、制造商及用户之间关系的绩效评价指标,把评价的对象扩大到供应链上的相关企业。

(3) 供应链绩效评价的内容有哪些?

答:供应链绩效评价的内容包括:① 供应链综合绩效评价;② 供应链内各企业评价;③ 供应链内各企业合作关系评价;④ 供应链内各企业激励关系评价。

(4) 供应链管理环境下的激励主体与客体主要涉及哪些要点?

答:供应链管理环境下的激励主体与客体主要涉及以下要点:① 核心企业对成员企业的激励;② 制造商(下游企业)对供应商(上游企业)的激励;③ 制造商(上游企业)对销售商(下游企业)的激励;④ 供应链对成员企业的激励;⑤ 成员企业对供应链的激励。

(5) 实施标杆绩效评价的意义有哪些?

答:实施标杆绩效评价的意义有:① 将效益量化,提供管理阶层客观评估供应链管理绩效;② 基于供应链管理绩效的实际指标,衡量本企业与同行业比较所处位置及竞争优势;③ 发现供应链管理存在的问题与瓶颈,寻找差距,提供有利改善供应链的决策基础;④ 设定供应链改善目标,向供应链最佳典范学习,动态追踪供应链管理改善的轨迹。

3. 案例分析(略)

课题十一 我国供应链管理的现在与未来

1. 选择题

(1) A;(2) C;(3) C

2. 问答题

(1) 目前我国供应链管理存在哪些问题?

答:目前我国供应链管理存在以下问题:企业的观念问题;供应链合作伙伴不够理想;缺乏专业人才;法律体系不健全,缺乏社会制度环境。

(2) 企业可以通过哪些对策来优化其流通网络与分销渠道,减少库存量,加快库存周转来改进他们的供应链?

答:相关对策包括:① 全面转变思想观念;② 加快信息技术的推广;③ 加强标准化管理;④ 大力发展第三方物流;⑤ 重构企业流程体系;⑥ 推行绿色供应链管理。

(3) 业务流程重构的内容有哪些？

答：业务流程重构的内容包括以下方面。

① 职能部门的流程重构。旧体制下，各职能管理机构重叠、中间环节层次多，而这些中间层只执行一些非创造性的统计、汇总、填表等工作，计算机完全可以取代这些业务而取消中间层，使每项只能从头到尾只有一个职能机构管理。

② 各个职能部门间的流程重构。在企业范围内，跨越多个职能部门世界的业务流程重构。就是在横向组织方面适当简化专业分工，实行结构综合化。

③ 供应链内企业之间的流程重构。供应链管理环境下，合作企业间可通过因特网方便获取需方生产进度的实施信息，许多过去必须通过人工处理的业务环节，在信息技术等支持下变得更加间接了，有的环节甚至不要了。

(4) 对企业业务流程再思考、再设计，应遵循哪些基本原则？

答：应遵循以下原则。

① 树立整体流程重新设计的思想。供应链管理理念的核心是将资源从一个企业扩展到多个企业。因此，这种环境下的作业流程设计，强调从零开始，不仅要对企业整体流程重构，而且要从整条供应链考虑企业流程重构。

② 围绕目标来设计人员的工作。按职能专业化分工设计流程的负面影响越来越严重，应按企业目标来划分业务流程，打破职能部门的界限，由一个人或一个工作组来完成业务的所有步骤，围绕目标而不是单个工作任务来设计人员的工作。

③ 让执行工作者有决策的权力。在ERP系统的支持下，使员工成为自我管理自我决策者，可消除信息传输过程中的延迟和误差，并激励决策者，实现企业管理从"金字塔"组织结构向"扁平式"组织结构的转变，提高企业对市场动态的响应速度。

④ 选择适当的企业流程进行重构。企业有许多不同业务，部门结构复杂。一次性重构所有业务会导致其超出企业的承受能力，应该首先选择一些关键性的作业流程进行重构，以带动一级流程的重构。实施供应链管理后，企业与合作企业的信息沟通与共享方式发生了变化，因此原来需多个人、多部门处理的业务，现在只有一个人就能胜任。

⑤ 合理运用信息技术。供应链管理模式下要在流程设计的初始阶段就考虑信息技术的作用，根据信息技术的能力确定新的作业流程。

(5) 新兴的供应链管理模式主要有哪些？它们具有什么特点？

答：新兴的供应链管理模式主要有网络直销型供应链、零售业主导型供应链、双核心企业供应链、原始资源商主导型供应链、物流商主导型供应链。新兴的供应链管理模式出现了以下特点：电子商务普及；供应链长度精简缩短；抛开零售商的网络直销盛行；零售商和分销商的地位提高；原始资源制约加强。

参 考 文 献

[1] 刘刚.供应链管理[M].北京:化学工业出版社,2004.
[2] 宋华.物流供应链管理机制与发展[M].北京:经济管理出版社,2002.
[3] 陈荣秋,马士华.生产与运作管理[M].北京:高等教育出版社,2004.
[4] 马士华,林勇.供应链管理[M].北京:机械工业出版社,2005.
[5] 孙宏岭.现代物流活动绩效分析[M].北京:中国物资出版社,2002.
[6] 仝新顺.道路交通运输物流管理[M].郑州:郑州大学出版社,2006.
[7] 王焰.一体化的供应链[M].北京:中国物资出版社,2002.
[8] 朱道立.物流和供应链管理[M].上海:复旦大学出版社,2001.
[9] 张占仓,卢松泉.现代管理实证研究[M].北京:地震出版社,2005.
[10] 〔英〕马丁·克里斯托弗.物流与供应链管理[M].何明珂,译.北京:电子工业出版社,2006.
[11] 柴跃廷,刘义.敏捷供需链管理[M].北京:清华大学出版社,2004.
[12] 吴登丰.供应链管理[M].北京:电子工业出版社,2007.
[13] 葛承群,韩刚,沈兴龙.物流运作典型案例诊断[M].北京:中国物资出版社,2006.
[14] 牛鱼龙.世界物流经典案例[M].深圳:海天出版社,2003.
[15] 阎子刚,赵继新.供应链管理[M].北京:机械工业出版社,2006.
[16] 华蕊,马常红.供应链管理[M].北京:中国物资出版社,2006.
[17] 邓汝春.供应链管理[M].大连:大连理工大学出版社,2008.
[18] 刘刚.供应链管理[M].北京:化学工业出版社,2004.
[19] 董千里.供应链管理[M].北京:人民交通出版社,2002.
[20] 张涛,王亚军.现代供应链管理[M].成都:四川大学出版社,2003.
[21] 吴清一.物流管理[M].北京:中国物资出版社,2005.
[22] 霍红,华蕊.采购与供应链管理[M].北京:中国物资出版社,2005.
[23] 温卫娟.如何进行采购与供应商管理[M].北京:北京大学出版社,2004.